Lisa Marie Bobby

ADICTOS AL AMOR

CÓMO SUPERAR LA ADICCIÓN A TU EXPAREJA

URANO

Argentina - Chile - Colombia - España
Estados Unidos - México - Perú - Uruguay - Venezuela

Título original: *Exaholics – Breaking Your Addiction to an Ex Love*
Editor original: Sterling Publishing, New York
Traducción: Alicia Sánchez Millet

1.ª edición Septiembre 2016

Copyright © 2015 by Dr. Lisa Marie Bobby, LMFT, BCC
All Rights Reserved
© 2016 de la traducción *by* Alicia Sánchez Millet
© 2016 *by* Ediciones Urano, S.A.U.
Aribau, 142, pral. – 08036 Barcelona
www.edicionesurano.com

ISBN: 978-84-7953-941-2
E-ISBN: 978-84-9944-969-2
Depósito legal: B-3.785-2016

Fotocomposición: Ediciones Urano, S.A.U.

Impreso por: Rodesa, S.A. – Polígono Industrial San Miguel
Parcelas E7-E8 – 31132 Villatuerta (Navarra)

Impreso en España – *Printed in Spain*

AGRADECIMIENTOS

Este libro es sobre ti y para ti, porque tú y yo compartimos la experiencia humana. Como humanos hacemos el mismo viaje del amor todos juntos: anhelándolo, intentando entenderlo, buscándolo, conservándolo cerca, luchando contra él cuando es necesario y encontrando el valor necesario para permitirle que nos ayude a crecer y a expandir nuestra alma. Cuando está presente en nuestra vida la forma más sublime y noble del amor, experimentamos una gracia que lo trasciende todo... y nos eleva.

Estoy profundamente agradecida por el verdadero amor y la gracia que hay en mi vida y que me han ayudado a elevarme y a escribir este libro para ti. Está presente en mi esposo, mi apoyo incondicional en mi vida, en la paciencia que tiene nuestro hijo, en el altruismo de mi madre, en los ánimos y el soporte que me brindan mi hermana, mi padre y mis amigos, y en la confianza de mis pacientes, que han compartido sus secretos y sus experiencias conmigo. Este libro es su regalo para ti.

Y, por supuesto, sin la visión de Bobby, La Cerebro, y sin la generosidad intelectual de las generaciones de investigadores sobre los cuales me apoyo en estos momentos, como Helen Fisher, John Bowlby, Mary Ainsworth, Lucy Brown y Susan Johnson, este libro no habría sido posible.

Escribí este libro para ti.
L.M.B.

ÍNDICE

---

* Como es sabido, el idioma inglés en general (a diferencia del castellano) no hace distinción del género del nombre o sustantivo. Dado que esta obra se dirige a todas aquellas personas que estén atrapadas en una relación tóxica y deseen superarla (mujeres y hombres por igual), a lo largo de ésta empleamos términos como «persona» o «pareja» (que engloban el género de ambos sexos) u optamos por alternar el uso de ambos géneros. Es el caso, por ejemplo, del sustantivo «adicto». *(N. de la T.)*

Parte I

La experiencia de la persona adicta a su ex

¿ERES UNA PERSONA ADICTA A SU EX?

*Pensaba que era la única persona
que se sentía así.*

JANE D., ADICTA A SU EX

«HAS DE SEGUIR ADELANTE.»

«No era lo bastante bueno/a para ti.»

«Olvídalo/a.»

Tus amistades te dicen estas cosas con toda sinceridad.

Tú les miras a sus bondadosos ojos deseando poder creerles. En realidad, darías lo que fuera por poder pasarte una escobilla limpia-botellas por el cerebro y cepillar las obsesiones que te están consumiendo hasta hacerlas desaparecer. Si hubiera una espada mágica que pudiera cortar el apego que sientes por tu ex, la blandirías con todas tus fuerzas para cortar definitivamente esa conexión y al fin poder liberarte.

Pero no puedes. Te sientes indefensamente atrapado en el duelo, el sufrimiento y la nostalgia. Eso es lo que tus amistades no entienden.

Intentas explicárselo. Utilizas las palabras más dramáticas y desgarradoras que se te ocurren para describir la insoportable agonía de la que no puedes huir.

«Destrozado/a.»

«Desgarrado/a.»

«Hecho/a trizas.»

Intentas explicarles que sientes una pulsación constante de sufrimiento, un doloroso e incesante vacío en la boca del estómago, que empieza desde el momento en que abres los ojos por la mañana, eso si es que consigues dormir. Que tu autoestima está hecha picadillo como la carne que se utiliza para hacer una hamburguesa. Que deseas acabar con esto, pero que no puedes. Que cada vez que piensas en tu ex (que es constantemente), en las injusticias que has soportado y en cómo se ha arruinado tu vida, sientes como si te estuvieran apuñalando una y otra vez. Intentas hacerles entender que estás atrapado en el infierno de tu experiencia interior: cuanto más se agudiza el dolor, más insiste tu mente en torturarte con nuevas obsesiones. Que no puedes deshacerte de la pesadilla constante en que se ha convertido tu vida. Que no puedes detenerla.

Que eres una persona adicta a tu ex.

Por fin, una palabra que describe tu experiencia. Un término que no sólo plasma el sufrimiento ocasionado por una ruptura, sino que incluye la naturaleza adictiva de las relaciones. Es una palabra que evoca la destrucción emocional, psicológica y social que conlleva una relación que tiene un final traumático y que, asimismo, reconoce el apoyo y la orientación que necesitan las personas a las que les han roto el corazón, para volver a encontrarse a sí mismas.

Las personas que intentan curarse de otros problemas reciben asistencia. Los alcohólicos cuentan con grupos de recuperación. Los drogadictos hacen rehabilitación. Pero hasta la fecha, las personas estancadas en apegos patológicos hacia otras personas sólo han recibido los típicos consejos inútiles como: «Has de superarlo».

¿Qué significa ser adicto a tu ex?

Un adicto a su ex es una persona enganchada a una relación tóxica y dolorosa a la que no puede renunciar o que se está enfrentando a un intenso dolor emocional producido por las secuelas de una ruptura. Un adicto a su ex es una persona atormentada por sus pensamientos sobre la pareja que ha perdido, que pueden incluir ideas de reanudar la relación. Las personas adictas a su ex saben que han de desapegarse, pero no pueden. Quieren pasar página, pero no saben cómo hacerlo. Su necesidad imperiosa de contactar y de comunicarse con su ex les hace hacer cosas que saben que no deberían hacer.

Todos somos potencialmente adictos a nuestro ex, porque estamos hechos para enamorarnos y crear profundos lazos con otra persona, como descubrirás en capítulos posteriores. La mayoría hemos encajado en esta descripción en un momento u otro, porque el amor es una experiencia humana. Ser adicto a tu ex significa que has adoptado la identidad temporal que todos podemos asumir cuando estamos experimentando profundamente el dolor y la obsesión ocasionados por la pérdida del amor. Cuando ya te has recuperado, la abandonas. Pero mientras vives con esta terrible lacra, se convierte en lo que te define.

¿CÓMO PUEDES SABER SI ERES UNA PERSONA ADICTA A TU EX?

- ¿Estás deseando volver con alguien que te ha rechazado?
- ¿Te estás resistiendo a dar por terminada una relación enfermiza?
- ¿Tienes pensamientos obsesivos respecto a tu ex?
- ¿Te sientes impulsado a buscar información sobre tu ex?
- ¿Tienes miedo de no volver a encontrar otra relación tan significativa y especial como la que has perdido?
- ¿Sientes que tu dignidad se ha visto seriamente dañada tras finalizar tu relación?
- ¿Te sientes aislado y solo? ¿Te parece que tus amigos y familiares no entienden por lo que estás pasando?
- ¿Es tan grande tu dolor emocional que te impide funcionar con normalidad?

Si la respuesta es «sí» a algunas o a todas estas preguntas, es probable que seas adicto a tu ex.

Sin embargo, ser un adicto a tu ex no es una cuestión de «criterios», porque a diferencia del alcoholismo o el consumo de drogas, esto no es un diagnóstico de salud mental formal. Ser adicto a tu ex no es más que una forma abreviada de decir que actualmente estás atravesando una experiencia casi universal: sentirte totalmente destrozado tras haber finalizado una relación.

Muchas veces me preguntan: «¿En que se diferencia un adicto a su ex de una persona que está atravesando una ruptura «corriente»? Esta pregunta da por hecho de que existe tal cosa como una ruptura «normal»: algún tipo de separación civilizada imaginaria que termina con un apretón de manos antes de darse la vuelta e ir cada cual en distintas direcciones.

No existe la «Ruptura Normal».

Todas las rupturas son únicas, y podemos encontrar desde las que son por mutuo acuerdo, hasta aquellas en las que uno de los dos se aferra frenética y rabiosamente al otro. Existe una extensa variedad de sufrimientos y de formas de locura en nuestras rupturas, porque el amor y el apego son una constante en nuestras relaciones.

El grado en que nos traumatizará una ruptura estará directamente relacionado con nuestro grado de enamoramiento y de conexión con nuestra pareja en el momento de dejarlo. El amor y el sufrimiento están compensados en la balanza emocional de la experiencia humana.

De hecho, hay relaciones que pueden acabar sin sufrimiento intenso.

Es bastante habitual que nuestros sentimientos de afecto vayan desapareciendo, que se vayan erosionando, a causa de las huellas que dejan las pequeñas decepciones. Con el tiempo, acabas dándote cuenta de que la otra persona no puede ser cómo tú quieres o necesitas. Al final, se rompe el encanto, se encienden las luces y se levanta el telón después de la función. Ya lo has visto todo. Ha llegado la hora de buscar tus llaves y marcharte a casa.

Hay relaciones muy largas cuyo final también se alarga, como un tafetán suave que se va deshaciendo hasta que se rompe el delicado hilo. La relación ha terminado mucho tiempo antes de producirse la ruptura formal. Al final, alguien dice la verdad evidente en voz alta y sucede lo que ha de suceder.

También es posible que alguien te agrade mucho, que te preocupes y ames sinceramente a esa persona, pero que nunca llegue a encenderse la llama y se manifieste la pasión del amor romántico. En tales casos, poner fin a una relación es un proceso parecido a buscar otro trabajo, una vez que has descubierto que el que tenías no era el más adecuado. Empaquetas tus cosas, contratas un servicio de reenvío postal, te despides de los vecinos, y te alejas de casa en tu coche, pero esperanzado con tu nuevo futuro. Es una experiencia agridulce, aunque necesaria.

En estos casos no eres un adicto a tu ex. Sencillamente, al final, ya no te importaba demasiado.

Por el contrario, la ruptura unilateral de un profundo apego es extraordinariamente traumática. Ser abandonado cuando todavía está ardiendo con fuerza la llama del amor es como una muerte. Ser rechazado por una persona a la que amas desesperadamente es tan aterrador como estar encerrado en una habitación sin aire, pero con el horror añadido de saber que quien te ha encerrado allí es la persona en la que confiabas y que más debería amarte. Lo peor del caso es que te ha dejado solo gritando en medio de tu pánico, agonía y rabia, mientras ella te da la espalda y se marcha.

La tortura que sufre un adicto a su ex es traumática porque se la está ocasionando la persona que se supone que más debería amarle. La crueldad está en el hecho de que parece voluntaria. Acabas de perder a tu persona amada. Y no es como si estuviera muerta. Eso ya sería bastante terrible; pero la verdadera tortura está en que tu ex *podría* volver. Podría detener este sufrimiento si quisiera. Podría cambiar. Podría volver a amarte. Pero no puede... o no lo hará.

Lo único que querías era que te amara, tanto como tú a él/ella. Una vez tuviste su preciado y mágico amor. Os adentrasteis juntos en un mundo encantado, donde vuestro amor os emocionaba a los dos y todo parecía perfecto. Te sentías muy especial y querida. Te permitiste creer en el amor y en esa persona.

Hasta que un día algo cambió. Fue como si una mañana al despertar hubieras descubierto que tu verdadero amor se había convertido en un frío extraño. Como si hubiera sido sustituido por su hermano gemelo oscuro y malvado. No conoces a esta persona nueva o ni siquiera te gusta. Sigues acercándote a ella con la esperanza de volver a conectar con la persona a la que amabas y que te correspondía. Pero el frío u hostil extraño en el que se ha convertido tu amado no hace más que decepcionarte y herirte.

Lo único que deseas es que vuelva a ser tu pareja, para poder compartir de nuevo vuestra vida. Haces todo lo que se te ocurre para que vuelva contigo, pero parece que lo has perdido para siempre. Ahora sufres en soledad, y el malvado gemelo que es idéntico a tu pareja va a la suya, totalmente indiferente a tu dolor.

Lo cierto es que el rechazo (y la confusión) pueden ser peor que el trauma de separarte de tu amado. Mientras en tu interior te atormenta la tristeza por la pérdida y estás de duelo por la vida que compartisteis juntos, no dejas de preguntarte: «¿Por qué? ¿Por qué? ¿Por qué?», a la vez que intentas verle el sentido a lo que ha sucedido.

«¿Adónde habrá ido? ¿Qué he hecho mal? ¿Por qué ha dejado de quererme?», son las preguntas que no dejan de repetirse en tu mente mientras estás despierto. «¿Cómo puede haber llegado a suceder esto? ¿Por qué ha cambiado? ¿Volverá?», éstas son las obsesiones que hurgan en la costra ensangrentada que es ese «¿Por qué?», que no tiene respuesta.

Buscas información. Necesitas saber dónde está y qué está haciendo. Necesitas saber cómo se siente. ¿También está mal? ¿Todavía piensa en ti? Buscas pistas aunque sabes que no deberías. La ansiedad y las obsesiones te hacen creer que te estás volviendo loco.

La pregunta más terrible que te asedia día y noche es: «¿Qué tiene todo esto que ver conmigo?» En tus momentos de mayor sufrimiento y vulnerabilidad, la más temible de las voces te susurra el peor de tus temores: «Esto te ha sucedido porque no eres lo bastante bueno».

De esta manera, no sólo ha terminado una relación, sino que te ha dejado hecho polvo.

Lo peor de todo es que en medio de esta tormenta de fuego de emociones horribles, puede que te sientas muy solo. Intentas explicar a otras personas la tortura que estás sufriendo, con la esperanza de encontrar consuelo u orientación, pero te encuentras con respuestas como éstas:

«Ha sido lo mejor.»

«El tiempo lo cura todo.»

«Encontrarás a otra persona.»

Su falta de comprensión hace que te entren ganas de gritar. La única forma en que tus amistades podrían entender lo que te pasa es que la persona a la que *ellos* más aman y en quién más confían les prendiera fuego a sus entrañas... se colocara cerca de un cubo de agua y les observara mientras se queman. ¿Podrían «superar eso» mientras les está sucediendo? Su «consejo» no te sirve absolutamente para nada.

Pero lo peor de todo es que cuanto más intentas hacer entender a las personas lo serio que es tu problema y lo indefenso que te sientes, éstas empiezan a molestarse e impacientarse contigo por verte en ese estado. Entonces, como tu autoestima ya ha sido vapuleada y magullada por el rechazo, empiezas a sentir que te pasa algo verdaderamente malo porque, a fin de cuentas, ¿por qué no puedes superarlo? Todo el mundo piensa que deberías hacerlo.

La combinación de rechazo, inutilidad e impotencia es la receta de la vergüenza. No sólo te ha rechazado y abandonado la persona que mejor conocías y a la que más amabas, sino que ahora los demás te hacen sentir, aunque no explícitamente, que algo no marcha bien contigo por sentirte tan dolido. Por mucho que te gustaría, no eres capaz de cambiar tus sentimientos. La carne picada de la hamburguesa de tu autoestima vuelve a ser pisoteada cada vez que alguien te hace sentir como un idiota por estar en este estado. Todo parece confirmar el peor de tus temores respecto a ti mismo: *realmente te pasa algo malo.*

Te sientes sola en tu dolor. Tu amor te ha traicionado. Temes estar destrozada y que no vales nada. Te atormentan las obsesiones. Es un dolor emocional y físico: te cuesta respirar, comer y dormir. ¿Te extraña que no te puedas concentrar en tu trabajo? ¿De que las tareas se queden por hacer? ¿De que prefieras no estar con personas con las que tengas que ocultar tus sentimientos, para que no te juzguen por tu sufrimiento?

Empiezas a sentir que toda tu vida se está desmoronando y que tienes la culpa de no ser capaz de afrontar la situación. Cuando sucede esto, la pérdida de confianza en uno mismo encuentra el terreno abonado para echar raíces y florecer como las setas del autodesprecio. Entonces al rechazo, al abandono, a la pérdida y al miedo se suma la vergüenza, mientras sientes que tu vida se viene abajo. Por si fuera poco, también sientes que *tú* te estás desmoronando y que posiblemente esa sea la parte más terrorífica de toda esta experiencia.

Sin embargo, algo dentro de ti todavía tiene la esperanza de recuperarse. Esa esperanza te conduce a pedir ayuda. Y encuentras este libro.

Estoy aquí para decirte que hay un nombre para todo lo que sientes y lo que te está sucediendo. Eres una persona adicta a tu ex. No se trata de un defecto de fabricación. Todo lo que piensas, sientes y te pasa en estos momentos es normal. Lo que te está sucediendo es lo que les sucede a las personas normales cuando una relación termina de manera traumática.

Y ésta es la gran noticia: mejorarás.

No estás solo

Lo primero que has de saber es que no estás solo. Muchos adictos a su expareja cuando conectan con otras personas en la misma situación dicen: «Pensaba que sólo me pasaba a mí». Sienten un gran alivio al saber que hay otras personas a las que les pasa lo mismo. La razón es que una de las experiencias clave de una mala ruptura es el aislamiento.

Aunque es muy probable que te sientas extraordinariamente solo en estos momentos en que has sido rechazado por la persona que se suponía que más te amaba, que tus amistades y tu familia no te entiendan y que te encuentres en una extraña y nueva situación social, has de saber que hay muchas más personas que se sienten igual. Puesto que la experiencia del deseo obsesivo y la tristeza que sobreviene por tener el corazón roto es tan común, hay miles y miles de personas en todo el mundo que están igual que tú en estos momentos.

De hecho, casi todos hemos pasado por lo que tú estás pasando ahora. Y la mayoría de las personas que no lo han sentido, sencillamente es porque *todavía* no les ha llegado la hora. Lo que estás experimentando es un fenómeno universal.

Cualquiera que haya sentido alguna vez una conexión profunda con otra persona que no le ha querido o podido corresponder, ha sentido la desesperación que sólo la pérdida del amor puede provocar. Tus amigos, los desconocidos con los que te cruzas por la calle, las estrellas del rock, los líderes mundiales y los magnates de la industria, todos ellos también se han retorcido en sus camas como una gamba cocida viva por el dolor que les ha ocasionado la pérdida y el rechazo, deseando que regrese su amado/a.

Nuestras pérdidas nos resultan tan traumáticas debido a que nuestra capacidad para amar y nuestra necesidad legítima de amor están tan profundamente arraigadas. El grado de dolor que experimentamos cuando termina una relación es directamente proporcional a nuestro deseo de que ésta continúe. Sencillamente, es la naturaleza del amor.

Todo aquel que ha estado enamorado de alguien que ha traicionado su confianza ha vivido etapas con punzadas en el estómago y con la cara de quien una vez fue la pareja perfecta en su mente. Toda persona que ha sido repudiada ha pasado noches en vela consumiéndose por la injusticia de la traición y el abandono. Cuando estamos viviendo las consecuencias del rechazo, todos hemos sopesado nuestras muchas debilidades y hemos descendido a las profundidades de la vergüenza y de la inseguridad en nosotros mismos. Todos hemos revivido, una y otra vez, las escenas del guión del fracaso de nuestra relación, con el fin de detectar esos pequeños momentos en que las cosas empezaron a cambiar, creando la onda expansiva que terminó convirtiéndose en el terremoto que dejó reducida a escombros nuestra feliz vida.

Ahora te ha llegado el turno de adentrarte en esa locura y experimentar la agonía que sólo la pérdida de un amor profundo puede provocar. Éste es tu momento de ser un adicto a tu ex.

Como consejera y terapeuta de pareja, escucho muchas historias de amor y de pérdidas. Cuando puedo ayudo a las personas a rehacer sus relaciones, y cuando eso no es posible, intento ayudarlas después de que se haya producido su pérdida. Nunca he escuchado la misma historia. Sé que cada uno de nosotros somos copos de nieve únicos y perfectos que caen a través de una vida también exclusiva. Sé que el horror que podemos soportar en una ruptura conflictiva tiene muchos aspectos y que todos ellos son traumáticos a su manera.

Si eres joven y frágil, es posible que te quedes muy corto de recursos. No sabes qué hacer y te derrumbas. El trauma que te ocasiona esa pérdida puede influir, para bien o para mal, en la trayectoria de tu vida.

Si eres mayor, puede que sientas que se ha derrumbado todo lo que habías conocido hasta ahora y que te has quedado sin nada. En medio de tu agonía y tu sufrimiento, tendrás que conseguir actuar lo mejor que puedas para desmontar la vida que con tanto esmero habías creado. Quizá te desesperes mientras piensas en cómo vas a reconstruirla.

Si tienes hijos, tendrás que luchar con la humillación de ayudarles a mantener una buena relación con la persona que te ha destrozado. Peor aún, aunque tú te puedas proteger de tu ex, quizá no puedas evitar que tus hijos también tengan el corazón destrozado por su causa.

Cuando una relación termina por la traición de una infidelidad es un tipo especial de trauma sádico que nos hiere profundamente en zonas vulnerables que quizá sean difíciles de curar. Saber que la persona amada ha preferido a otra destroza tu orgullo con el cruel cuchillo de la vergüenza y de la falta de confianza en ti mismo, y quedan cicatrices durante mucho tiempo una vez finalizada la relación.

Algunas relaciones concluyen en el más absoluto silencio, con la desaparición de la persona amada: un fantasma que se ha marchado sin explicación alguna. Te quedas con un tremendo vacío en el corazón y con la cabeza llena de preguntas.

Otras relaciones terminan cuando tu sensatez rechaza al amado por alguna razón contundente, pero en el proceso le declara la guerra a tu corazón. Sabes que esta persona no es buena para ti, sabes que has de dejarla, pero tu apego y tu obsesión son más fuertes. Intentas escapar, pero no puedes. Es como si tu amado tuviera un control sobrenatural sobre ti que limitara gravemente tu voluntad.

No sé cuál es tu caso, pero sí sé que te ha llegado la hora de recorrer la aparentemente interminable noche de la tristeza profunda, el sufrimiento y la nostalgia. Sea lo que sea lo que te ha sucedido, sé que estás confundido, destrozado, aislado, humillado, obsesionado y que te sientes impotente para ponerle fin a tu locura sin ayuda.

Lo sé porque cuando hemos sufrido un abandono, han traicionado nuestra confianza y hemos sido rechazados, todos compartimos la misma agonía, porque somos humanos. El amor es un lenguaje común a todas las culturas, en todos los tiempos. Estamos hechos para enamorarnos adictivamente, para necesitarnos mutuamente y para estar unidos. Y cuando se rompen esos vínculos, nos desesperamos, palpitamos, obsesionamos, deseamos y nos sentimos solos. Cuando la otra cara del amor (el sufrimiento) destroza nuestra vida, nos sentamos entre nuestros propios escombros intentando encontrar un sentido a lo que ha sucedido.

Este libro pretende ayudarte a entender lo que te está sucediendo, por qué te sientes de este modo y orientarte hacia la recuperación. Hablaremos de los diferentes aspectos de las rupturas, incluidas las bases biológicas y neurológicas de tus sentimientos, la naturaleza adictiva de las relaciones, deseos, obsesiones, compulsiones, de cómo se deteriora tu autoestima, de los distintos tipos de rupturas, de los retos únicos que éstas nos plantean y de cómo podemos manejar todo esto.

Espero que este libro sea tu escudo contra la vergüenza. Pero ante todo, lo que me gustaría que entendieras es que tu experiencia actual de tener el corazón roto es normal y previsible.

Por último, hablaremos del proceso de sanación y de cómo puedes empezar a diseñar la escalera invisible que acabarás subiendo, paso a paso, hasta alcanzar la luz de un nuevo día.

2

NO ERES LA ÚNICA

Amor... ¿Qué más puedo decir de él?
Diré que es la más discreta locura,
que amarga y endulza a la vez.

WILLIAM SHAKESPEARE,
ROMEO Y JULIETA

ALGO RARO NOS SUCEDE CUANDO NOS ENAMORAMOS.

«Caer enamorado», la expresión que utilizamos en inglés para decir
que nos hemos enamorado es bastante descriptiva, evoca imágenes de
un descontrolado e involuntario descenso hacia un lugar cálido y
empalagoso. «Poseído por el amor», «alcanzado por las flechas del
amor» y «embriagado de amor» son expresiones que se utilizan para
transmitir la locura que se apodera de nosotros cuando caemos bajo
el hechizo de otra persona. William Shakespeare describió el amor en
sus obras como la maldición más profunda y duradera que une a los
amantes, utilizando palabras como «locura», «ceguera», «vejación»
y «disparate». Pero de todas sus astutas observaciones sobre la naturaleza del amor mi favorita es ésta:

«Por eso se dice que Amor es un niño,
porque ha errado mucho con quien ha elegido.»

Sueño de una noche de verano

Cuando las personas se enamoran es como si su razón se esfumara por la ventana y empezaran a vivir en un vórtice de realidad distorsionada donde sólo caben dos, que puede desconcertar a sus amigos y familiares. Parecen embriagadas por su pareja y se aferran a ella profunda e irracionalmente. Una vez que se activa ese proceso de seducción y apego, las relaciones se vuelven sumamente pegajosas. Incluso cuando empiezan a pasar cosas malas, las personas que se han enamorado y vinculado siguen enganchadas mutuamente. Pueden estar enfadadas, frustradas, heridas y abatidas, pero son incapaces de dejar ir al otro. No pueden dejar de pensar en él, de desearle, de preocuparse por él… y de esperar que la relación siga funcionando.

Y aun cuando uno le hace cosas terribles al otro y éste descubre que la persona de la que está enamorado no es de confianza, que no estará a salvo emocionalmente con ella o que ni siquiera son compatibles, no le importa. Es como si estuviera bajo el efecto de una droga que le ha anulado la razón y le ha envuelto en una niebla de fascinación alucinógena respecto a una persona que no se lo merece o que no está disponible. Con el tiempo puede que se dé cuenta de que su apego a su ex es tóxico, pero aun así seguirá pensando en él, averiguando cómo se encuentra, contactando con él y deseando que entre en razón, se comporte y vuelva a amarle.

La historia de Jen es un buen ejemplo:

Cuando Jen conoció a Matt, éste parecía casi perfecto. Desde que intercambiaron las primeras palabras, se enteró de que él tenía una especie de amiga, pero era amable, divertido, encantador y se concentraba en ella como un rayo láser cada vez que salían. Siempre sabía exactamente qué decir y qué hacer para que se sintiera como en las nubes. Al cabo de un tiempo, su amiga pasó a formar parte del pasado y quedaron libres para estar juntos. Vivían en Boston y parecía que tenían los mismos gustos: la música, las fiestas y relacionarse con la gente. Parecía que nunca iban a dejar de reírse. Jen nunca había conocido a nadie como Matt, era como un sueño que él estuviera tan pendiente de ella.

El amor que él le profesaba parecía incondicional, hasta el extremo de que había hecho muchos cambios para acomodarse a ella. Jen siempre había deseado marcharse de la Costa Este para ir a vivir a San Francisco. Encontró un trabajo allí y él la siguió. A ella no le apetecía mucho tener hijos, pero a él no le importaba. Para Jen, judía de nacimiento, su religión fue cobrando mayor importancia a medida que se fue haciendo mayor. Él se convirtió al judaísmo y parecía que acataba las normas y los rituales de esa antigua religión. Iban juntos a la sinagoga y, al final, acabaron casándose allí. La vida fue pasando y ambos fueron subiendo peldaños en su carrera profesional, trabajaban mucho, pero lo compensaban con sus románticas escapadas a Big Sur, sus vacaciones internacionales y muchas fiestas. Iban a conciertos, espectáculos y tenían muchos amigos interesantes y bien situados. Jen era más feliz que nunca y se sentía afortunada por tener un marido tan maravilloso.

Pero un día la mano del destino hizo girar de nuevo la rueda de la fortuna, esta vez para sacar una espada. La madre de Jen enfermó, tenía migrañas y episodios de confusión y alucinaciones. Al final, le diagnosticaron un tumor cerebral en toda regla y su prognosis era incierta. Jen tomó una excedencia de su trabajo para volver a Boston y estar con su madre todo el tiempo que pudiera. Tuvo que pasar por la radioterapia y la quimioterapia de rigor y someterse a una arriesgada intervención cerebral; sufrió mucho durante el tratamiento. Jen cuidaba de ella, todavía sin acabar de creerse lo que le estaba sucediendo a la que hasta ahora había sido su vigorosa y eterna madre. Estaban a la espera de los resultados de una prueba que determinaría si los meses de agonía que había pasado con los tratamientos habían servido de algo. Así que esperaba ansiosa la llamada sin despegarse del teléfono.

Sin embargo, cuando éste sonó, no era el médico, sino el novio de una mujer con la que trabajaba Matt. Jen no lo conocía, pero en cuanto se presentó comenzó a tener una desagradable sensación en la garganta que fue extendiéndose por todo su cuerpo. La voz al otro lado del teléfono le explicó que Matt y su novia habían estado flirteando y viéndose desde hacía meses y que habían pasado juntos el fin de semana en Big Sur… mientras a la madre de Jen le habían estado haciendo las dolorosas pruebas que determinarían cuál era su esperanza de vida. Le entraron ganas de vomitar en cuanto se dio cuenta de que mientras ella le había estado mandando mensajes de texto y hablando con él durante ese fin de semana, buscando su apoyo para superar la pesadilla que estaba viviendo con su madre en Boston, su marido, durante todo ese tiempo, había estado con otra mujer (¡quizá desnuda!) en la habitación.

Entonces, llamó el médico. Los tratamientos no habían tenido éxito. Su madre iba a morir, probablemente pronto. El trauma que le había ocasionado el duro golpe por partida doble era más de lo que podía soportar. Llamó a Matt y le gritó, luego se hundió en una nube de ansiedad, obsesión, tristeza y sufrimiento que apenas le permitía hacer nada. Matt enseguida admitió su falta, le confesó que era un adicto al sexo y se puso en tratamiento. A medida que transcurrían rápidamente los meses antes del fallecimiento de la madre de Jen, Matt fue manifestando aspectos de sí mismo que todavía fueron más sorprendentes y que cambiaron radicalmente todo el concepto que tenía sobre su matrimonio.

Matt le dijo que nunca había sido fiel a nadie. Que durante todo el tiempo que fueron novios, la había estado engañando con personas que iba conociendo al azar y que sólo realizando un gran esfuerzo le había sido fiel los primeros años de su matrimonio. Luego le habían vuelto a aflorar sus antiguas maneras y artes de seducción para captar la atención y sacar lo mejor de él, y eso le había conducido a buscar sexo con desconocidas, compañeras de trabajo y más de una amiga en común. Jen no daba crédito a sus oídos. Matt lloró disculpándose por haber sido tan cruel con ella, le echó la culpa a su enfermedad y le pidió otra oportunidad. Entonces murió la madre de Jen. A pesar de las objeciones de sus amistades, ella siguió con él. Seguía enamorada del Matt que conocía y la idea de perder a su madre y a su esposo era más de lo que podía soportar en esos momentos.

Los meses siguientes se caracterizaron por la terrible tristeza de Jen y por los intentos de recuperación de la adicción al sexo de su esposo, que consistían en sesiones maratonianas de terapia de pareja, grupos de ayuda mutua para ambos, talleres, retiros para reparar las relaciones y terapia individual para ambos. Una vez Jen calculó que entre los dos asistían a ocho sesiones a la semana.

En cuanto Matt se tranquilizó de su miedo inicial al rechazo por parte de ella, al prometerle Jen que trabajarían para salvar su matrimonio y por el efecto de las sesiones de terapia, empezó a compartir sus verdaderas percepciones, es decir, que todo lo que había ocurrido había sido culpa de ella. Para empezar dijo que sentía que era «sexualmente anoréxica» y que su ausencia durante la enfermedad de su madre no le había dejado otra opción que la de satisfacer sus necesidades sexuales con alguien que estuviera más disponible. Empezó a criticarlo todo, desde su aspecto hasta su personalidad y también el hecho de que ahora, en los meses posteriores al trauma, siempre estuviera triste y retraída, que ya no fuera una persona social y alegre. Sus arranques de ira acompañados de insultos se repetían cada vez con más frecuencia y Jen sentía que el dolor que le ocasionaban esas palabras casi le costaban la vida. A veces tenía la sensación de que le habían cambiado a su adorable esposo por un sádico desconocido, pero los terapeutas a los que estaban acudiendo aprobaban el derecho de Matt a «expresarse» y reconocían su opinión, a la vez que la animaban a ella a que tuviera más empatía con él durante su proceso de curación.

Jen, entre el shock y el trauma que tenía por su duelo, la rabia por el maltrato que soportaba y su falta de aceptación de perder a su esposo, terminó culpándose a sí misma: todo había sucedido porque no era lo bastante buena. No era lo bastante sexy, no le interesaba el sexo lo suficiente o no podía ser el tipo de mujer carismática e intensa que necesitaba un hombre como Matt. Si él había actuado mal, era sólo por su adicción al sexo. Ahora estaba en tratamiento y ella tenía que ser más madura y perdonarle por padecer una enfermedad sobre la que no tenía ningún control.

Así que hizo lo que haría cualquier persona responsable (que se encuentra totalmente confundida por lo que está sucediendo en un matrimonio que se ha comprometido a salvar): esforzarse más. Tenía momentos de recuerdo y flashes de la persona de la que se había enamorado, del Matt encantador y divertido, que la respaldaba y que siempre sabía qué decir, que le hacían albergar esperanzas de que todavía podría recuperar al «verdadero» Matt. Se esmeró en trabajar la «confianza», la «ira» y los «temas relacionados con su padre» en sus terapias, pensando que algún día volvería a ser la persona tan importante y especial que había sido para su esposo. A veces tenía tentaciones de dejarlo, pero como él ponía tanto interés en la terapia sentía que no podía hacerlo. Creía que si le dejaba, ella sería la culpable de su fracaso matrimonial. Cuando los meses de tratamiento se convirtieron en un año, Jen se debatía en el purgatorio de esta pseudorrelación. Ni era segura emocionalmente, ni satisfactoria para ella, y además le machacaba su autoestima, pero estaba ahí, a diferencia de su madre.

Al final sucedieron más cosas que decantaron la balanza en favor del divorcio: descubrió una serie de correos electrónicos en los que flirteaba con una de sus compañeras de trabajo y se dio cuenta de que la persona encantadora, preocupada y exquisita que aparentaba ser Matt cuando se conocieron, no era más que una «máscara de Casanova» que se ponía con todas las posibles candidatas. En una sesión de terapia llegó a decir que creía que muchas mujeres estaban tan desesperadas por recibir amor que prácticamente eran «prostitutas a las que no tenía que pagar». Algunas de las viejas amigas de Jen le confesaron que Matt se les había insinuado sexualmente o que había tenido una conducta inapropiada que les había causado mucho malestar. Todo apuntaba a que su marido era un depredador sexual.

Al final lo dejó, pero, incluso después de dejarlo, seguía enamorada de la persona que ella creía que era él en el fondo. Añoraba terriblemente a *ese* Matt. Sabía todas las cosas horribles que le había hecho. Era consciente de que pensar en lo sucedido le hacía sufrir, reavivaba sus sentimientos de rabia y dolor, y volvía a traumatizarla. Pero no podía perder la esperanza de que algún día regresara el Matt del que ella se había enamorado. Cuando ponía distancia entre ambos se encontraba mejor, hasta que volvía a hablar con él y volvía a caer bajo su maldición: el hechizo de la esperanza. Cada vez que pensaba que todo había terminado, volvían a hablar y él le decía exactamente lo que ella quería oír, haciendo que se replanteara una posible reconciliación.

Fue casi al cabo de dos años de continuas decepciones, traumas y malos tratos emocionales, y gracias a la ardua labor de una dedicada terapeuta, que la desafió a que abriera los ojos y viera la realidad de la persona de la que estaba enamorada, cuando por fin fue capaz de dejarlo marchar. Esta terapeuta, con la continua presión que ejerció sobre ella durante meses, consiguió que se deshiciera de su apego patológico a Matt como si fuera una inocente estrella de mar a la que consigues alejar de una roca radiactiva. Al final entendió que nada iba a cambiar y que su apego a Matt solo la conduciría a su destrucción emocional. Tenía que aceptar la verdad, dejarlo ir y rendirse. Y así se liberó.

Puede que caigas en la tentación de pensar que sólo las personas débiles o con algún problema emocional se aferran tanto a una relación como esa. Quizá pienses que las únicas personas que tendrán tantos problemas para vencer un apego tóxico (o que se enamorarán de una persona así) son las que tienen baja autoestima, infancias traumáticas o que han sido abandonadas. Esas arraigadas creencias sobre «A qué tipo de persona patética puede sucederle esto», pueden haber estado alimentando tu vergüenza respecto a tus últimas experiencias, si te has dado cuenta de que no eres capaz de librarte de un apego enfermizo.

No obstante, quiero que sepas que esto no es cierto. Jen, como todas las otras personas que cito en este libro, es alguien a la que he llegado a conocer muy a fondo. Como es lógico, he ocultado cosas y cambiado ciertos detalles para proteger la identidad de todos mis pacientes, pero puedo decirte con toda sinceridad que en todos los demás aspectos de su vida es una persona increíblemente resiliente, sana emocionalmente, atractiva y de lo más encantadora. Tuvo unos padres entregados, una vida privilegiada, montones de amigos y amigas, una personalidad alegre y una carrera envidiable. Te encantaría si la conocieras. No es una persona «defectuosa» sólo porque le haya sucedido esto, como tampoco lo eres tú.

Veamos las cualidades emocionales, psicológicas y de personalidad que dificultaron que terminara con su relación: amor, tenacidad, optimismo, compromiso, responsabilidad personal y esperanza; todas ellas innegablemente positivas, que le han dado felicidad y éxito en las demás áreas de su vida. Puso todo su empeño en salvar su relación. ¿Es eso malo? Ahora, al mirar atrás, es fácil darse cuenta de que le dedicó demasiado tiempo, pero cuando estás viviendo los altibajos de la experiencia ¿cómo sabes que has llegado al punto sin retorno?

La verdad es que los sentimientos de amor que le profesas a otra persona o la ansiedad y desesperación que experimentas cuando no estás con ella, pueden causar bastante confusión, hacer que albergues esperanzas, tengas determinación, te comprometas y sigas amando. Cuando estás enamorado, piensas y sientes diferente, y existe una razón biológica para ello. Estar enamorado es como estar en un estado alterado de conciencia que te induce a hacer cosas que no harías jamás en tu estado «racional» normal. Dar por sentado que los sentimientos amorosos son la parte más importante de una relación puede provocar una gran confusión y sufrimiento a muchas personas.

Veamos la experiencia de Anna:

Anna nunca llegó a casarse. Era una mujer hermosa que había tenido muchas parejas. Era inteligente, competente y le iba bien en su profesión de enfermera.

Sin embargo, siempre se sentía atraída hacia hombres que no podían corresponderle. Como el guitarrista loco y bebedor con el que vivió bastantes años en la década de 1970. Al final lo abandonó la última vez que éste no regresó a casa. A principios de los ochenta, se lió con un artista cuyo talento estaba a la par que su depresión. Vivía en la oscuridad salpicada (pocas veces) por visiones de luz que podía captar maravillosamente antes de que éstas se desvanecieran, volviéndole a dejar a solas en su pantanoso paisaje interior. Se hallaba tan absorto en sí mismo, que Anna ni siquiera estaba segura de si se enteró cuando ella se marchó. Luego vino el magnate inmobiliario de la pequeña ciudad con la casa en el lago, la lancha motora y el apartamento en las pistas de esquí. Le encantó ser su trofeo rubio de largas piernas y siempre bronceado durante varias temporadas de horas felices después de esquiar. Ella, que era una excelente cocinera, solía estar en verano en la casa del lago preparando marinadas de gourmet para las barbacoas que organizaban en su muelle privado. Era feliz, pero esa relación fracasó cuando se produjo el escándalo de las hipotecas basura y se volvió a quedar sola. Cada vez lo pasó fatal, pues los amaba a los tres.

En medio de estas tres excitantes, apasionadas y, en última instancia, decepcionantemente largas relaciones, había tenido breves escarceos con hombres amables, tranquilos y «normales», de los cuales se aburría rápidamente al cabo de pocos meses.

«Eran hombres maravillosos y sigo manteniendo amistad con casi todos ellos», me dijo.

La relación más larga de ese tipo fue con el maestro de escuela Greg, que le preparaba galletas caseras, la llevaba de cámping, le presentó a sus padres y, al final, se le declaró.

«No podía hacerlo. Sencillamente, no sentía la pasión por él que había sentido por los otros. Me parecía como si lo estuviera haciendo con mi hermano», me contó.

Así que rompió con él sintiendo, por aquel entonces, que era lo correcto. Todavía hoy, que ya han pasado décadas, sigue viendo a Greg y a su esposa en actos sociales, y lo considera uno de sus mejores amigos. Pero después de que Scott, el agente inmobiliario, la cambiara por una nueva modelo con la misma facilidad con la que renovaba el *leasing* para un coche nuevo cada dos años, decidió tomarse un descanso de intentar encontrar el amor. Cuando rayaba los cuarenta, consideró que ya había tenido bastante.

Se dedicó a hacer otras cosas. Se trasladó a Palm Springs. Se metió en un grupo de meditación trascendental. Llegó a la cima de su carrera como enfermera supervisora. Le encantaba el *fitness* y todos los días hacía ejercicio o alguna actividad. Los años fueron pasando y mientras sus amistades estaban terminando de educar a sus hijos y enviándolos triunfalmente a la universidad, Anna hacía extravagantes vacaciones relacionadas con el *fitness*.

Hasta que un día apareció Dave en el gimnasio. Era ingenioso y atento. Anna sintió un cosquilleo que hacía mucho tiempo que no había sentido. Pensó en él esa tarde cuando se puso a hacer su rutina diaria de ejercicios. «¿Dónde vivía? ¿Qué hacía? ¿Estaba casado?» Su rostro sonriente flotaba por su cabeza. La siguiente vez que lo vio en el gimnasio le dio un vuelco el corazón. Corrieron juntos y después tomaron un batido de col. Ella se rió todo el tiempo sin parar. Le hizo preguntas personales: trabajaba en el sector de la construcción, estaba divorciado, vivía a unos kilómetros de su casa y, según parecía, le gustaba hacer ejercicio tanto como a ella. Hicieron planes para ir de excursión a Joshua Tree el fin de semana siguiente y se lo pasaron muy bien. Las caminatas de los sábados por la mañana con comida de ocio incluida se convirtieron en una costumbre todos los fines de semana, y Anna se sentía más viva que en muchos años. Había recuperado la ilusión.

Sin embargo, había aspectos de su relación con Dave que eran frustrantes y desconcertantes. Era muy estricto con sus horarios. Durante meses, sólo pudo verlo los sábados por la mañana y los martes y jueves por la tarde en el gimnasio. El tiempo que pasaban juntos el sábado por la mañana nunca excedía de las dos de la tarde. Se marchaba del gimnasio puntualmente a las seis de la tarde. Ella lo invitó a cenar, a ir al cine, a unas vacaciones pagadas, a todo lo que se le pasó por la cabeza para pasar juntos más tiempo. Nada: los martes y jueves en el gimnasio de cuatro a seis y los sábados hasta las dos. Como grabado a fuego. También era muy reservado con su teléfono. Pocas veces respondía en su presencia, se alejaba de ella para hablar, y nunca se lo dejaba en ninguna parte.

A sus amigos eso les daba mala espina. A través de una mezcla de espionaje y técnicas de interrogación que habrían impresionado a un psicólogo de Guantánamo, al final descubrió la verdad: estaba casado y muy casado. Más de treinta años atado a un matrimonio que no iba a ninguna parte y, por si fuera poco, con cuatro hijos todavía en casa. Al enterarse, se hundió. Lloró, se enfureció y lo echó de su vida…, pero el sufrimiento, la ansiedad y el deseo eran tales, que en cuanto lo vio la semana siguiente en el gimnasio, volvió a fundirse entre sus brazos y encontró consuelo. Lo echaba terriblemente de menos. Sólo podía pensar en él. El tiempo que estaban juntos, por escaso que fuera, se había convertido en lo más importante de su vida. Cuando descubrió quién era y cuál era su situación, ya fue demasiado tarde. Se había apegado a él.

Antes de conocerlo, estaba satisfecha y era totalmente feliz. Pero ahora sentía pasión por Dave y su ausencia hacía que el resto de su vida se convirtiera en un tiempo de espera para volver a estar con él. Así que lo esperaba. Se acostumbró a ese horario y adaptó su vida al mismo. Las pocas veces que podía dedicarle más tiempo, para ella era lo máximo. Cuando no podían estar juntos, estaba ansiosa, imaginando sus conversaciones en la cocina con su esposa, sus tardes viendo la televisión o haciendo recados y su hora de dormir acostándose en la misma cama. Sabía que él hacía todo lo que ella quería hacer con él, pero con otra persona. Padecía una tremenda ansiedad y sólo encontraba alivio en las pocas horas que podían compartir cada semana. Fueron pasando los años y Anna seguía bailando al son de la música de Dave. Intentó romper con él un par de veces, porque era muy consciente de que esa relación no tenía ningún futuro y que era nociva para ella, pero tenía tanto pánico a la pérdida y al sufrimiento, que cada vez que la llamaba para planificar el sábado se sentía aliviada, como si no hubiera pasado nada.

Las festividades eran lo más duro. Los días que él estaba con su familia, cuando el resto del mundo estaba con su familia, ella estaba sola con su gato, obsesionándose con Dave. La gota que colmó el vaso fue el día de Navidad, cuando él pudo escaparse para verla un ratito, de camino a la tienda de comestibles a comprar algo que le faltaba a su esposa para la comida. Se quedó de pie junto a la puerta, ni siquiera se quitó el abrigo y vino con las manos vacías. El hecho de que ni siquiera le hubiera llevado un regalo le afectó mucho. Decidió poner fin a la relación. Lo echó de su casa y dejó de contestarle al teléfono. Tampoco volvió al gimnasio. Se hizo miembro de un club de excursionismo que organizaba salidas los sábados.

Pero volvió a echarlo de menos. Aunque sabía que todo había terminado, y que necesitaba que realmente fuera así, no podía sacárselo de la cabeza. Lloró largo y tendido. Se avergonzaba de sí misma por ser «la otra», algo que iba en contra de todos sus valores más importantes. Pero lo peor del caso es que seguía deseándolo y queriendo estar con él, incluso sabiendo a ciencia cierta que no estaba libre y que, en realidad, ella no le importaba.

Esa experiencia no era nueva para Anna. Para ella, descubrir que durante toda su vida había estado confundiendo los sentimientos de ansiedad y excitación con «amor» fue todo un acontecimiento. Creía que el amor era sentir mariposas en el estómago, angustia, obsesión y pasión. Sus arraigadas creencias sobre el amor la habían llevado a descartar conscientemente a los hombres que podían haber sido parejas estables, de confianza y buenas para ella; por el contrario, eso le condujo a entregarse a la engañosa pasión y a seguir el camino de lo excitante hasta terminar en el sufrimiento una y otra vez. Ahora, ya cumplidos los sesenta, sigue luchando para librarse de la maldición de Dave y para aceptar la realidad de que la ansiedad y el tormento que asocia a estar «enamorada» no necesariamente son emociones saludables por las cuales se pueda guiar.

Pero no sólo el amor y la pasión pueden hacer que alguien se quede atrapado en un apego enfermizo. Las personas suelen aguantar situaciones que no conducen a nada como medio para protegerse del sufrimiento del duelo que sentirán cuando la relación termine definitivamente. La negación y la negociación son estaciones intermedias por las que pasamos casi todos cuando atravesamos la larga vía del duelo. Cuando dejas de esperar que las cosas cambien para mejor y llegas a la conclusión de que vas a poner fin a la relación de una vez por todas, pierdes toda esperanza de tener la vida que querías. También dejas de soñar en el futuro que habías imaginado con esa persona. Es muy doloroso enfrentarte a esta realidad; es paralizante.

Ésta es la razón por la que Martin no podía desapegarse.

Martin estaba triste. Había estado casado treinta años con Gina. Cuando vino a verme, hacía dos años que se había separado. Vivía en un pequeño apartamento, en la misma calle y a pocos kilómetros de su espaciosa casa familiar. Le pregunté por su matrimonio y me contó que desde la primera vez que salieron juntos en la década de 1980, se dio cuenta de que Gina era un mal bicho. Era dura, criticona, prepotente y totalmente centrada en sus prioridades. Le pedí que me explicara por qué la había elegido. Me respondió que era guapa y divertida cuando no le salía su aspecto negativo, le gustaba su perfume y se lo habían pasado muy bien en un memorable concierto de Police. La dificultad de Martin de dar un razonamiento coherente para su proposición de matrimonio refleja la realidad de lo que nos sucede cuando nos enamoramos: desafía la lógica, el intelecto y la razón. Simplemente, sucede. Martin se enamoró de Gina y se casaron.

La vida fue pasando. Tuvieron tres hijas y se trasladaron a una zona residencial en las afueras. Hacían largos viajes en las vacaciones de verano. Cuidaban de su jardín, pero cuanto más exuberantes y arraigadas estaban sus plantas, más se marchitaba él en su relación. Para Gina él nunca era lo bastante bueno. Le criticaba y regañaba por todo, desde su ropa hasta su trabajo y sus aficiones. Se sentía acosado en su propia casa. Hasta que llegó un momento, a principios de la década de 1990, en que tuvo un breve romance con una mujer que trabajaba en su misma empresa. Cuando le pregunté por qué, la respuesta fue descorazonadora: «Era amable conmigo».

Gina, por supuesto, se enteró y se sintió con derecho a castigarle por sus transgresiones durante los siguientes veinte años que duró su maltrecho matrimonio. Él probó la terapia de pareja, hizo retiros y todo lo que pudo para demostrarle su arrepentimiento y recobrar su confianza. Si antes tampoco lo había considerado suficiente para ella, no esperaba que ahora lo tuviera en mejor concepto. Con el paso de los años, la negatividad y beligerancia de Gina se fueron sumando a los propios lamentos y autorrecriminaciones de Martin y acabó hundiéndose. Un día, la pelea fue tan grave que su propio instinto de supervivencia le llevó a marcharse de casa y a encerrarse en un apartamento en la misma calle, del que sólo salía para ir a trabajar (para pagar la mitad de los gastos de la casa) y para volver a su casa para hacer algunos trabajos en el jardín y ver a sus hijas adultas.

Cuando le saqué el tema del divorcio y de salir de esa situación de estar en tierra de nadie, Martin se resistió. Insistía en que todavía tenía esperanzas de salvar la relación. «¿Qué relación?», le pregunté. Lo cierto era que aunque su matrimonio había sido extraordinariamente difícil, en el fondo Martin era un hombre fiel y comprometido con los suyos. No había nadie en su familia que se hubiera divorciado y tenía unas creencias muy arraigadas sobre lo que significaría para él «abandonar a su familia», a pesar del hecho de que sus hijas adultas le animaban y apoyaban a hacerlo.

También tendría que lamentar la pérdida de su familia tal como la había conocido. Le parecía que sus preciosos recuerdos de las tres cabecitas rubias dormidas en sus respectivas camas, la mañana de Navidad, las tardes podando y rastrillando pacíficamente el césped y los raros momentos en que se había sentido acompañado en silencio por su ex, desaparecerían para siempre. De igual manera, se esfumaría la visión que había creado durante toda su vida de adulto de cómo serían sus últimos años y de la jubilación que esperaba compartir con Gina, viendo jugar a sus nietos en su cuidado territorio que le había costado toda una vida de trabajo.

Podía acercarse intelectualmente al abismo y mencionar todas las razones por las que debía poner fin a su relación, pero el tremendo sufrimiento del duelo que experimentaba cuando se imaginaba haciéndolo lo tenía atrapado. Martin necesitaba arreglar algunas cosas antes de dar el paso, incluida la capacidad para tolerar sus propias

NO ERES LA ÚNICA   39

emociones, así como una nueva vida. Pasó tiempo preparándose para el final. Hizo nuevas amistades, hizo más terapia, se apuntó a un club deportivo y se ofreció como voluntario en un refugio para animales de su localidad. Al final, sintió que tenía suficiente apoyo para ser capaz de soportar la pérdida de su antigua vida... y dio el paso hacia una nueva.

Hay una interesante paradoja respecto a cómo suelen responder las personas a estas historias. A casi todos nos han partido el corazón alguna vez y hemos estado emocionalmente apegados a una persona que no podía seguir correspondiendo por más tiempo a nuestro amor. Sin embargo, muchas personas se sienten frustradas cuando ven que otros están pasando por la misma situación; es *evidente* que los implicados tienen que seguir adelante. Puede que cuando has leído las historias de Jen, Anna y Martin hayas pensado: «Si *eso* me sucediera a *mí*, habría puesto fin a la situación». Puede que en estos momentos algunos amigos o familiares estén pensando de ti algo parecido, cuando contemplan tu vida desde la seguridad de su distancia emocional. Para ellos es fácil decir: «¿Qué estás haciendo? ¡Acaba ya con esto! Esa persona no es buena para ti». Pero ellos no están en tu piel. No saben cómo te sientes. No están «bajo la influencia» del amor, pero tú sí. No poder desconectarte de tus sentimientos y hacer lo que ellos te aconsejan (y quizá lo que tú sabes que deberías hacer), hace que te avergüences de ti mismo y que te parezca que hay algo en ti que no funciona.

A ti no te pasa nada. La verdad es que si nunca te han roto el corazón ni has pasado demasiado tiempo suspirando por un amor no correspondido, sólo una de estas tres cosas es cierta:

- Nunca has estado profundamente enamorado o apegado a alguien dentro de una relación insostenible.
- Te has separado psicológica o emocionalmente de tu pareja antes de que finalizara tu relación.
- Te has enamorado de una persona que te ha correspondido y, actualmente, mantienes una relación con ella.

Si estás leyendo este libro con la esperanza de ayudar a alguien que está atrapado en una situación, quisiera recordarte lo fácil que es olvidarse de la universalidad de esta experiencia cuando estás observando el proceso de la persona que está viviendo las secuelas de una ruptura. Estar enamorado genera una locura de tipo biológico que sólo tiene sentido cuando la estás padeciendo o utilizas tu mente emocional para entenderla. Has de sentir empatía por la realidad emocional que experimenta alguien durante el largo período de esperanza irracional y de fijación demoledora y obsesiva, mientras trabaja las distintas etapas de su curación.

De lo contrario, tener una relación con esa persona mientras se está recuperando puede ser tan frustrante como cuidar, estando tú sobrio, a un amigo borracho que no para de decir sandeces (en voz alta) o de caerse en los momentos más inapropiados y, aun así, sigue bebiendo durante meses. Para un observador, un adicto a su ex no atenderá a razones, seguirá tomando decisiones autodestructivas y se quejará de los resultados durante mucho tiempo. Pero en su interior se está produciendo un proceso emocional profundo y complejo: el proceso de romper su principal apego. Plantéate el desafío de volver a conectar con el sufrimiento, la locura y la nostalgia obsesiva que experimentaste cuando te tocó pasar por esto, mantén abierto tu corazón y ten paciencia para que pueda curarse.

Si eres tú quien está pasando por ello en estos momentos, quiero que sepas que he escrito este libro por empatía hacia ti, porque yo también lo he vivido, como todo el mundo. Recuerdo cómo me sentía: lo obsesionada que estaba con mi ex, todas las estupideces que hice para volver a conectar con él y lo mal que me sentí conmigo misma por haberlas hecho.

Ésta es mi historia:

«¿Todavía me quiere? Cara, sí. Cruz, no.»

La moneda giró en el aire y aterrizó mostrando su muda respuesta: Cara. Sí. ¡Qué alivio!

«¿Desea que volvamos a estar juntos? Cara, sí. Cruz, no.»

Cruz. La ansiedad se apodera de mí como si tuviera un puño en el pecho.

«Vale, dos de tres.» Vuelvo a lanzar.

Eran las fiestas de Navidad. Lo sé porque me acuerdo de que estaba sentada en mi dormitorio enmoquetado de color rosa, con un traje de dos piezas de jacquard rojo, que tenía un ridículo cuello de encaje, preparada para ir a la iglesia con mis padres y, mientras tanto, lanzaba obsesivamente la moneda al aire. Habíamos roto en septiembre, pero James seguía ocupando por entero mi mente. Vivía en una pesadilla de la que no podía huir o despertar. Asfixiada por la ansiedad, abandonada, rechazada y obsesionada por preguntas sin respuesta, estaba tan desesperada por comprender lo que había sucedido que intentaba compulsivamente encontrar el sentido lanzando al aire una moneda. Era lo único que me quedaba.

No fue así como empezó. Dos años antes, yo estaba bien. Había estado haciendo el trabajo propio de una adolescente: eliminar las capas de timidez que podían hacerme tambalear en cada interacción que tenía con mis amigas, y probar una identidad nueva que me diera confianza en mí misma cada vez que me ponía la chaqueta tejana lavada a la piedra y me echaba laca en el pelo. Cada vez que la puerta mosquitera se cerraba de un portazo a mis espaldas y salía corriendo hacia el pequeño Volkswagen escarabajo cargado de amigos que paraba delante de mi casa por las mañanas, me distanciaba más de mis padres.

Un día, en medio de estas amistades típicas de la adolescencia, apareció James. No sé cuándo empezó a ir a mi instituto, pero no era de allí, como los otros amigos que conocía desde la guardería. De pronto, noté una fuerte presencia detrás de mi hombro derecho en la clase de mecanografía. (Hasta el día de hoy, la clase más útil que he tomado en mi vida.) Me dijo que era una gran mecanógrafa. Observé con qué pericia se hundían las teclas bajo mis rápidos dedos. Se rio al oír mis ocurrencias. Por primera vez me di cuenta de que *era* guapa y divertida. Él observaba todo lo que yo hacía y empecé a sentir que yo era alguien muy interesante.

Me sentía más viva cuando estaba con él, como si me ayudara a sacar lo mejor de mí misma. Su interés me hizo merecedora. Había sido elegida. Todo lo que *él* hacía me parecía perfecto y entrañable. Incluso cuando se enfadaba o era imprevisible, lo atribuía a que era sensible y apasionado. Sólo quería estar conmigo, a solas. Eso me parecía perfecto, puesto que era la persona más fascinante e importante del mundo. El escarabajo verde, humeante y cargado de gente, ya no pasaba por la puerta de mi casa, ahora era James quien me recogía en su sedán plateado. Nos adentramos en un acogedor mundo para dos. Nos fusionamos formando una unidad. Dejé de ser una entidad y me convertí en una parte de «James-y-Lisa». Un instinto primitivo de emparejamiento había sido satisfecho. Había creado un vínculo. Las estaciones pasaban sin darme cuenta.

Llegó un momento en que nuestros respectivos padres empezaron a preocuparse por la intensidad de nuestro apego; consideraban que éramos demasiado jóvenes para este tipo de relación. (Y, por supuesto, tenían razón.) A él lo mandaron a Francia para pasar el verano. Hablábamos por teléfono siempre que podíamos, su voz sufría las interferencias típicas de una cabina de pago a la que tenía que ir añadiéndole francos para que siguiera funcionando. No sabía qué hacer conmigo misma durante los milenios que transcurrían entre las llamadas, así que empecé a relacionarme con la chica que vivía enfrente de mi casa, Laura. Era baja, rubia y apasionada. Conducía rápido, hablaba aún más rápido y era divertida de una forma cruel que dejaba entrever su poder social. Con sus ocurrencias y su especialidad en dar en el blanco, pronto consiguió un séquito de fieles servidoras a su alrededor. Ese verano yo me convertí en su cómplice.

Muchas veces salíamos a hurtadillas de casa por la noche, y bajábamos por la colina en su coche sin arrancar el motor para hacer nuestra escapada al subversivo mundo nocturno exclusivo para adolescentes. En un campamento de vela, observé alucinada cómo abría la cremallera de nuestra tienda, en un intento de hacer una escapada nocturna para montárselo con Dave, el más atractivo de los monitores. Ella me llevaba a fiestas y me presentaba personas importantes. Yo, por mi parte, contribuía aguantándole su larga melena negra cuando vomitaba una especie de gelatina verde licuada después de haber bebido. Fue divertido.

Entonces James volvió de Francia. Yo estaba deseando que retomáramos nuestra vida en común. Pero las cosas habían cambiado. Cuando agosto dio paso a septiembre y los árboles empezaron a volverse dorados, se creó un espacio frío entre nosotros. Subía la radio del coche cuando yo hablaba. Ahora mis chistes provocaban que pusiera los ojos en blanco en vez de reírse con ellos. No sabía qué era lo que había cambiado. Puse más cuidado en mi pelo y en mi forma de vestir. Intentaba averiguar qué podía haber hecho yo. Actuaba con cuidado y dudaba cuando estaba con él. Un día estábamos juntos en su cama y él permanecía muy callado. De pronto, tuve el impulso de preguntarle lo impensable, si quería que rompiéramos, aunque sin estar convencida de ello. Creía que le estaba preguntando algo absurdo como: «¿Quieres tatuarte un unicornio en la cara?» Me quedé sin habla cuando dejó ir una larga espiración de alivio y respondió: «Sí». Ahora pienso que, probablemente, él estaba allí tumbado intentando encontrar las palabras para decírmelo, pero yo me adelanté.

En el momento en que me dijo «Sí» todo mi cuerpo se quedó helado y noté que el miedo cristalizaba la atmósfera de la habitación en la que nos encontrábamos. No podía respirar. *¿Era real lo que estaba pasando? ¿Qué había pasado?* Hice un intento de acercarme a él, pero no quiso volver a abrazarme. Mi derecho a tocarle había terminado. Ya no estábamos juntos.

Me fui a casa conduciendo despacio en mi viejo Datsun dorado oscuro, dando tumbos por la calle cada vez que sollozaba. Sentía como si se me estuviera disolviendo el corazón y me saliera por la cara a través de mi torrente de lágrimas y mocos. Me lancé sobre la cama gimiendo y gritando. Mi madre estaba en la puerta deseando consolarme. También le grité a ella. Estaba rota. Destrozada. Los días, semanas y meses siguientes, él fue todo lo que hubiera podido imaginar. Aunque no estábamos juntos, en mi mente él seguía siendo mi fiel compañero. Recordaba obsesivamente nuestras conversaciones.

Revisaba las líneas de nuestros diálogos para ver si podía entender qué era lo que había cambiado. ¿Cómo era posible que su amor que parecía tan intenso y auténtico hubiera desaparecido? ¿Por qué? ¿Qué había hecho yo? ¿Cómo podía haber cambiado todo? ¿Había sido real alguna vez?

El trauma del rechazo fue visceral: la mejor persona, la más importante y perfecta del mundo se había sentido atraída por mí, se había acercado a mí, enamorado de mí, me había elegido, había visto en lo profundo de mi alma... y, luego, había cambiado de idea. James era la única persona que realmente había llegado a conocerme. Le entregué mi corazón totalmente confiada y me lo había devuelto, lo había despreciado. Me sentía como si fuera una manzana con un golpe que al principio no se nota en su aspecto. Luego, él me había dado un bocado, examinado más de cerca y tirado al cubo de la basura. Me había rechazado. No era suficiente. Fue tan humillante como doloroso.

No sabía qué hacer. Un día estaba sollozando, sin decir nada sobre el sensual colchón de agua de Laura mientras ella me miraba con dureza. Al final dijo en un tono agudo y alegre: «Bueno, creo que ya está bien. Ha llegado el momento de que pases página». Me sorprendió tanto, que dejé de llorar. ¿Cómo podía trivializar sobre el asunto? ¿Es que no entendía que la fuente de todo mi amor y dicha en la vida acababa de rechazarme? Parecía enfadada conmigo y con la intensidad de mi sufrimiento. Me dijo que era hora de que me fuera a casa porque iban a cenar. Su dureza me desconcertó.

Hasta que un par de días más tarde vi el sedán plateado aparcado en el sendero para coches de la entrada de su casa.

Ese día algo se rompió dentro de mí. A partir de ese momento, ya no pude dormir. No pude comer. No podía hablar sin echarme a llorar. Sentía como si me hubieran sustituido las entrañas por vidrios rotos. Caminaba por los pasillos de mi instituto envuelta en una niebla repelente de dolorosa vulnerabilidad. Había perdido a mi novio no sólo por mi mejor amiga, sino por la chica más influyente de mi escuela. Un político de carrera es menos sensible a la pérdida del poder que una adolescente, y las amigas de Laura pasaban por mi lado mirando a otra parte por encima de mi hombro cuando nos cruzábamos por el pasillo. James-y-Laura era la nueva pareja de moda y de poder, rodeada de un abanico de amistades bulliciosas. Pasaba por su lado intentando no fijarme en las miradas victoriosas que me lanzaban.

Las noches eran lo peor de todo. Una tras otra, me sentaba sola en el oscuro alféizar de mi ventana, a escuchar una música que era más oscura si cabe, a la espera de que sucediera algo horrible. Veía las visitas nocturnas que le hacía James a Laura desde el otro lado de la calle. Veía cómo se introducía a escondidas en su dormitorio, convenientemente situado justo detrás de una puerta de cristal corredera en la planta baja (sus padres dormían en la ignorancia tres plantas más arriba). Todo lo que veía no hacía más que empeorar mi estado, y la información que recibía sobre ellos, por insignificante que fuera, estallaba en mi interior como una granada emocional. Pero no podía dejar de espiarles. Obtener información sobre ellos era como hurgar en una costra que te pica: doloroso, destructivo e irresistible. Estaba frenética por saber más, y cuanto más sabía, más aumentaba mi sufrimiento. No podía evitar que cada nueva información que recopilaba compulsivamente, me hiriera, que cada noticia nueva se convirtiera en una pesadilla en mi mente. Cuando mi compulsión de saber quedaba interceptada por la realidad, encontraba formas de sabotearla. Consultaba a videntes. Lanzaba mi moneda al aire.

Pensaba que ya no me podía pasar nada más, pero me equivoqué.

James empezó a llamarme otra vez. Al principio me sentí aliviada. Mi pesadilla había tocado a su fin. Se lavaría mi nombre y volvería a ser valorada. Quizá no era tan indigna e indeseable a pesar de todo. Cuando me dijo que tendríamos que vernos a escondidas para que Laura no se enterara, sentí una emoción totalmente nueva, una mezcla terrible y única de resentimiento, humillación y excitación. Quería que nos viéramos en sitios raros: debajo de un puente o en un estadio vacío por la noche. Sabía que me estaba utilizando, pero mi adicción a él era más fuerte que yo. No me importaba. Nos encontraríamos donde me dijese. La copa de vino rota de mi autoestima se recomponía de nuevo brevemente cuando sus ojos brillaban de interés por mí, para volver a romperse cada vez que las luces traseras rojas de su coche volvían a dejarme sola en la oscuridad. Con cada encuentro, el frágil vidrio roto de mi orgullo se iba pulverizando.

Mi necesidad de aceptación y atención era más fuerte que mi dignidad. Los únicos momentos en que me sentía normal era cuando tenía el subidón temporal y me parecía que la vida valía la pena. Sabía que era patética, algo que deben de sentir todos los adictos: rebuscando en la moqueta para recuperar los restos del paraíso alucinógeno que saben que está destruyendo su vida. Como hacen todos los adictos, negocié conmigo misma intentando convencerme de que controlaba la situación y de que todavía podía ganar: «puedo hacer que se vuelva a enamorar de mí». Le había guardado sus secretos y sentido el frío alivio de la venganza cuando por la mañana los veía cogidos de la mano por el pasillo. Al final, acabé odiándome a mí misma tanto como a ellos.

Fue por esa época cuando mis padres decidieron llevarme a ver a una psicóloga. Esa iba a ser mi primera experiencia y tenía la esperanza de que ella pudiera salvarme. Era una persona jovial, tenía el cabello rizado y lo llevaba recogido con una gran pinza para el pelo, mientras que una nebulosa de mechas sueltas pero rígidas formaban una borla en su frente, un peinado muy valorado por mis compañeras de clase. Le conté lo que me estaba sucediendo lo mejor que pude. Le dije que mi novio y mi mejor amiga, que vivía enfrente de mi casa, ahora salían juntos. Intenté transmitirle mi verdad emocional: «Me estoy muriendo. Por favor, ayúdame». Según parece lo que oyó fue: «Es un drama normal de adolescentes. Estoy bien», así que me sonrió amablemente, me dio un libro sobre relaciones, y me dijo que tenía que hacer más ejercicio. Me fui obedientemente hasta la pista para correr, pero me quedé sentada en el coche, paralizada por mi tristeza y mi pesadumbre, y observando cómo la gente normal salía a correr. Sabía que nadie podía ayudarme.

Necesitaba nuevas amistades. Así que fingía estar bien cuando estaba con otras personas que sabía que se sentían solas y que no pertenecían a un círculo cerrado; otros solitarios quizá me darían una oportunidad. Pero es casi imposible ser lo bastante normal como para hacer nuevas amistades, si sientes que una rata neoyorquina te está royendo por dentro para salir de la alcantarilla de tu estómago. El dolor es tan intenso que eclipsa el resto de las emociones. No sabes qué es lo que deberías sentir, así que sonríes cuando lo hacen los demás y asientes con la cabeza cuando hablan, aunque no tengas ni la menor idea de lo que está pasando hasta que llega el momento de forzar otra carcajada.

Lo cierto es que hasta nuestros mejores amigos tienen una capacidad limitada para ayudarnos a salir del agua cuando nos estamos hundiendo. Nuestras relaciones, hasta cierto punto, son de conveniencia. Nuestros amigos nos aprecian porque les apoyamos, nos interesamos por ellos, se lo pasan bien con nosotros y aportamos algo a sus vidas. Disfrutan de nosotros cuando somos sencillos, interesantes, solidarios y autosuficientes. Una persona encerrada en sí misma, desolada y necesitada, que se regodea en su sufrimiento obsesivo y en el autodesprecio no es precisamente la mejor de las compañías.

Los amigos más amables, cercanos y pacientes durante esa época fueron los que habían sufrido sus propias rupturas. Estaban al otro lado del túnel, habían hecho ese trabajo de sanación que yo todavía tenía por delante. Deseaban sinceramente que me sintiera mejor, compartieron conmigo lo que ellos habían aprendido y tenían toda la razón y eran bienintencionados cuando me dijeron cosas como:

«Primero has de amarte a ti misma.»

«No era lo bastante bueno para ti.»

«Has de seguir adelante y olvidarlo.»

No tenía ni la menor idea de lo que estaban hablando o de cómo conseguir lo que pretendían que hiciese. La oscura sima sin cartografiar entre mi estado de destrucción y mi curación era demasiado ancha. Así que les di la razón en todo lo que me dijeron, me sentí agradecida por que todavía me hablaran y decidí dejar de compartir mi vergüenza y mis patéticos sentimientos.

Intenté seguir su consejo. Salí con otros chicos. Me apunté a un equipo de natación. Leí el libro que me había dado la psicóloga impasible. Rellené solicitudes de admisión para distintas universidades. Corrí repitiendo el mantra «Déjalo ir. Déjalo ir. Déjalo ir» al exhalar. Pero lo que yo quería realmente era retroceder en el tiempo. Al mundo real, cuando era yo la que iba en el sedán plateado. El mundo en que James me amaba, antes de convertirse en un frío extraño. Antes de que decidiera que no valía la pena amarme. Antes de ser rechazada y maltratada por la persona que me hizo creer que me amaba. Antes de que me perdiera a mí misma.

Las personas que en estos momentos no son adictas a algún ex no pueden entender que no puedas desapegarte de él o de ella. Que aunque salgas a correr porque es lo que debes hacer, te inundan los recuerdos de la vez en que pasasteis juntos en el coche por delante del parque por el que ahora estás corriendo, de cómo era la luz ese día, de qué llevabas puesto, de lo que él te dijo, de cómo te miraba y te preguntas si ahora mismo también la mirará a ella de ese modo. Corres por la pesadilla de la que no puedes despertar y por una realidad de la que no puedes escapar. Tu único consuelo es la voz silenciosa que, sin juzgarte, te permitirá sentir lo que estás sintiendo y responderá pacientemente a tus preguntas todavía sin responder.

«¿Está ahora con ella?» Moneda al aire. Cara.

«¿Está pensando en el anillo de diamantes que me regaló las Navidades pasadas?» Moneda al aire. Cruz.

«¿Se ha sentido así alguna vez?» Moneda al aire. Cruz.

Esta es mi historia, pero también es la tuya. Es la de todos. No importa en qué etapa de la vida te encuentres, ni cuáles sean tus circunstancias actuales, ni tu edad, ni ninguna otra cosa: cuando sientes un profundo apego romántico hacia otra persona que de pronto pasa de ser la fuente de tu amor y consuelo a ser la causa de tu intenso sufrimiento, es muy traumático.

Todas nuestras historias son diferentes, pero tienen elementos comunes: el proceso adictivo a través del cual nos enamoramos, la experiencia primaria de crear vínculos, nuestra tendencia a aislarnos en una
burbuja mágica para dos, el pánico y la desesperación cuando vemos
amenazado nuestro apego, la desgarradora cuchillada del rechazo o de
la traición, nuestra compulsión a la obsesión, la soledad de sentirnos
perdidos en el sufrimiento del duelo, la impotencia que sentimos para
recuperarnos y la aniquilación total de nuestra autoestima durante el
proceso.

Quiero decirte que en virtud de ciertas reflexiones profundas o de
prácticas específicas pude curarme de mi sufrimiento y voy a compartir el secreto de mi salvación contigo. Pero lo cierto es que la curación
es un proceso. Yo tardé años en recuperarme por completo del trauma que me ocasionó mi ruptura, pero no tuve ayuda ni apoyo, sólo
consejos vacíos y reproches. Tuve que arreglármelas sola.

Aprendí mucho en el camino que recorrí hasta conseguir mi sanación. Luego aprendí más cosas en la facultad, y todavía más en mi
práctica privada como terapeuta, y muchas más en mi trabajo con
adictos a su ex. He tenido que volver a adentrarme en las llamas para
ayudar a muchas personas que se estaban quemando en el infierno de
su sufrimiento emocional y su obsesión, y he vuelto a salir con ellas.
Ahora estoy aquí contigo.

Vamos a empezar.

3

ADICTO A UNA RELACIÓN TÓXICA

Estás hechizado... No tienes elección.

SIOUXSIE SIOUX, *HECHIZADO*

LA GENTE A VECES SE RÍE CUANDO USO EL TÉRMINO «ADICTO A SU EX» EN UNA CONVERSACIÓN INFORMAL.

«Es ingenioso —me dicen—. Como si fueras un alcohólico pero ¡con adicción a un ex! ¡Ja ja! ¡Qué gracioso!»

Otras veces ponen los ojos en blanco y dicen: «¿Me estás diciendo que alguien puede ser adicto a una persona? ¡Puah!»

Según la cantidad de tiempo y energía de la que disponga en esos momentos, sonrío, muevo la cabeza y cambio de tema. Pero, a veces, sobre todo si he tomado cafeína, me arranco a explicar, con toda la fuerza justificada que te da la pasión sobre un tema, que el amor es necesario para nuestra supervivencia, que las personas estamos hechas para vincularnos unas con otras, que enamorarse es un proceso adictivo y que expulsar a alguien de una relación es peor que forzar a un adicto a que pase el mono.

Cuando la persona que me está escuchando sonríe, mueve la cabeza y cambia de tema, me doy cuenta de que con mi conversación es como si la hubiera estado apuntando a la cara con una manguera contra incendios, bañándola con un montón de ideas nuevas que simplemente no encajan dentro de los conceptos que tenemos en nuestra cultura sobre las relaciones o lo que significa perderlas.

Lo que les sucede realmente a las personas que están sufriendo las consecuencias de la pérdida de una relación muy querida ha sido infravalorado y malentendido. Casi nadie entiende lo que de verdad les pasa a las personas cuando se quedan sin sus relaciones vitales o sienten que éstas están en peligro y que desquiciarse por completo es absolutamente normal. La realidad (cuando se rompen los vínculos emocionales *se ha de* producir ese caos palpitante, desordenado, molesto y emocional) ha sido edulcorada. La versión bonita y aceptada que a todos nos han servido alguna vez y nos han obligado a tragar es la siguiente:

Conoces a alguien con quien tienes muchas cosas en común y disfrutas de su compañía. Quizá llegas a enamorarte. Empezáis a construir una vida en común. A veces funciona, y a veces, uno o los dos, decidís que no era tan buena idea como pensabais. En ese caso, has de recoger tus cosas, literal y emocionalmente, y salir lo antes posible del territorio común. Se te concede un período de gracia, que va desde unos pocos días hasta unas cuantas semanas, para que te autocompadezcas, comas todo el helado que quieras, y hagas estupideces cuando bebas y llores con tus amigos. Luego tienes que asimilarlo todo: convencerte de que estás mejor sin tu pareja, blanquearte los dientes y volver a la normalidad. Eso es lo que hacen las personas razonables. Hacerlo con rapidez y con el mínimo dramatismo es un acto virtuoso. Lamentarse y estar deprimido durante meses empieza a ser mal visto.

Todo esto suena bien superficialmente, salvo que eso no es lo que sucede cuando alguien pierde una relación que consideraba muy íntima. Sí, a veces, uno de los dos ya se ha desapegado al menos emocionalmente, hasta el extremo de que puede seguir el guión con «normalidad». Pero esto no es muy habitual.

Lo que es mucho más normal es que las personas se vuelvan totalmente locas cuando se rompe su apego primario. Incluso cuando son ellas las que provocan la ruptura. Se obsesionan y piensan constantemente en su ex: dónde está, qué estará pensando o cómo se siente. Aunque intelectualmente sepan que esa relación tenía que terminar, siguen necesitando con desesperación el amor de su ex. No pueden dormir, son un manojo de nervios y no se pueden concentrar en nada. Nada les satisface o les hace felices. Dan vueltas a las cosas dentro de su cabeza, suelen revivir los recuerdos e intentan entender cuál de sus defectos personales o errores ha sido el que ha provocado la ruptura. Son catastrofistas, creen que nunca más volverán a ver el amor del mismo modo. Buscan información sobre su ex (revisando las páginas de las redes sociales, sonsacando información a sus amigos en común y yendo a la caza de los posibles lugares donde ha sido visto, como el capitán Ahab cruzaba obsesivamente el Pacífico en busca de la diabólica ballena blanca. Esto puede durar meses, a veces, incluso años.

Evidentemente, no es «normal».

Las creencias respecto a lo que debería suceder durante una ruptura también son alimentadas por los amigos y por la familia que con toda su buena intención te animan a «seguir adelante», a «olvidarlo» y a «encontrar algo mejor». Tanto los unos como los otros se van impacientando contigo a medida que ven que no te puedes liberar del purgatorio del sufrimiento obsesivo en el que estás atrapado. Y que Dios te proteja si se te ocurre volver con tu ex; las sonrisas solidarias de tus amigos se endurecerán hasta convertirse en una sentencia desfavorable y la próxima vez que tengas problemas con tu relación estarás solo.

Lo que sucede es, por supuesto, que empiezas a creer que no eres normal por sentirte así. Entonces, no sólo tienes el corazón roto, y la autoestima masacrada, sino que estás aislado de los demás y te parece que te estás volviendo loco. Y por si eso no bastara, la gente también intenta hacerte creer que eres inusualmente débil, patético, frágil emocionalmente o que hay algo patológico en tu impotencia frente a esa persona. La pérdida del amor es lo que atravesó tu corazón, pero mientras estás en el suelo, retorciéndote y gimiendo, la vergüenza te pasa con alegría por encima como si fuera una apisonadora. Lentamente.

¿Por qué hay semejante abismo entre nuestras creencias sobre o que «debería» suceder en una ruptura y lo que sucede realmente en el 95% de los casos?

1. Como colectivo nos incomoda la vulnerabilidad.
2. La amnesia emocional.
3. No acabamos de entender cómo nos afecta realmente el amor.

Veamos la primera de las razones: en nuestra cultura no tenemos demasiado espacio para la vulnerabilidad. Valoramos la fuerza, el estoicismo y la independencia. Todo aquel que se zambulle en los abismos de la desesperación intenta nadar hacia la otra orilla y auparse pretendiendo dar una imagen de normalidad lo antes posible. Si hace falta subir por una escalera endeble hecha de magdalenas de plátanos y frutos secos, tener un horario de locos, emprender aventuras escapistas, tomar cócteles de frutas y practicar *cross fit* compulsivamente... todo vale. La sociedad nos dice que cualquier cosa que hagas para recobrar la normalidad está bien, mientras lo consigas rápido.

Hemos aceptado la idea de que debemos avergonzarnos del sufrimiento y de la vulnerabilidad, y nadie quiere ser «esa persona» que no puede superar una situación. Así que ocultamos, rellenamos, minimizamos y negamos nuestro sufrimiento en un intento de distanciarnos de la verdadera causa de nuestra aflicción lo antes posible. Cuando estamos completamente desconsolados creemos que nos pasa algo, que somos exageradamente débiles o patéticos. De este modo, ocultamos la vergonzosa realidad de lo que nos sucede en realidad en una ruptura, como nuestro intento de suicidio cuando íbamos al instituto. No hablamos de ello. Y, si lo hacemos, enmascaramos los detalles y enfatizamos la parte en la que explicamos cómo «nos hizo más fuertes».

La gente también padece amnesia emocional. Como una madre que sólo guarda vagamente el recuerdo de la dolorosa agonía del parto cuando vuelve a recordarlo diez años después, estamos legitimados a olvidar el dolor. Esto se da todavía más cuando la experiencia dolorosa condujo a algo positivo. (Y el fin de las relaciones, tarde o temprano, suele conducir a ello. La mayoría de las personas salen adelante, crecen a raíz de las dolorosas enseñanzas de sus relaciones fracasadas, y acaban volviendo a encontrar el amor.)

Aunque todo aquel que ha sufrido la pérdida de una relación muy apreciada desciende al infierno en el que tú te encuentras ahora, los que han llegado a la otra orilla ya están curados. Hasta el amor más atormentado se desvanece. El sufrimiento termina. La mayoría de las personas vuelven a enamorarse y, con frecuencia, sus nuevas relaciones son mejores y más satisfactorias.

Pasaron el proceso de curación. Aprendieron de la experiencia. Se preocupan por ti y quieren que tú también te sientas mejor, así que se aceleran para el remate final: «Todo irá bien y cuanto antes te desapegues, antes te curarás».

Pero cuando te dicen esto, no te cuentan la parte de cómo dejaron de ser adictos a su ex. Sí, superaron su relación, pero les costó muchos meses de obsesiva agonía conseguirlo. Quizás olvidaron legítimamente lo largo, lento y difícil que fue el proceso. O quizá también sucumbieron al malestar colectivo que ocasiona la vulnerabilidad y su vergüenza les impide hablar de lo mal que estuvieron realmente y del tiempo que les costó curarse. El resultado es que prefieren no entrar en detalles.

No obstante, la verdadera razón por la que tú y todo el mundo que conoces seguís aceptando la idea de que estar loco y padecer un sufrimiento y desesperación prolongados tras una ruptura es problemático, es porque hay muy poca comprensión sobre la importancia vital que tiene el amor en nuestra existencia, cómo nos afecta y cómo actúa. Cuando te enamoras, entras en un proceso de adicción que te une emocionalmente a otra persona. La ruptura de ese amor es un acto profundamente traumático que tiene lugar a niveles tan primarios y recónditos que es difícil llegar a apreciarlos en su totalidad.

Hasta que tienes el honor de sentarte junto a muchos adictos a su ex y ser testigo de sus historias.

Es imposible escuchar impasible a alguien que se revuelve indefenso en la agonía, la ansiedad, el deseo, la obsesión, la locura y la vergüenza, intentando librarse de su apego a una persona, pero que se siente impotente ante su impulso de querer mantener el contacto, y acabas abandonando la conversación convencido de que están luchando contra una grave e indeseable adicción. Lo que he aprendido con todo esto es que ser adicto a la persona equivocada puede resultar una de las experiencias más horrorosas y desgarradoras para el alma que experimenta una persona. Puede arruinarte la vida, del mismo modo que una adicción a una droga, pero causándote más confusión y haciendo más difícil la recuperación.

Sólo empiezas a entender lo profundos que están clavados los garfios de la adicción en un adicto a su ex cuando entiendes su desesperación por librarse de su apego enfermizo hacia otra persona y el grado en que ésta les está perjudicando.

Un típico adicto a su expareja suele recibir malos tratos por parte de ésta. Generalmente, se ha quedado estancado en una relación insatisfactoria con una persona que no es capaz de satisfacer sus necesidades o de amarle de la manera que necesita ser amado. Después de haber soportado este trato y de hacer todo lo posible para salvar su relación, muchas veces a costa de sacrificar sus sentimientos, su bienestar y otras relaciones por el camino, acaba siendo rechazado o sufre decepciones regularmente. Al final se convierte en una confirmación de su falta de valía: si me han rechazado o maltratado después de haberlo intentado todo y de todo lo que he dado, debe de ser porque no me merezco que me amen. (Esta conclusión suele incitarles a esforzarse más.) La mayoría de las personas adictas a su ex son generosamente vapuleadas antes de que la relación toque a su verdadero fin.

La relación se rompe formalmente cuando su pareja les rechaza definitivamente o hace algo tan inaceptable que es intolerable hasta para un adicto a su ex. Pero nunca termina cuando ha terminado. El final sólo es el principio.

Aunque el adicto a su ex sea el que haya iniciado la ruptura, en realidad no *quiere* que finalice la relación, sino que *mejore*. Y siente que su pareja no le ama lo suficiente como para esforzarse más o amarle bien. Se siente abandonado y eso le incita a una frenética y obsesiva protesta y desesperación que le posee por completo.

Las personas adictas a su ex están furiosas, heridas, tristes, pero a pesar de ello sienten un terrible e insidioso deseo de volver con su ex, por mal que éste se haya portado. Entienden que tienen que salir de eso. Realmente lo desean con todas sus fuerzas, pero no pueden.

Prueba A:

Adicto a su ex en mi diván de terapia: [manos en la cabeza]: «¡Oh, Dios mío, cuánto la añoro!»

Yo: «¿Qué parte de ella añoras? Me has contado que casi siempre era desagradable y crítica contigo».

AEDT: «Sí, era bastante desagradable. Pero aun así la añoro. No siempre fue tan mala».

Yo: «Se quedó embarazada del hombre con el que te estaba engañando. Se emborrachó y te destrozó el coche. Tus hijos la odian y ella odia a tus hijos».

AEDT: «Bueno... sí. Era una novia bastante desagradable. Pero no puedo dejar de pensar en ella. Si me llamara volvería con ella sin pensarlo. En realidad no quiero volver con ella; sé que la relación era nociva, pero ¿qué puedo hacer para dejar de desear volver con ella?»

Evidentemente, éste es un ejemplo extremo. No todas las personas adictas a su ex están apegadas a personas tan terribles. (Aunque algunos lo están a otras mucho peores.) La mayoría de las veces, las relaciones son una mezcla: más frustrantes sutilmente y más ambiguas. Unas partes fueron verdaderamente buenas. Otras fueron duras, pero tolerables. La echas de menos sinceramente, aunque la relación fuera frustrante. Eso, en parte, es lo que hace que sea tan difícil pasar página.

Puedo pasarme semanas o meses y, de hecho, las paso, examinando la trágica trayectoria de una relación fracasada con las personas adictas a su ex. Hablamos de hasta qué extremo la relación fue verdaderamente insatisfactoria en muchos aspectos. La persona a la que están enganchados es, literalmente, inasequible (puede que esté casada con otra persona), una maltratadora emocional, no está disponible emocionalmente, irresponsable, manipuladora, egoísta, narcisista, deshonesta o, simplemente, inapropiada por razones de personalidad, carácter, valores, esperanzas, sueños y metas en la vida. Diseccionamos momentos de traiciones y sufrimientos. Las pruebas se van acumulando, decantando la balanza intelectual en favor de dejarlo correr.

Las personas adictas a su ex pueden reconocer abiertamente lo desastrosos que fueron para ellos muchos aspectos de la relación. Son plenamente conscientes de lo que han sufrido, de haber renunciado a su propia vida, de haber perdido oportunidades y de haber soportado infortunios a causa de su relación. Entienden por qué sus amigos querían animarles, dar fiestas y lanzar salvas de victoria cuando terminó su relación. Son capaces de hablar de lo que realmente les gustaría tener en una relación y de que *esa no era la ideal*.

Pero no importa. Sólo ansían estar con una persona: su ex. Aunque el 80% de la relación fuera complicada e insatisfactoria, sólo se concentran en el 20% restante en que se sintieron amados y fascinados por las cualidades positivas de su ex.

Parece como si no hubiera nada, salvo el amor de su ex, que pudiera aliviar su dolor. No hay nada que pueda calmarlas. Nada que pueda detener su demente obsesión y su nostalgia. Su necesidad imperiosa de volver a conectar parece no tener fin, es como si fuera una fuerza de la naturaleza.

Si no se pone freno, los deseos, las obsesiones y el tormento emocional puede agravarse y tener consecuencias de mucho mayor alcance. Cuando las personas se encuentran entre las garras de una enardecida adicción a su ex, pierden su trabajo, suspenden en los estudios, sus otras relaciones sufren hasta el extremo de romperse y su salud peligra. En los casos más trágicos, las que están atrapadas en una tristeza obsesiva pueden desarrollar problemas mentales más serios, incluidos la drogodependencia, depresión o ansiedad de alto grado e incluso volverse violentas o llegar a suicidarse. Pero todas ellas tienen una cosa en común: les parece que no pueden salir de esto.

Los adictos a su ex están atascados en el apego a una persona que ya no existe: la persona que un día les correspondió. Se consumen en un purgatorio de sufrimiento y nostalgia, a medida que pasan los días, semanas, meses y años. Dejan pasar nuevas oportunidades para amar, divertirse, encontrar sentido y sentirse realizadas, mientras permanecen sentadas, en solitario, con las imágenes de un viejo amor titilando en su mente. Eso, los que son afortunados.

Y las que peor lo pasan de todas son los yoyó, que entran y salen de una pseudorrelación a la que uno de los dos tenía que haber puesto fin hacía tiempo. Pueden estar años, incluso décadas, atravesando ciclos en los que alternan entre su esperanza de cambio, la euforia de las lunas de miel de sus reencuentros, las antiguas frustraciones que tan bien conocen, volver a hundirse con las decepciones y la agonía de la siguiente traición/rechazo o ruptura-esta-vez-en-serio. Vuelven a estar solas, obsesionándose y agonizando hasta que el siguiente «¿Cómo estás?» ilumina la pantalla de su silencioso teléfono y vuelven a enfrascarse en la siguiente tanda del rodeo de la tristeza, para ser expulsados de nuevo unos meses o años más tarde.

Un año antes de su muerte, estuve con Tom, que continuaba obsesionado con Sarah. Había dejado a su esposa y a sus hijos varios años antes, por ella. Su romance había encendido una pasión muy profunda en él, nunca había sentido nada igual. Se reían mucho. Sentían una fuerte conexión sexual. Pero por destructiva y aplastante que acabó siendo esa relación para él, seguía siendo adicto a lo que ella le hacía sentir: primero euforia. Luego, desolación. Después, otra vez euforia.

Sarah era hermosa pero venenosa. Se enfadaba y rompía con él con frecuencia, por razones que lo dejaban desconcertado y abatido. Lo que mantenía su relación era el placer. Se lo pasaban muy bien juntos: los viajes en moto, los festivales de música y los cócteles margarita eran lo suyo. Pero incluso en los buenos momentos, él desaprobaba lo egocéntrica que era como madre y su forma de despilfarrar el dinero. Los amigos y hasta sus hijas la odiaban. Aun así, no la dejaba, ni siquiera cuando la detuvieron por robar en una tienda. Al menos hasta que otra pelea volvía a dejarlo solo en un restaurante después de que ella le hubiera dejado plantado de nuevo. Tom se encendía cada vez que me hablaba de sus frustraciones, pero sus ojos marrones se inundaban de lágrimas cuando pensaba que no iba a volver a verla.

Durante las rupturas, capeábamos juntos el temporal, no podía soportar borrar su número de teléfono, eliminarla de sus amigos en Facebook® o no ver sus correos electrónicos. La idea de la letra mayúscula hache, de «Hecho» y de cortar los vínculos electrónicos le angustiaba. Si se desconectaba definitivamente de ella, no podría recibir el inevitable mensaje de «Pensando en ti, cariño» que le llenaba de esperanza y volvía a echarle en sus brazos durante unos pocos meses más de felicidad suprema. No podía soportar la idea de perderla por completo. Sencillamente, no podía estar sin ella. Tenía fantasías con ella cuando estaban separados y su sufrimiento experimentaba una tregua cada vez que volvían a estar juntos durante otro ciclo de luna de miel.

Pero cuando se reconciliaban, la experiencia real de estar con Sarah era mucho más difícil que lo de él había idealizado en sus sueños. Aunque Tom vivía para sus embriagadores «momentos cumbre», sólo puedes pasar un tiempo yendo en moto, surfeando las olas del éxtasis sexual, bailando en un concierto o tomando copas y postres. Tarde o temprano, alguien ha de pagar las facturas, sacar la basura, resolver los problemas o decidir qué vas a darles de cenar a los niños. Y ahí es donde empezarán los inevitables roces. Aparecerán las críticas por el choque de valores que rápidamente se convertirán en ira y reducirán a cenizas los buenos sentimientos que una vez fueron lo que sostenían la relación.

Cuando las cosas se ponían feas, Sarah volvía a rechazarlo, no le contestaba al teléfono y lo mandaba a mi diván sumido en la miseria, añorando su presencia. No podía comer. No podía dormir. Volvía a fumar. Yo en mi función de terapeuta sensata siempre daba mi opinión, sugiriéndole que su relación no era buena para él, que por mucho que le gustara ella, por más increíbles que fueran los buenos momentos, no cra suficiente. No era una relación completa con un apego sólido, estable y saludable que apoyara el romance.

Hablábamos de la naturaleza adictiva de su relación e, intelectualmente, Tom entendía bien cuando yo le decía cosas como: «Tomar cocaína también es muy divertido, pero sólo porque te haga sentirte bien no significa que sea bueno para ti». Podía ver las similitudes. Pero, sencillamente, estaba enganchado. Se sentía eufórico cuando estaban juntos y la echaba mucho de menos cuando estaban separados. El hecho de que esta relación en concreto fuera el equivalente a tomar helado para desayunar, comer y cenar no le importaba lo más mínimo. Sólo quería volver a sentirlo.

Y así sucede con todas las adicciones. Ésta es la definición de una adicción:

1. (Escribe el nombre de tu vicio) cambia tu estado de ánimo.

2. Hacer _____ estimula tu sistema de recompensa.

3. _____ acarrea consecuencias negativas en tu vida.

4. A pesar de que conoces las consecuencias negativas, no puedes remediarlo.

El alcohólico bebe para cambiar su estado de ánimo: celebrar, consolar, relajarse, y sentirse libre y desinhibido. El ludópata tira de la palanca de la máquina tragaperras para sentir la excitación y la emoción intermitente de ganar. El amante desea estar con su irreemplazable mitad para lograr el consuelo, el placer y la felicidad de la experiencia.

Todos estos placeres estimulan intensamente el centro de la recompensa neurológica que se encuentra en una zona profunda del cerebro y que nos inunda con sentimientos de euforia. Esta zona del cerebro, en términos evolutivos, precede al desarrollo de las zonas de las decisiones racionales, el lenguaje y el pensamiento. Según parece descendemos de animales que estaban programados para desear el placer: especialmente placeres conectados con nuestro instinto de supervivencia (o aquellos que engañan a nuestro cerebro para que se lo crea). Es el motor fisiológico de la adicción el que genera nuestras compulsiones de «más». Supera al sufrimiento, el miedo y los valores. Puede motivar a las palomas a que picoteen la comida que les han puesto como recompensa hasta caer exhaustas, y los adictos, esqueléticos y temblorosos, entregan hasta el último vestigio de su dignidad humana para volver a experimentar esa sensación.

En unas investigaciones pioneras, la bióloga evolutiva Helen Fisher[1] identificó sujetos que decían estar enamorados y los sometió a exámenes mediante Imágenes por Resonancia Magnética Funcional (IRMF) para recopilar datos de su cerebro. Como cabía esperar, descubrió que cuando las personas estaban expuestas a las imágenes de sus parejas, el placer hacía que se iluminaran sus centros de recompensa. Sus investigaciones parecen indicar que el amor romántico estimula los mismos senderos neurológicos que los opiáceos y las anfetaminas. Es nuestra química corporal la que nos hace desear intensamente el amor.

Cuando tienes en cuenta todo esto (desde la perspectiva evolutiva), ves que para la supervivencia de nuestra especie se nos exige que formemos una pareja, nos reproduzcamos y mantengamos el compromiso el tiempo suficiente para criar a nuestros hijos juntos. Por ende, tener unas estructuras cerebrales que favorezcan la «adicción» a sentimientos intensos de amor es más que razonable.

Disfrutar de la proximidad y sentir una devoción irracional hacia una persona insustituible que supere el sufrimiento, el miedo y la lógica es necesario si vemos el poder del amor en el contexto de la supervivencia. Imagina a un hombre de la prehistoria cargando con una pata de ciervo caminando por la nieve que le llega hasta el muslo, para llevarla a su casa y alimentar a su vulnerable mujer e hijos que lo están esperando. Sin los vínculos emocionales que nos conectan mutuamente, ¿qué otra cosa podía motivarle a aguantar tanto agotamiento, peligro y sufrimiento? Sin el deseo original hacia una persona específica, las personas no estarían juntas el tiempo suficiente para que se creara este apego: el vínculo profundo que perdura una vez que se ha apagado el amor romántico.

Una teoría interesante es que el proceso de creación de vínculos de las parejas era la función original del sistema de recompensa del cerebro. Las sustancias adictivas y las diversiones actuales pueden estar saboteando el antiguo sendero neurológico principal de ansiar el placer que ha proporcionado el amor romántico desde el principio de los tiempos. Aunque nuestro sistema para sentir placer pueda conducirnos a vicios oscuros entre los que se encuentran las jeringuillas y las pipas para *crack*, su verdadero propósito es orientarnos hacia el placer que experimentamos cuando estamos con nuestra persona insustituible. Existe para conducirnos hacia el apego saludable que mantiene unidos a los matrimonios, a las familias y las relaciones duraderas que crean una sociedad ideal. Su razón de ser es dirigirnos hacia el Verdadero Amor: la más poderosa, positiva y noble de las experiencias humanas.

A menos, claro está, que te enamores («te vuelvas adicto a») de la persona equivocada: alguien que te rechaza, que no es compatible contigo o cuya personalidad/valores/criterios te parecerían intolerables, de no ser por la dosis de endorfinas que recibes en su presencia y la terrorífica nostalgia que sientes en su ausencia.

Aunque sepas que la relación es nociva, cuando estás separado de la persona amada tu centro de la recompensa sigue deseando estar con ella. Cuando se interrumpe la conexión con tu persona insustituible, empiezan las obsesiones, y la compulsión de querer conectar con ella puede volverse insoportable. Si alguna vez has sufrido una ruptura traumática, sabes que «el síndrome de abstinencia de la relación» es una experiencia horrible. Te consume la mente, no puedes comer, no puedes dormir y ardes en el fuego de la ansiedad que sólo la reconexión puede sofocar.

Por desgracia, esto es lo que le sucedió a Tom. De todos los adictos a su ex que he tratado, su obsesión por Sarah era una de las más tóxicas. Sin lugar a dudas, también fue la más trágica. Estuvimos al borde del abismo muchas veces: rechazo, obsesión y deseo, reunión, luna de miel, frustración creciente, rechazo. Y cada vez, gracias a nuestro trabajo, los hilos que le unían a ella se iban alargando y haciendo más finos, a medida que se hizo más consciente del aumento de su dependencia patológica. Fue más consciente de las consecuencias negativas que su adicción a ella estaba creando y más capaz de ver que su relación era una peligrosa montaña rusa.

Pero para Tom lo de ver las cosas claras respecto a Sarah para poder librarse de su adicción llegó demasiado tarde. Empezó a perder peso y le aquejaban extraños dolores en la zona del estómago cuando fue al médico y le diagnosticaron cáncer de páncreas en fase avanzada, con muy pocas posibilidades de sobrevivir. Sarah le acompañó a una cita con el médico y desapareció para siempre, murmurando algo así como que no podía soportar verlo en aquel estado. Era evidente que la ilusión había desaparecido. Ella lo había abandonado a su suerte para que afrontara la quimioterapia, la operación y la recuperación él solo.

Sólo entonces se dio verdadera cuenta del alcance de su adicción a la farsa que en realidad había vivido: la persecución de sentimientos pasajeros y una profunda e insana fijación con la persona equivocada. Había abandonado la seguridad de su matrimonio y a su familia para gozar en el espejismo de la excitación que se había reducido a cenizas en cuanto él había necesitado verdadera ayuda. Al igual que Coleridge despertando de su sueño febril sobre una cúpula de placer, cuando Tom por fin recobró el sentido se dio cuenta de que estaba solo en un desierto, sin el Amor Verdadero del apego y el compromiso, al menos por parte de Sarah.

Así que regresó a casa. Porque afortunadamente para él, el Verdadero Amor de su exesposa y de sus hijos había resistido el paso de los años que estuvo obsesivamente intoxicado. Su Verdadero Amor, el vínculo inquebrantable de una familia compasiva, fue la conexión que le proporcionó el soporte estable y revitalizador que tuvo al final de su vida.

En sus últimos días, Tom por fin se curó de un apego patológico hacia Sarah. Encontró el perdón y la redención cuando supo entender y apreciar lo que es el Verdadero Amor: el servicio silencioso y desinteresado por el bienestar de otro, que perdura después de que se ha apagado el fuego del amor romántico. No siempre es divertido o excitante. No es terriblemente adictivo. Pero está presente a las tres de la madrugada para recoger tus vómitos y para darte cobijo al final de tu vida cuando no tienes adonde ir. Sólo el Verdadero Amor tiene el valor de caminar junto a ti hasta la muerte y, quizás, incluso de reencontrarse contigo en la otra orilla.

El Verdadero Amor nunca es una adicción, porque no es un sentimiento, sino una elección que se basa en los valores.

La adicción de Tom por Sarah lo destruyó por completo. Puede que hubiera muerto de cáncer de todos modos, pero la última década de su vida la pasó en gran parte sufriendo, a excepción de breves períodos de euforia. Tom malgastó sus últimos años persiguiendo al dragón del amor. Su adicción separó a su familia. Estropeó sus relaciones con sus hijos. Lo tuvo viviendo en el limbo, esperando y con la esperanza de que se produjera un resultado imposible. Redujo dramáticamente su capacidad para ser feliz y estar bien.

Es muy fácil que al escuchar la historia de Tom adoptemos posturas moralistas. «Bueno, no tenía que haber engañado a su esposa», puedes pensar indignado. O «Uf, fue un idiota. Era evidente que esa mujer no le convenía». Es fácil contemplar esas situaciones desde fuera y criticarlas, de la misma manera que es fácil ver (o ser) a un adicto a su ex como alguien que está irracionalmente apegado a una persona que no le conviene o que no está disponible, a pesar de que no quiera estar en esa situación.

Parece una locura hasta que tienes el resto de la información sobre lo importante que es realmente el amor, cómo funciona y cuál es su función. Sólo entonces la historia de Tom, y la tuya, empiezan a cobrar sentido.

PARTE II
POR QUÉ SIGUES ENGANCHADO A TU EX

4

HECHOS PARA AMAR

Nacemos para necesitarnos unos a otros.

DOCTORA SUSAN JOHNSON,
SI ERES UN ADICTO A TU EX,
TE SIENTES ESTANCADO.

Quieres seguir con tu vida pero no hay forma de que puedas dejar de preocuparte por tu ex. Eres incapaz de dejar de sufrir, de añorarlo y de desearlo, aunque sepas que la relación ha terminado y que es lo mejor.

Las personas adictas a su ex suelen sentirse avergonzadas por esta realidad. No soportan el hecho de seguir preocupándose profundamente por una persona que las ha rechazado o maltratado, hasta el extremo que han tenido que abandonarla. Sienten que algo les falla porque continúan sufriendo y deseando la presencia de su pareja fantasma. Están convencidas de que deben de ser los seres más miserables y destrozados del mundo, que no se merecen ser amados porque deberían ser capaces de superar su trauma. En muchas de mis sesiones con adictos a su ex escucho la palabra «patético». Ésa es su interpretación de su aparente incapacidad para poner freno a la desesperación y al sufrimiento sobre el amor que han perdido.

He de decirte algo importantísimo:

No te pasa nada anormal por sentirte de este modo.

Tu cuerpo y tu mente están hechos para hacer justamente lo que están haciendo ahora: desarrollar y mantener fuertes apegos con los demás.

El hecho de que ahora estés sufriendo tanto, de que estés traumatizado por el rechazo y que el dolor de esta pérdida sea tan profundo es una prueba de que eres una persona normal y sana. Estamos hechos para vincularnos. Estás sufriendo porque estás hecho para sufrir cuando tus vínculos a un ser querido se rompen. El dolor que estás experimentando forma parte de un proceso biológico natural. Toda persona que pierde su apego primario sufre profundamente.

Lo cierto es que todos dependemos literalmente del amor para nuestra supervivencia, hasta un extremo que es difícil de apreciar plenamente. En nuestro viaje colectivo a través del tiempo hemos olvidado nuestra comprensión de lo poderoso e importante que es el amor. Nos hemos olvidado de que el amor es un instinto básico que buscamos satisfacer desde que nacemos y es una necesidad primordial esencial para nuestra existencia. Todo el mundo, incluido tú, considera problemático el subproducto de esa amnesia, es decir, nuestras reacciones de sufrimiento, duelo y tormento cuando perdemos el amor. El problema no es que tú estés sufriendo. El problema es que hemos olvidado colectivamente que el amor es una necesidad primaria. Y eres juzgado, por ti mismo y por tus amistades, por tener una experiencia humana del todo normal.

El amor: una necesidad olvidada

Los que vivieron antes que nosotros entendían el amor. Las desgastadas figuritas prehistóricas de Venus, las antiguas esculturas de amantes abrazándose para toda la eternidad, los momentos de ternura congelados en frescos y en poesías fluidas, que todavía hoy, tras miles de años, recitamos, todo ello lleva el mensaje del amor a través de los milenios.

Que me bese con los besos de su boca:
porque más dulce es su amor que el vino.
El cantar de los cantares 1:2, Salomón

Pero cuando la Era de la Razón construyó sus arcos dorados y torreones en el cielo de las ideas y de la tecnología, perdió de vista los fundamentos terrenales sobre los que se asienta la humanidad: el amor. Los filósofos, académicos y científicos le restaron importancia; prefirieron mirar hacia otra parte que entender a sus congéneres y a sí mismos.

Cuando hace unos pocos siglos se empezaron a realizar investigaciones científicas, los investigadores en su entusiasmo se precipitaron a medir todas las cosas, a mirar por telescopios y a explicar, casi sin aliento, el funcionamiento de todas las cosas: estrellas, plantas, electricidad, máquinas y nuestros cuerpos. El método científico funciona de maravilla cuando se aplica a la mayoría de los aspectos del mundo natural. Si puedes verlo por un microscopio, medirlo, calcular sus propiedades u observar cómo se corresponde prediciblemente con una teoría, se considera digno de estudio.

No obstante, nuestra experiencia interior es mucho más difícil de cuantificar y explicar con exactitud. Probablemente, por su naturaleza molesta, la psicología ha sido relegada durante mucho tiempo por la ciencia dura. Durante siglos, los asuntos del corazón estuvieron principalmente en manos de teólogos o filósofos. La psicología fue considerada una rama de la filosofía hasta finales del siglo XIX. Los procesos psicológicos del ser humano, por consiguiente, eran susceptibles de ser explicados, bien por factores sobrenaturales o por pomposas «teorías» basadas, principalmente, en las opiniones de personajes carismáticos, más que en la investigación.

De este modo, nuestra comprensión del funcionamiento psicológico de las personas se fundó inicialmente en el misticismo y en la especulación: análisis de los sueños, arquetipos junguianos y los puros fálicos del Padre Freud eran lo único que teníamos. Incluso en la actualidad, en su etapa científica más rigurosa, la psicología sigue considerándose una «ciencia blanda», basada primordialmente en distribuciones normales y curvas de Bell, con molestos valores atípicos y experiencias subjetivas que tiran por tierra los datos. Esta tendencia hacia la vaguedad hace que la investigación psicológica sea considerada poco seria por parte de la ciencia dura. Esto, combinado con su historia de misticismo, hace que los investigadores de la psicología estén un poco a la defensiva. Su frágil capacidad académica se ve amenazada cuando empiezan a sacar conclusiones de cosas tan abstractas como los sentimientos.

Debido a esto, hasta hace muy poco el «amor» en los círculos académicos de la psicología era considerado como algo efímero e inconsistente, es decir, que era cosa de poetas y adolescentes, algo totalmente irrelevante para los investigadores médicos, de la psicología y para los «verdaderos» científicos. Durante la mayor parte del siglo xx, el amor no sólo fue considerado irrelevante para las relaciones o el funcionamiento del ser humano, sino que sencillamente no se tuvo en cuenta.

Freud y sus discípulos desterraron el amor por considerarlo una consecuencia de los impulsos sexuales reprimidos y un fenómeno desconcertante, digno de ser analizado sólo por temor a que creara neurosis. Para los fumadores empedernidos conductistas de la década de 1950, los sentimientos amorosos eran el resultado del refuerzo de las gratificaciones placenteras. Los cognitivos ni siquiera pensaban en el amor, preferían creer que las personas sencillamente tomaban una serie de decisiones racionales que les conducían por un camino lógico y directo de convenciones sociales y de vida familiar estable.

Hacia finales de la década de 1980, e incluso una vez finalizada ésta, hasta los terapeutas de pareja y familia conceptualizaban las relaciones dentro de un contexto de acuerdos tácitos mutuos, definido por luchas de poder, jerarquías y la repetición de las viejas historias familiares de sus antepasados. La frase «Pero yo le amo» hacía que los terapeutas e investigadores pusieran los ojos en blanco, en vez de intentar entender. Hoy en día los pediatras siguen aconsejando a los padres, con toda su buena intención, que dejen «llorar» a sus bebés para no fomentar una dependencia enfermiza.

La consecuencia ha sido que nuestra cultura ha perdido de vista lo que realmente es el amor, lo que hace con nosotros y para nosotros, y lo que sucede cuando lo perdemos. Al menos, hasta hace poco.

En las últimas décadas algunos pioneros valientes se han atrevido a rescatar la investigación sobre el amor del contenedor de la basura de detrás de la universidad y han empezado a investigarlo con una mentalidad abierta. Con esta acción, su ciencia está recolocando el amor en el lugar que se merece: en el centro de nuestra comprensión de las personas, de quiénes somos, de cómo trabajamos y de qué necesitamos. Resulta que el amor es una de las partes más poderosas y esenciales de la experiencia humana. Literalmente, necesitamos el amor para sobrevivir.

LA TEORÍA DEL APEGO

Este cambio radical en el pensamiento se inició en la década de 1950, cuando se empezó a dar a conocer el trabajo de un psiquiatra llamado John Bowlby.[1] En la década de 1930, Bowlby era un joven médico que trabajaba en un hospital psiquiátrico de niños huérfanos. Empezó a observar un patrón de disfuncionalidad en niños que habían sido privados del amor de una familia.

Se dio cuenta de que los niños educados sin vínculos afectivos no se desarrollaban correctamente. Observó que debido a la desconexión emocional y la aparente indiferencia hacia otras personas algunos niños casi ni parecían humanos. Robaban o se volvían violentos sin mostrar empatía alguna por los sentimientos hacia sus víctimas. Parecía como si estuvieran insensibilizados ante sus propios sentimientos, así como ante los de los demás.

Otros niños estaban desesperados por conectar con otras personas, sin discriminar entre conocidos y extraños. Se enganchaban a cualquiera que tuvieran cerca, entregándoles su afecto a cualquiera que acababa de conocer. No podían soportar estar solos ni por un momento. También eran propensos a rabietas misteriosas y comportamientos controladores y muy manipuladores, diseñados para que los demás satisficieran sus necesidades emocionales.

Bowlby pensó que la privación del amor que tenían que soportar estos huérfanos hacía que cambiara algo importante en su forma de actuar.

Luego estuvo muchos años observando las interacciones naturales entre padres e hijos en culturas de todo el mundo, así como las consecuencias para los niños que no tenían esas interacciones tempranas normales. Se dio cuenta de que los bebés y los niños pequeños que procedían de hogares donde había buen ambiente y afecto tenían cosas en común: confianza, buen carácter, buenas relaciones con los demás, más inteligencia y mejor salud en comparación con los niños que habían sufrido abusos, habían sido rechazados o eran huérfanos.

Observó también que, al igual que todos los mamíferos, los bebés y los niños pequeños se estresaban en extremo[2] cuando eran separados de sus padres. En todas las culturas, los bebés normales protestan vigorosamente cuando los separan de sus progenitores e intentan por todos los medios volver con ellos en cuanto sienten que su unión está en peligro. También vio que los bebés y los niños pequeños que habían sido abandonados dejaron de luchar para recobrar la conexión y se hundían en una desesperación depresiva.

Asimismo, observó que los bebés que tenían sus necesidades físicas cubiertas, pero no tenían una conexión emocional con su cuidador, con frecuencia dejaban de crecer y se atrofiaban.[3] Aportó un gran número de pruebas basadas en la observación que respaldaban sus ideas, incluidas filmaciones desoladoras de niños pequeños angustiados en un hospital, donde la política de aquellos tiempos era la de limitar la visita de los padres a estrictamente una vez a la semana.

Las antiguas historias raras empezaron a cobrar sentido cuando se comenzaron a ver bajo el prisma de la teoría de Bowlby. Hubo un momento en que alguien desempolvó el relato de Federico II,[4] un emperador romano del siglo XIII que, sin saberlo, llevó a cabo uno de los primeros experimentos sobre la teoría del apego humano. Federico II quería descubrir cuál era el lenguaje «natural» de las personas. Así que decidió que un grupo de bebés fueran criados por amas de cría que tenían instrucciones precisas de no hablar o interactuar con ellos. De este modo, podría descubrir si su lenguaje natural era el griego, el hebreo o el latín. Nunca llegó a descubrirlo porque todos los bebés murieron.

Todo empezaba a encajar. Antes de esto, durante décadas, los médicos y los psicólogos estuvieron totalmente desconcertados por un fenómeno denominado «Retraso en el crecimiento» de los bebés y los niños pequeños bien cuidados. A principios del siglo xx, los conocimientos científicos más avanzados de aquel entonces hacían que se considerase que la mejor forma de cuidar a los niños huérfanos era en nurserías higiénicas donde pudieran estar protegidos de los gérmenes. Esto se conseguía mediante un entorno estéril y reduciendo al máximo la interacción humana. A pesar de que se les alimentaba, mantenía calientes y limpios, el índice de mortalidad de estos bebés era muy alto.

Bowlby incluyó estas observaciones en su teoría. Su premisa era que los bebés y los niños necesitaban, literalmente, afecto, contacto directo y conexión con las personas que los aman y que son afectuosas con ellos, para poder desarrollarse con normalidad, cognitiva y emocionalmente. La ausencia de amor y de afecto pone en peligro la vida de los niños pequeños.

Fue aún más lejos sugiriendo que puesto que esta necesidad es tan fundamental, tanto las madres como los bebés están íntimamente conectados para crear un instintivo y poderoso vínculo afectivo entre ellos. Este vínculo hace que los bebés busquen a sus madres para sentirse seguros y protegidos en los momentos de angustia, que deseen estar con sus madres y que se angustien cuando los separan de ellas y que las madres no se separen de sus hijos. Lo llamó la «Teoría del apego».

Aunque los fenómenos observables encajaban con su teoría, en los tiempos de Bowlby su Teoría del apego fue menospreciada y rechazada. Los sofisticados psicoanalistas echaron maliciosamente por tierra el concepto de que algo tan terrenal y físico como el afecto materno podía ser más importante que los impulsos sexuales subconscientes o simbólicos. Los conductistas arguyeron que el «amor» era simplemente algo que sucedía cuando las necesidades básicas estaban cubiertas. En las ecuaciones simples de los psicólogos cognitivos el amor no computaba tan bien como la lógica.

Pero unas pocas personas le prestaron atención. La teoría de Bowlby les parecía bien. Tenía sentido. Hablaron de ella, reflexionaron sobre la misma y, en las décadas de 1950 y 1960, los investigadores empezaron a experimentar con sus ideas.

EL AMOR Y EL APEGO EN EL DESARROLLO HUMANO

En la década de 1950 Harry Harlow empezó a probar las ideas de Bowlby sobre su Teoría del Apego frente a la Teoría de la gratificación de los conductistas con crías de simios.[5] Su equipo ofrecía a las crías de simio huérfanas una réplica de su madre robotizada con «pechos» biberón para que se pudieran amamantar o una réplica de su madre peluda pero sin leche. Los pequeños simios hambrientos trepaban hasta los pechos fríos para nutrirse, pero se agarraban a las mamás mono peludas para consolarse cuando se sentían estresados o asustados. La recompensa de la leche no era el elemento clave para el vínculo. Un punto menos para los conductistas.

Harlow también descubrió que la presencia de aunque sólo fuera un sucedáneo de madre, ayudaba a las crías a manejar el estrés, explorar su entorno y reafirmarse. Sin ella, se acobardaban y se chupaban el dedo para consolarse. Las crías de simio totalmente privadas del amor materno[6] y de conexión cuando crecieron se volvieron hostiles, violentas e incapaces de comportarse con normalidad en una sociedad de simios, siguiendo patrones similares a los de los huérfanos de Bowlby. Los experimentos de Harlow con los monos respaldaron las ideas de Bowlby de que el amor y la conexión eran esenciales para el desarrollo emocional y social.

En un estudio longitudinal a largo plazo, que comenzó en 1969, Mary Ainsworth[7] fue capaz de predecir resultados con bebés humanos basándose en la calidad de sus primeros apegos con sus madres. Predijo correctamente que los bebés con madres cariñosas, estables y con capacidad de respuesta desarrollarían un apego seguro con ellas. También anticipó que esos bebés serían niños seguros de sí mismos, sociables y que, en general, se sentirían a gusto consigo mismos y con su mundo. Con el paso de los años, el seguimiento que les hizo a los niños ratificó sus expectativas. Los bebés con un apego seguro habían obtenido mejores resultados en todas las áreas de su vida, incluidas las relaciones sociales y románticas, la confianza en sí mismos, el sentimiento de poder personal, los logros académicos, la buena salud y el éxito económico.

Por desgracia, también acertó en que los bebés con padres emocionalmente ausentes o duros desarrollarían estilos de apego inseguro-evitativo y que esas tendencias persistirían en su infancia. Asimismo, demostró a través de sus resultados que estos niños «evitativos» tenderían hacia la delincuencia, el consumo de drogas y la personalidad antisocial cuando se hicieran mayores. Predijo que los bebés con padres distraídos o errantes desarrollarían un estilo de apego inseguro y que era muy probable que de niños y de adultos siempre estuvieran intentando acaparar la atención, tuvieran problemas con su autoestima y con su ansiedad, les costara hacer amigos y que en sus relaciones románticas necesitaran mucha reconfirmación por parte de su pareja.

Sus innegables hallazgos causaron furor. A medida que se fueron publicando sus resultados, otras facciones empezaron a incorporar la prioridad del apego a su comprensión de las personas. Antes de que los psicoanalistas huyeran despavoridos hacia sus aquelarres, los analistas junguianos se esfumaran en una nube de humo de color púrpura, los confundidos terapeutas de familia retomaran sus dramáticas sentencias y los conductistas regresaran con sus ratas a sus laboratorios bajo el zumbido de los fluorescentes, todos ellos se llevaron un trocito de la hostia de la comunión de la Teoría del apego. Amén. Desde entonces, prácticamente casi todas las ramas de la psicología han aceptado que el amor y el apego son vitales para el desarrollo en nuestra tierna infancia y para nuestro correcto funcionamiento como seres humanos adultos.

EL APEGO Y EL DESARROLLO HUMANO

Las investigaciones sobre el apego y la neuropsicología realizadas en décadas posteriores han confirmado que los cerebros de los mamíferos, desde las ratas hasta los cachorros de perro y los bebés humanos, necesitan contacto físico y emocional con los demás para desarrollarse con normalidad. Los bebés humanos en particular necesitan una gran cantidad de atención e interacción durante los primeros años de vida para desarrollarse sin problemas, cognitiva y emocionalmente.

Por ejemplo, los bebés salen del útero materno programados para mirar los rostros y se sienten especialmente atraídos hacia los ojos. Los cerebros de los bebés humanos se desarrollan a través de interacciones reflejas con sus entregados cuidadores, con quienes pasarán horas cara a cara, sonriendo, haciendo muecas e imitando las emociones que estos les enseñan. Los bebés aprenden sobre sí mismos a través de la cara de sus cuidadores. Del mismo modo, los bebés adquieren el lenguaje manteniendo durante horas agradables conversaciones de balbuceos con sus padres, señalándoles los objetos y hablando con ellos.

El apego seguro también es fundamental para el desarrollo cognitivo. Los bebés y los niños hasta aproximadamente los tres años, utilizan a sus padres como refugios seguros ante un mundo incierto. Antes de reaccionar a situaciones ambiguas miran la cara de su madre para entender cómo han de sentirse. Cuanta más confianza tienen en que sus padres estarán por ellos, más se atreverán a asumir riesgos, a explorar y a realizar caóticos experimentos si son necesarios para entender la realidad física y desarrollar su cerebro. Los niños pequeños miedosos y que se sienten solos en el mundo no exploran en la misma medida que lo hacen los que tienen un apego seguro, y el resultado es que su desarrollo neurológico queda gravemente afectado.

El apego desempeña un papel importante en la salud física de los bebés y de los niños pequeños. Por ejemplo, los bebés se regulan fisiológicamente a través de la proximidad con sus madres. Su respiración, ritmo cardíaco y temperatura corporal se estabiliza y optimiza cuando están en estrecho contacto con ella. Esto les sucede a los humanos y a muchos otros mamíferos cuando son bebés.

Además, los bebés no se pueden autorregular ni calmarse a sí mismos emocionalmente. La mayoría utilizan el sistema de regulación emocional de sus padres antes de que se desarrolle el suyo. Esto requiere que los padres sean pacientes, estén presentes, y dispuestos a consolar a su bebé con abrazos, haciéndoles callar con dulzura y tranquilizándolos cuando sea necesario. Al cabo de un rato, la tranquilidad emocional de los padres resuena en el bebé y le aporta un sentimiento interno de estar a salvo, de seguridad y de confianza. La facultad de «pedir prestado» el sistema de regulación emocional del adulto permite a los niños desarrollar su capacidad para autotranquilizarse. Estar conectados a un adulto que los cuida y los protege, les permite asimilar e incorporar una voz interior serena y que los tranquiliza. Los niños, a través de la experiencia de ser amados regularmente, desarrollan unas expectativas positivas acerca de sí mismos y de los demás, que a su vez aportarán ellos al mundo y a todas sus futuras relaciones.

Cómo se desarrolla el apego seguro

El apego seguro se construye a través de miles de interacciones diarias aparentemente insignificantes que comunican preocupación y capacidad de respuesta. Los bebés desarrollan el apego seguro a un adulto cuando esa persona le muestra una correcta empatía, lo que significa que entiende lo que quiere o necesita el bebé y se lo concede. El adulto ha de estar muy sintonizado con un bebé para poder hacer esto, cogerlo cuando éste quiere que lo cojan, volver a dejarlo en la cuna cuando siente que ya ha tenido suficiente comunicación. Entender cuándo tiene hambre y responder alimentándolo, no enfadándose con él o cambiándole el pañal.

Los bebés lloran porque no pueden ir a buscar a su madre, sólo pueden buscar una respuesta comunicando su malestar. Y el llanto se agudiza cuando les duele algo, están nerviosos o tienen miedo. Se aferran a sus padres e insisten en estar unidos, pues para ellos la separación supone una amenaza a su vida.

Sus llantos son su súplica de conexión y afecto. Te están diciendo: «¿Estás ahí? ¿Vas a volver? Por favor, cuida de mí, ¡te necesito!» Y como muy bien saben las madres primerizas, el llanto del bebé les conecta con algo muy profundo dentro de ellas. Nada puede interponerse entre una madre conectada cuando su bebé la necesita. Ella lo busca, necesita estar cerca. Su conexión emocional de apego es tan fuerte como la de su bebé: así ha de ser. Están vinculados por un juego de apegos.

En resumen: los bebés humanos han de estar totalmente saturados de amor, afecto y atención durante muchos años para desarrollarse con normalidad. Como saben todos los padres, criar bien a un bebé requiere una enorme cantidad de tiempo y energía.

¿Qué induciría a los padres a concentrarse tan intensamente en este pequeño ser necesitado a costa de sacrificar sus propias necesidades y sentimientos para poder cuidarlo? ¿Por qué cualquiera daría prioridad a abrazar al bebé, mirarle a los ojos durante horas, cantarle y llevarlo encima a todas partes, antes que hacer otras cosas? Por amor.

El amor es una necesidad humana básica. Para los bebés, el amor significa, literalmente, la diferencia entre la vida y la muerte. El amor que se da a los bebés y a los niños pequeños es el pilar de la inteligencia, así como de la salud física, emocional y mental.

EL AMOR Y EL APEGO EN LOS ADULTOS

Nuestra necesidad de amor no termina cuando atravesamos el umbral de la etapa adulta. De hecho, cuando maduramos en cierto modo nuestra necesidad de amor se vuelve más fuerte. Nuestra comprensión del amor, del apego y de los vínculos empezó cuando éramos bebés y en la infancia. Pero a finales de la década de 1980, la terapeuta de pareja y familia Susan Johnson consideró que nuestra necesidad de amor y de apego era tan intensa de adultos como en la infancia.

Hasta entonces, el concepto de que el amor fuera una parte importante de las relaciones entre adultos no se había tenido en cuenta en el campo de la terapia de pareja. Por el contrario, los terapeutas daban vueltas en torno a complejas teorías para explicar los problemas en las relaciones de sus pacientes. (Como por ejemplo: «Esto te enfurece tanto porque subconscientemente te recuerda a tu padre».) Daban instrucciones a sus pacientes para que hablaran con calma y «utilizaran afirmaciones incluyendo la palabra "yo"». Las parejas que asistían a terapia negociaban convenientemente la distribución de las tareas domésticas y salían a cenar, pero a largo plazo el índice de éxito del asesoramiento en la terapia de pareja era bastante desalentador. Incluso cuando las personas tenían un *coach* para que les ayudara a mejorar su conducta, seguían sufriendo, padeciendo ansiedad y estando resentidas ante la ausencia de un apego seguro con sus parejas.

La doctora Johnson fue más allá de los problemas que presentaban las parejas que iban a su consulta («No podemos comunicarnos», «Ella no es constante» o «Él siempre está enfadado conmigo») y se dirigió a la raíz del asunto: el apego inseguro o interrumpido. Correlacionó los patrones de la ira y de la abstinencia que veía en las parejas con las que estaba trabajando, con la respuesta de protesta y desesperación que muestran todos los mamíferos cuando se les bloquea la conexión con sus figuras de apego.

Observó que los adultos tenían las mismas necesidades emocionales de consuelo, seguridad y reafirmación que los niños. Mientras los niños son dependientes, los adultos son interdependientes entre sí. Los vínculos de los adultos se mantienen a través de conversaciones íntimas, experiencias sexuales, de apoyarse mutuamente en las esperanzas y los sueños de cada uno, de la proximidad física, de trabajar juntos hacia metas comunes, y de compartir las alegrías y las frustraciones de la vida en común.

Aunque no son tan evidentes como las escandalosas necesidades de los bebés, las investigaciones han confirmado que los adultos también tienen necesidades profundas de apego seguro. Docenas de estudios han demostrado que las personas con relaciones satisfactorias, (especialmente una relación íntima sólida) suelen demostrar niveles más elevados de felicidad subjetiva, tienen menos problemas de salud crónicos y viven más tiempo. A la inversa, la falta de un apoyo social primario está correlacionada con niveles altos de ansiedad y depresión, declive cognitivo en la última fase de la vida, mayor riesgo de padecer enfermedades cardíacas y muerte prematura.

La autosuficiencia es un mito. Nuestra capacidad para ser felices y estar bien depende en gran medida de nuestra capacidad para encontrar personas que nos tranquilicen, nos apoyen y con las que podamos seguir conectados. Hay suficientes pruebas como para afirmar que los adultos se corregulan mutuamente en el aspecto físico,[8] como hacen las madres con sus bebés. Esto significa que nuestro bienestar físico, incluido el ritmo cardíaco, la respiración, el sistema inmunitario, los patrones del sueño y la regulación emocional se refuerza y suaviza por nuestra proximidad a alguien con quien nos sentimos a salvo y conectados.

En 2008, los investigadores David Sbarra y Cindy Hazan descubrieron que, igual que los bebés dependen[9] de la respiración de sus madres, de su estado de ánimo y de sus ritmos biológicos para regular su bienestar emocional y físico, los adultos también. Estar íntimamente conectado con alguien te ayuda a corregularte con esa persona o sintoniza tus ritmos y funcionamiento con el de tu pareja, y la separación te desregula, generando un funcionamiento emocional y fisiológico errático. Por ejemplo, los adultos que están separados de sus parejas presentan trastornos del sueño y de la alimentación, tienen ritmos cardíacos menos estables, se alteran con mayor facilidad y les cuesta más calmarse. El trabajo de Myron Hofer en 1987 demostró que el impacto regulador de las relaciones pasa desapercibido la mayor parte del tiempo. Sólo cuando se rompen los apegos, y las personas se desestabilizan, nos damos cuenta del verdadero poder físico de un vínculo de apego.

Tener una relación primaria saludable y segura también es vital para el bienestar emocional de los adultos. La conexión con nuestra persona principal se convierte en un campamento base emocional, en nuestro colchón para amortiguar las caídas. De adultos, nos tranquilizamos cuando nuestra pareja nos apoya emocionalmente en los momentos bajos. Nos sentimos conectados cuando nuestros sentimientos son respetados y aprobados. Nos sentimos íntimamente conectados a nuestra pareja cuando nos comunica el mensaje de «Me importas» a través de sus acciones. Recurrimos a nuestro amado/a cuando tenemos miedo, sufrimos emocionalmente o cuando intentamos volver a conectarnos cuando el distanciamiento empieza a planear sobre la relación. Todos estos pequeños momentos diarios de conectar con la base nos ayudan a restaurar nuestro equilibrio. Igual que los bebés, cuando el juego del apego se interrumpe, también protestamos.

A veces, cuando nuestro apego seguro se siente amenazado, nuestras protestas surgen como intentos amables y vulnerables de reconexión a los que a nuestra pareja le resulta fácil responder: «Te echo de menos. Vamos a acostarnos pronto esta noche». Pero debido a que cuando nuestro vínculo de apego está en peligro aparecen nuestros miedos y ansiedades primarios, solemos adoptar tonos más desagradables: «¿Dónde demonios estabas? ¡Te he estado esperando toda la noche!» Las «protestas» que suelen manifestar los adultos suenan a críticas. Podemos incluso ser agresivos y regañar a nuestra pareja, a fin de que entienda por qué no estamos bien, y para recobrar su amor y capacidad de respuesta.

Cuando estos intentos de reconexión, confirmación y respuesta se encuentran con la barrera del rechazo o una aparente indiferencia, seguimos protestando e insistiendo, muchas veces enfadándonos más y radicalizando nuestros intentos de comunicar nuestra desazón. El apego seguro del ofensor también queda bloqueado, pues la que anteriormente era su persona segura de confianza, de pronto, misteriosamente, se ha convertido en una fuente hostil y crítica de miedo en lugar de consuelo. Lo más normal es que se retire para autoprotegerse y esta acción asustará y enojará aún más a su pareja perseguidora.

La doctora Johnson vio en las protestas de las parejas perseguidoras la versión adulta de los ruidosos llantos de los bebés cuando se encuentran en las mismas circunstancias, pero utilizando argumentos con los que sólo consiguen poner más en peligro su apego seguro y crear sentimientos de miedo, rechazo y desesperación en la persona que se aleja.

Al conectar las necesidades emocionales de los adultos con la Teoría del apego de Bowlby, la doctora Johnson creó un método de asesoramiento de parejas denominado «Terapia de Pareja Centrada en las Emociones»,[10] que les ayuda a entenderse bien mutuamente y a entender en qué momento una respuesta hostil o fría es un intento de comunicar una protesta, miedo o desesperación. Al ayudar a las parejas a reparar su mutuo apego seguro, pudo ayudarlas a reconstruir sus relaciones.

De este modo, revolucionó el campo de la terapia de pareja y de familia al volver a introducir el amor en el diálogo. Las investigaciones que se han realizado posteriormente han demostrado que ayudar a las parejas a restaurar sus fuertes vínculos era mucho más eficaz y duradero que otros métodos de asesoramiento más «racionales» y conductistas. Las teorías de John Bowlby sobre el amor y el apego volvieron a ser reivindicadas.

VÍNCULOS ROTOS

Como muy bien sabes, no todas las relaciones se pueden salvar. En algunas ocasiones, las parejas no son capaces de encontrar seguridad y satisfacción emocional, por más que lo deseen ambos. Unas veces, la confianza se rompe irremediablemente. Otras, la atracción romántica hacia otra persona es la causa de la escisión de lo que antes había sido un apego seguro. Pero en el fondo, las relaciones terminan cuando uno de los dos pierde la esperanza en que la otra persona llegue a ser alguna vez quien quería y necesitaba que fuese.

Da igual que seas el rechazado o el que piensa que su pareja nunca le aportará seguridad emocional ni responderá a sus necesidades. El miedo primordial que desencadena la ruptura de los vínculos te roerá descontroladamente por dentro.

Tu antigua maquinaria del apego reducirá a polvo tu vida en los momentos de ruptura de vínculos afectivos. Cuando estás sufriendo los efectos de la ruptura de un apego, tu cuerpo está sometido a un tremendo estrés y esfuerzo fisiológico, que aumenta tu ritmo cardíaco y sube tus niveles de hormonas del estrés que percibes en el ambiente. Estás experimentando una respuesta de protesta involuntaria. Cada fibra de tu ser, cada pizca de tu atención se centra como un rayo láser sobre tu pareja, su ausencia y sobre cómo volver con ella. Si no lo haces, tienes la desesperación asegurada.

Las personas que se encuentran en una fase de protesta tras una ruptura suelen sentirse muy avergonzadas por lo desquiciadas que están en esos momentos. Les parece que se están volviendo locas o que hay algo en ellas que anda fatal para sentirse tan fuera de control e inconsolables. Que te sientas de ese modo no se debe a un problema moral o a una debilidad de tu personalidad, sino a que eres humano. Te sientes como se sienten todos los seres humanos que han estado vinculados afectivamente a otra persona y afrontan una pérdida o separación no deseada: estás profundamente traumatizado.

La doctora Brené Brown lo expresó magníficamente en su artículo sobre la felicidad y la perfección[11]: «Tener un profundo sentimiento de amor y de pertenencia es una necesidad ineludible de todas las personas. Estamos biológica, cognitiva, física y espiritualmente hechos para amar, ser amados y pertenecer. Cuando esas necesidades no están cubiertas no funcionamos como deberíamos. Nos rompemos. Nos hacemos pedazos. Nos insensibilizamos. Sufrimos. Hacemos sufrir a los demás. Enfermamos».

Estamos hechos para amar y para ser amados. El hecho es que en cuanto respiramos por primera vez en esta tierra, empezamos a buscar vincularnos con otro ser humano que nos ame. El agotador sufrimiento y desesperación que experimentamos cuando esos víncu- los se rompen nos parece una imparable fuerza de la naturaleza... *porque lo es.*

5

LA NATURALEZA DEL AMOR

El amor romántico no es una emoción, es un impulso.

DOCTORA HELEN FISHER

SI HAY UNA AFIRMACIÓN QUE RESUME TODA
LA EXPERIENCIA DE UN ADICTO A SU EX, ES ÉSTA:
«MENTALMENTE SÉ QUE HE DE PASAR PÁGINA,
PERO NO PUEDO».

La mayoría de las personas que están sufriendo las consecuencias del fracaso de su relación experimentan una dicotomía: saben que se ha terminado, pero no *sienten* que haya terminado. Es muy frustrante sentir que hay dos partes de ti que van en direcciones opuestas. Una, la parte sana y racional, sabe lo que ha de hacer: dar por zanjado el asunto. La otra, sin embargo, es una esclava del amor que está loca e irracionalmente obsesionada con su ex. Y esta última es la que gana.

El amor nos posee aparentemente contra nuestra voluntad y nos hace hacer cosas que nunca haríamos en nuestro sano juicio. Unas veces funciona, pero otras, no.

Si somos afortunados, nos enamoraremos y nos vincularemos ferozmente a una buena persona que nos corresponderá amándonos bien. En estas situaciones positivas, el amor saca lo mejor de nosotros, nos incita a una vida llena de sentido y heroísmo, a la vez que nos entregamos a las personas que amamos. Los hombres y las mujeres de todo el mundo se pasan la vida sacrificando felizmente todo lo que tienen para sacar adelante a sus hijos y darles un futuro mejor. La fidelidad a un amor saludable, integral y correspondido puede conducirnos a una vida llena de compasión, generosidad, seguridad emocional, gracia y conexión con los demás. Crea hijos sanos y asociaciones sólidas, y es el pilar de una vida que merece la pena.

No obstante, como bien sabrás, la fuerza del amor no siempre nos lleva hacia la luz. También puede arruinar nuestra vida. Puede alcanzarnos como un rayo, de manera impredecible, haciendo que nos apeguemos a personas nocivas o inalcanzables para nosotros. Puede encadenarnos a relaciones que sabemos que no son buenas. Es capaz de conducirnos a hacer cosas terribles para ganarnos el amor de alguien a quien jamás llegaremos a complacer, y llevarnos al borde de la locura obsesiva, a malgastar años de nuestra vida, a desear a alguien que no nos corresponderá.

Tanto si es positivo como diabólico, cuando el amor está vivo dentro de nosotros nos sentimos impotentes para hacer otra cosa que no sea obedecer. Desear estar con tu amado. Te mueres de ganas por volverle a ver. El mero pensamiento de una separación definitiva te desgarra y te pone frenético. Estos sentimientos te hacen hacer cosas que no harías bajo otras circunstancias. Eclipsa tu buen juicio y supera en mucho a la parte de ti que preferiría olvidarse del tema. Te gustaría poder cambiar lo que sientes, pero no puedes.

¿Por qué tiene el amor ese poder tan increíble sobre ti? ¿Sobre todos nosotros? ¿Por qué puede poseerte hasta el extremo que supera tu voluntad, autocontrol y mente racional? ¿Por qué, a veces, es tan nocivo?

Durante décadas, muchos terapeutas, incluida yo, hemos visto sufrir y luchar a nuestros pacientes con estas preguntas. Teníamos una comprensión general de los vínculos de enganche y aparentemente adictivos que crean las relaciones, concretamente bajo la perspectiva de la Teoría del apego. Pero mientras los terapeutas escuchamos cómo se van desarrollando las historias de nuestros pacientes, muchas veces lo único que podemos hacer es acompañarlos a tientas en la oscuridad en sus intentos de entender lo que les está sucediendo. Puede ser muy difícil comprender los mecanismos biológicos que fomentan estas experiencias y los patrones y procesos más extensos que actúan en sus historias personales de amor y desamor. Cuando escuchamos una de esas historias de carácter único, percibimos un patrón familiar, pero sin saber *por qué*. (O lo que es aún más importante, lo que ha de suceder para que se pueda curar.) No fue hasta que la doctora Helen Fisher entró con paso firme en el mundo científico para aclarar la naturaleza del amor con sus investigaciones, cuando por fin pudimos ver qué era lo que habíamos estado acariciando y con qué habíamos especulado todos estos años.

La doctora Fisher ha llevado el estudio del amor al siguiente nivel, lo ha arrastrado hasta el siglo XXI. La bióloga evolutiva no sólo nos ha recordado la necesidad evolutiva del amor, sino su funcionamiento. Siguió la pista a la etiología del amor a través de su predecible ciclo de la lujuria, el amor romántico y el apego, y luego, básicamente, puso el proceso bajo un microscopio (o más bien, una Imagen por Resonancia Magnética Funcional, IRMF). Realizó una serie de experimentos donde midió la actividad cerebral de las personas enamoradas (recién enamoradas, con relaciones largas y también parejas rechazadas) a través de la Imagen por Resonancia Magnética Funcional (IRMF), y pudo localizar las áreas del cerebro y los procesos neurológicos implicados en nuestra experiencia de amor y pérdida. Una gran parte de nuestros conocimientos sobre la fisiología adictiva del proceso del amor, el hecho de que es un impulso de supervivencia y cómo afectan esas realidades en las vidas de las personas, se debe a sus investigaciones vanguardistas.

EL AMOR: UNA FUERZA DE LA NATURALEZA

Éste es su primer punto: la naturaleza necesita realmente que te enamores y te apegues a otras personas.

En 1994 la doctora Fisher publicó[1] su trabajo «La naturaleza del amor romántico», donde nos recuerda que desde una perspectiva evolutiva el amor es esencial para todos los aspectos de nuestra existencia.

Desde que emergimos en la Tierra como especie, hace unos 100.000 años, los seres humanos hemos tenido que superar serios problemas. Somos blandos y débiles en comparación con los depredadores de los que estábamos rodeados en la naturaleza, incluso comparados con nuestros primos los simios grandes. No tenemos ni colmillos ni garras, ni siquiera un pellejo que nos mantenga calientes. Lo único que tenemos es nuestro cerebro... y también los unos a los otros.

En términos evolutivos, los seres humanos no podemos sobrevivir individualmente. El éxito de nuestra especie se debe en gran medida a nuestra naturaleza colectiva. Una persona con una lanza no puede derribar fácilmente a un elefante o a un oso. Pero juntos hemos conquistado todo un planeta. En la noche de los tiempos emigramos de África, cruzamos las montañas y las estepas de Eurasia, y lo hicimos juntos. En clanes y tribus leales cazamos en grupo y para el resto del clan, cuidamos de nuestros respectivos hijos, nos defendimos unos a otros. Unimos nuestros cerebros. Nuestras sociedades se estratificaron y, en ese proceso, nos hicimos más fuertes. Gracias a que nuestros sistemas sociales colectivos y al hecho de que no es necesario que todos tengamos que producir comida, el arte, la ciencia y la tecnología han evolucionado hasta llegar a lo que son ahora. Nos necesitamos los unos a los otros.

Pero lo que es incluso más vital que nuestra necesidad de estar vinculados a una tribu o a un clan es nuestra necesidad de vincularnos a una pareja, a un compañero. La finalidad última de cualquier animal es reproducirse. A eso se reduce nuestra supervivencia como especie: a conseguir mantener vivo al menos un hijo el tiempo suficiente para que éste o ésta pueda traspasar los genes familiares. Aquí los seres humanos tenemos otra desventaja: nuestros bebés son totalmente dependientes y vulnerables durante mucho tiempo, en comparación con otros mamíferos. Los bebés humanos, para desarrollar sus magníficas mentes, han de tener la oportunidad de explorar, aprender y crecer en un entorno protegido durante mucho más tiempo que otros animales. Esto genera grandes problemas salvo que existan apegos estables que mantengan la cohesión entre los bebés y sus padres.

Durante los pocos meses en que las crías de simios son dependientes, éstas pueden agarrarse a las espaldas planas de sus madres. Pero nuestra supervivencia nos exigió que nos irguiéramos para ver a mayor distancia, para emigrar, y eso supuso que las madres humanas tuvierán que llevar encima a sus bebés... y durante mucho tiempo. Desde una perspectiva biológica, una mujer con un bebé o un niño pequeño es muy vulnerable: no puede defenderse o conseguir comida fácilmente con un niño en los brazos. Evolutivamente, una mujer ha necesitado un compañero (o un pueblo) dedicado a ella y a sus hijos. Tener una pareja que la ame y cuide de ella y de sus hijos aumenta considerablemente las posibilidades de que esos hijos lleguen a adultos. Y, por supuesto, esos hijos han de ser mimados todo el tiempo por parte de al menos uno de los cuidadores para proporcionarles los tiernos cuidados y la seguridad que necesitan para convertirse en adultos sanos. Al menos desde la perspectiva evolutiva e histórica, uno de los progenitores necesita a alguien que se preocupe de él y que le ayude, a fin de poder cubrir las necesidades de su hijo.

Tanto si lo contemplamos desde la perspectiva del clan, de la pareja, del progenitor-hijos, el amor —la fuerza que nos une a todos— es tan esencial para nuestra supervivencia como cualquiera de los otros requisitos, como la comida, el agua y el calor.

Puesto que el amor es tan esencial para todos los aspectos de nuestro éxito reproductivo, contamos con una maquinaria integrada en nuestro cerebro que nos induce a amar. En realidad, hay estructuras ancestrales, profundas y específicas, así como sistemas neuronales en nuestro cerebro que existen para este fin, que están a punto y a la espera para pasar a la acción, como un interruptor de una casa que está esperando a que lo pulsen para encender la luz. La diferencia es que cuando la luz del amor romántico empieza a brillar, es muy, pero que muy difícil apagarla. Desde la perspectiva de la naturaleza este proceso de vinculación es crucial. Nuestra capacidad para crear apegos estables e inquebrantables con una pareja es fundamental para nuestra supervivencia. Esto es bueno.

A menos que seas un adicto a tu ex. A menos que estés enganchado a alguien que no te corresponde. A menos que estés apegado a una relación dolorosa e insatisfactoria. A menos que estés desesperado por poner fin a la relación y seguir adelante, pero sientas que estás atrapado en el pasado. Entonces es malo.

No sé tú, pero para mí comprender el funcionamiento de las cosas me ayuda a sentir que tengo más control y poder. Cuando entiendo por qué sucede algo, me ayuda a no centrarme sólo en la experiencia del momento y a adoptar una visión más amplia. Cuando sé que lo que me está pasando es una *cosa*, dejo de obsesionarme con mis sentimientos y me tranquilizo, especialmente si esa cosa es normal. Me devuelve la esperanza.

Esto es lo que me gustaría ofrecerte en este capítulo: introspección y comprensión de lo que está sucediendo en tu interior. Sobre todo me gustaría que comprendieras por qué sientes que tienes una especie de doble personalidad, que tu cabeza te dice una cosa y tu corazón te dice otra. Por esta razón, voy a enseñarte lo que es el amor, cómo actúa y por qué tiene tanto poder sobre ti.

Para entender lo que está pasando en tu interior, necesitas tener unos conocimientos básicos de tu cerebro.

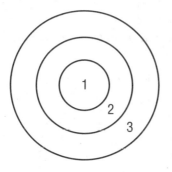

1. Tronco cerebral
2. Cerebro medio o sistema límbico
3. Neocórtex

El abecé del cerebro

Nuestro cerebro ha ido evolucionando en el transcurso de miles de años gracias a innumerables victorias de supervivencia. Cuando nuestros antepasados tenían rasgos neurológicos que les facilitaban la adaptación a los entornos, su descendencia tenía más probabilidades de sobrevivir hasta la edad adulta y tener sus propios hijos. A medida que la especie fue evolucionando y progresando, se fueron construyendo estructuras neurológicas más avanzadas que se basaban en las plataformas de las antiguas generaciones. Nosotros, los humanos, hemos heredado el último modelo de cerebro: la edición de lujo de tres capas.

EL TRONCO CEREBRAL

La capa más antigua y profunda de nuestro cerebro se apoya sobre un chasis y un sistema de transmisión reptiliano y es el centro de mando de las funciones automáticas corporales como la respiración, la temperatura corporal, los reflejos, el movimiento y el parpadeo. Compartimos esta capa de nuestro cerebro con los reptiles. Esta zona profunda de nuestro cerebro es la encargada de nuestros impulsos de supervivencia, como el hambre, la sed, la seguridad, la lujuria, la rabia y el miedo. Ésa es su función. En cuanto a lo que se puede decir del cerebro, es una máquina bastante sencilla.

Por consiguiente, no pasan demasiadas cosas emocionalmente en el interior de una lagartija. No tienen sentimientos, al menos de la forma en que nosotros los concebimos. Los reptiles tienen impulsos. Los impulsos de supervivencia son motivaciones intensas que un animal simplemente está obligado a obedecer, como buscar agua, aparearse, comer algo, protegerse o atacar cuando se siente amenazado y encontrar calor.

El acto reflejo de retroceder ante algo por miedo, cuando ni siquiera sabes qué es exactamente lo que te ha asustado, se debe a la acción de tu cerebro de la era reptiliana. Cuando tienes sed o mucho frío, tu única fijación es beber agua o encontrar cobijo: estás obedeciendo un mandato que procede de la parte reptiliana de tu cerebro que va a contribuir a que sigas con vida o a que mueras en el intento.

Los reptiles suelen ser indiferentes a sus crías o a otras criaturas, salvo que su interés hacia ellas sea engullirlas o aparearse. Como sabes, los reptiles ponen huevos, y muy pocas especies de reptiles se quedan vigilándolos para ver qué sucede con sus crías.

Los mamíferos, sin embargo, son muy distintos. Dan a luz a crías vivas que dependen enteramente de la leche materna para su supervivencia. Esto significa que las crías de los mamíferos necesitan madres que se vinculen con ellas y las cuiden con esmero durante los primeros días y semanas de indefensión. Además, igual que tú, los mamíferos de todas las especies (así como muchas aves), son selectivos respecto a la pareja que eligen para aparearse o crear un vínculo, y muchos terminan formando cardúmenes, jaurías y manadas, con el fin de mantener a sus familias y parejas cerca de ellos.

EL SISTEMA LÍMBICO

En el transcurso de miles de años, los cerebros de las antiguas criaturas fueron evolucionando en la confusa fábrica de leche de la era de los mamíferos, hasta adquirir una segunda capa cerebral denominada cerebro medio o sistema límbico. Es la parte del cerebro que siente las emociones. Y también, al igual que en el resto de los mamíferos, es la que nos hace conscientes de la sociedad y nos capacita para percibir los matices de la expresión emocional, a fin de que podamos desarrollar y mantener relaciones con otros animales. Las emociones se encienden y se apagan en el sistema límbico, que está compuesto a su vez de estructuras que nos permiten comprender y responder a las emociones de los demás. Esta parte del cerebro nos ayuda a captar señales sociales, especialmente las relacionadas con las comunicaciones emocionales. En el sistema límbico se alojan las emociones primarias y surgen los impulsos de apego motivacional: el cuidado de los bebés, enamorarse y el apego a una tribu.

A diferencia de muchas otras especies de mamíferos (que básicamente sólo cuentan con herramientas límbicas de emociones, memoria y motivaciones sociales, dentro del marco de los impulsos de supervivencia), los seres humanos fueron dotados con un sistema de comunicaciones y orientación muy sofisticado denominado neocórtex. Ésta es la capa más nueva y externa de nuestro cerebro.

EL NEOCÓRTEX

El neocórtex es la parte del cerebro que realmente nos convierte en humanos. Puede imaginar, anticipar las cosas, tomar decisiones y prever consecuencias. El neocórtex puede tener pensamientos abstractos sobre cosas que todavía no existen para luego idear cómo construirlas. Es la zona responsable del lenguaje y de comunicar las ideas abstractas a otras personas. No siente, pero es capaz de pensar sobre tus sentimientos para comprender lo que estás experimentando y decidir lo que va a hacer. A estas características las denominamos habilidades de funcionamiento ejecutivo.

Reflexionemos sobre nuestro neocórtex un momento. (A nuestro neocórtex le gusta pensar sobre sí mismo.) A pesar de que sea un sistema de orientación y de comunicaciones vanguardista, también tiene sus limitaciones. Aunque se tiene en muy alta estima, la verdad es que se formó sobre otros sistemas del cerebro mucho más antiguos y, francamente, mucho más poderosos. Pese a toda su lógica e imaginación, nuestro neocórtex está relativamente indefenso frente a la intensidad emocional del sistema límbico o de los impulsos básicos del cerebro reptiliano. La mayoría de las veces ni siquiera los entiende. Se desconcierta intentando encontrar alguna lógica a sentimientos que no son racionales, razonables o lineales: simplemente, existen. Nuestro neocórtex no sabe qué hacer realmente con todo esto.

Imaginemos a una persona agradable y de buenos modales en medio de una reyerta de borrachos enfurecidos intentando captar su atención carraspeando educadamente, tratando de decir cosas razonables y entendiendo cada vez menos por qué nadie le escucha. Eso es básicamente lo que intenta hacer el neocórtex cuando pretende controlar una tormenta emocional límbica o los feroces y unidireccionales impulsos reptilianos. Simplemente, queda anulado por el poder de esas partes más antiguas y profundas de nuestro cerebro que son mucho más intensas y fieras. El tronco cerebral reptiliano y el cerebro medio no son verbales, ni visionarios, ni racionales, pero vibran y palpitan en nuestro interior, creando sentimientos e impulsos que hemos de obedecer. Son los latidos de nuestra supervivencia.

Ésta es también la razón por la que tantas veces nos frustramos con nosotros mismos por hacer lo contrario que sabíamos que teníamos que hacer. Tu neocórtex ha tomado la decisión de que deberías adelgazar diez kilos, busca tiendas *online* soñando con la nueva ropa que tendrás en tu armario cuando adelgaces, creará gráficos de motivación y planes de menús para la semana… y entonces, de pronto, te viene un deseo primario de grasa salada que hace que te comas toda una bolsa de patatas fritas. ¡Puaf!: tu cerebro reptiliano acaba de asestar un puñetazo en la cara a tu neocórtex y ha conseguido lo que quería.

POSEÍDOS POR EL AMOR

Las fuerzas del amor son mucho más básicas y poderosas que tus caprichos transitorios de patatas chip. El amor es un impulso primario. Es más viejo que la humanidad; primero se despertó en nuestros antepasados mamíferos mientras acariciaban con el hocico a sus crías recién nacidas para que mamaran. Las partes del cerebro que están implicadas en el amor se encuentran en la intersección entre el cerebro reptiliano y el sistema límbico. El impulso del amor surge desde un lugar muy profundo. Esto explica por qué las personas se abstienen de comer, dormir y de velar por su seguridad personal por el amor que profesan a otros. El poder del amor intenso es una experiencia que te enseña muchas cosas.

Por ejemplo, en los alucinantes meses que siguieron al parto de mi hijo quedé totalmente absorbida por lo que sólo puedo describir como un instinto maternal primario. En general, soy bastante campechana y flexible, pero de pronto enloquecí. Me volví adicta a mi bebé. Sólo deseaba estar con él y me angustiaba mucho si tenía la sensación de que alguien estaba impidiendo que le cuidara, aunque sólo fuera por un momento. Tenía la sensación de que hubiera sido capaz de romper una pared de ladrillo con mis dientes para llegar hasta él si hubiera sido necesario. No me importaba ninguna otra cosa.

Un día, a las pocas semanas de que hubiera nacido, mi esposo y yo estábamos en el coche y nuestro hijo empezó a llorar porque tenía hambre. Insistí en que paráramos a un lado inmediatamente —*pero inmediatamente*— para alimentarle y me enfurecí cuando mi marido me sugirió, y con razón, que esperara a llegar a casa, ya que estábamos a menos de diez minutos. Me enfadé tanto que me entraron ganas de morderle si no paraba el coche en aquel preciso momento. (No lo hice.) Pero estaba totalmente fuera de mí y poseída por la más profunda mezcla de ansiedad, ira y amor primitivos que había experimentado jamás.

Mi mente racional sabía que estaba siendo totalmente irracional, rara y controladora, pero no podía evitarlo. Luego, intenté explicarle a mi confundido y alarmado marido este repentino cambio radical de todo mi ser. Y empecé a decirle: «Así es como debe de sentirse una madre babuina con su cría. Su energía feroz es lo que ha mantenido vivas a sus crías durante milenios». En cuanto pronuncié esas palabras, me di cuenta de que lo que había estado experimentando eran los mandatos que procedían de una parte muy ancestral, profunda y poderosa de mí misma, que simplemente había anulado todo lo que procedía de mi mente «normal» (neocórtex).

Del mismo modo que mi cuerpo tenía toda la maquinaria reproductora latente, que se activó de forma involuntaria para producir el milagro de mi bebé, las poderosas estructuras del sistema límbico también se habían puesto a este servicio sin mi conocimiento o consentimiento. Cuando lanzaron su rugido a la vida, toda yo fui poseída por el amor. No me importaba ninguna otra cosa. Ni mi necesidad de dormir, ni de comer, ni mi actividad productiva o de ser civilizada con mi esposo. Si mi bebé tenía hambre, debía alimentarlo en aquel mismo momento.

Resulta lógico. Desde una perspectiva evolutiva y biológica el temible amor intenso que sentí por mi bebé fue esencial para su supervivencia en sus primeros meses de vida, como lo había sido mi útero antes de que naciera. El amor fue un tsunami de emoción inexpresada. Tenía que obedecerla y me daba igual lo que mi neocórtex y el resto de la sociedad educada querían que hiciese.

Consideramos que nuestra mente es la sede de nuestra autoconciencia. La mente que conocemos es la pensante. Pero hay más. Hay partes más ancestrales y profundas de nuestros cerebros que no son autoconscientes. Simplemente, *son*. No somos conscientes de ellas hasta que secuestran nuestras experiencias subjetivas para cumplir ciertos fines. Cuando lo hacen, se muestran mucho más poderosas que esa parte de la mente que consideramos nuestro «yo». Hemos de obedecer.

EL AMOR ES UN IMPULSO

El amor romántico es tan involuntario, intenso y esencial como el amor materno. Puede serlo incluso más, puesto que los fuertes deseos de unión que genera el amor romántico suelen ser los responsables de hacer a los bebés. Se sabe que este tipo de amor puede llegar a eclipsar el instinto maternal (normalmente, con consecuencias trágicas). En cuanto a tu mente y tu cuerpo, si no te enamoras morirás desde una perspectiva totalmente biológica: no transmitirás tus genes. Por consiguiente, tus estructuras internas, que te hacen esclavo del amor, son infinitamente más poderosas que las simples emociones. Son impulsos de supervivencia, fuerzas primarias en nuestro interior que son más antiguas que la propia humanidad.

Un impulso no es un sentimiento, sino un estado de motivación intensa. Si te estuvieras congelando a una temperatura bajo cero, nada te impediría buscar desesperadamente un refugio hasta conseguir el calor. Esto es un impulso. El amor romántico es una parte tan fundamental del proceso humano de vincularse con una pareja y aparejarse, que a su vez también es un impulso: no es un estado de ánimo, sino un estado muy motivacional.

Ésta es la cuestión: el enamoramiento se produce en un nivel del cerebro mucho más profundo que el del cerebro pensante. No tiene nada que ver con las buenas intenciones del neocórtex. Neurológicamente, el amor se produce donde se unen el cerebro reptiliano y el sistema límbico. Es ancestral, profundo y extraordinariamente poderoso.

Por eso te parece que te estás volviendo loco. Tu impulso de mantener la conexión con tu persona amada simplemente parece más poderoso que tu neocórtex y es casi imposible controlarlo. Como adicto a tu ex, estoy segura de que debes ser muy consciente de estos impulsos locos que se están produciendo en tu sistema límbico en este preciso momento de tu vida. Tu neocórtex sigue estando presente, pero su voz se pierde en el alarido primitivo de tu sistema límbico cuando te enfrentas al miedo, a la pérdida y al rechazo.

El sistema límbico resplandece cuando nos enamoramos. Es un proceso que en un nivel muy primario, en partes de nuestro cerebro que son mucho más profundas y antiguas que nuestro recién llegado neocórtex, básicamente nos hace adictos a otra persona. No es culpa nuestra, ni significa que nos pase nada malo. Es nuestra constitución. Pero ésa es la razón por la que nos sentimos tan incapaces de controlar los sentimientos que tenemos por nuestro ex.

El neocórtex puede que esté diciéndonos, racionalmente, que la relación ha terminado. Puede ofrecernos montones de pruebas que justifiquen que esa persona no es buena para nosotros. Está a la espera, retorciéndose las manos y lamentándose sobre cómo se ha de comportar la gente normal, cada vez que revisas compulsivamente la página de Facebook de tu ex. Pero en realidad no importa. Aunque tu neocórtex te esté pidiendo a gritos que te comportes, simplemente obedeces las órdenes de tus impulsos.

La naturaleza sabe lo que hace. Desde el momento en que conociste a tu ex, se iniciaron una serie de reacciones en cadena en los niveles profundos del cerebro reptiliano y el sistema límbico sin tu conocimiento o consentimiento consciente. Tu cuerpo y tu mente sufrieron una serie de experiencias emocionales y bioquímicas que te ataron a tu ex a través de un proceso muy adictivo: el de enamorarse.

ENAMORARSE

Del mismo modo que las aves del paraíso se pavonean con sus danzas cortejo para atraerse mutuamente, nosotros utilizamos un proceso igualmente instintivo e involuntario a través del cual nos enamoramos y creamos fuertes vínculos. Formar una pareja es un proceso que combina los tres elementos de los vínculos de pareja de los mamíferos: lujuria, amor romántico y apego.[?] Estas experiencias reúnen partes separadas pero interrelacionadas del cerebro reptiliano y del sistema límbico, enganchándolas en un proceso adictivo que te ata emocionalmente a otra persona.

LA LUJURIA

En los adultos, la primera etapa de la unión suele ser la lujuria. La lujuria es el impulso simple de tener relaciones sexuales. No se siente específicamente hacia ninguna persona en particular, cualquiera que esté cerca y esté lo bastante bien servirá. Las Imágenes por Resonancia Magnética Funcional (IRMF) del cerebro de personas enamoradas nos han demostrado que el área del cerebro asociada a los sentimientos de lujuria[3] se encuentra en una zona muy arcaica y profunda del sistema límbico. Es una parte del cerebro que compartimos con otros animales, incluidos los conejos, los flamencos y las fogosas cabras. Cuando está activa, una parte ancestral de nuestro cerebro emite el mandato de copular cuanto antes mejor.

Imaginemos a un joven, un sábado por la noche, en un bar abarrotado, explorando el local en busca de mujeres de la edad y la forma correcta que estén libres. Hay una serie de candidatas y la primera con la que contacte es probable que cuente con toda su atención durante un momento. Pero no hay ningún lazo especial, ningún apego. Cuando la motivación es la lujuria, la chica del bar es sustituible; su valor reside en su disponibilidad inmediata y en su atractivo.

Se está dejando aconsejar por la lujuria y presta atención a las chicas con las que tiene alguna posibilidad. Cuando piensa en el sexo, se excita y sintoniza con las posibles candidatas. La lujuria puede ser una finalidad en sí misma o una chispa sexual que prenda la llama de una relación romántica.

EL AMOR ROMÁNTICO

Si la lujuria se encarna en un granuja codicioso al que todo le parece bien porque ve a través de los ojos del que se ha pasado bebiendo en los Carnavales de Mardi Gras, el amor romántico será un Casanova tocando la guitarra bajo tu ventana, un trovador que te cantará canciones de amor escritas sólo para ti. Mientras la lujuria es indiscriminada (sólo le interesa el sexo), el amor romántico es una fijación con una persona en particular. El amor romántico se ha descrito como «estar encendido» por una persona amada. Es una concentración total y absoluta en una persona querida e irremplazable.

El amor romántico comienza cuando una persona especial empieza a brillar con cierta energía y a parecernos muy especial e importante. ¿Cuál es la primera señal de que el amor romántico se está empezando a manifestar? Piensas en esa persona especial cuando no está presente. Muchas personas describen estos sentimientos como «invasivos», en el sentido de que son involuntarios y que no se sabe de dónde vienen.

La lujuria simple incita a nuestro joven del bar a hablar con varias mujeres. Pero cuando habla con una de ellas, se da cuenta de que tiene algo especial. No sabe bien de qué se trata, pero le ha despertado algo en su interior: su forma de sonreír, su tono de voz o algo que ha dicho. De pronto, empieza a destacar entre las otras. Piensa en ella a la mañana siguiente. Cuando se viste, piensa qué le parecería a ella la camisa que se está poniendo. Mantiene breves conversaciones mentalmente con esa persona mientras está trabajando. Vuelve al mismo bar el fin de semana siguiente, con la esperanza de poder hablar con ella de nuevo. Pasa de largo de las otras, porque la busca a ella. Cuando la ve se siente electrizado, en su interior se entremezclan el nerviosismo, la ansiedad, la excitación y el deseo a un mismo tiempo. Se ha despertado la atracción romántica. Salen unas cuantas veces y enseguida se convierte en el único objeto de su pensamiento. Al poco tiempo, lo único que desea es estar con ella. Ha conquistado su corazón.

El amor romántico es un impulso intenso de conexión emocional con una persona insustituible. Cuando estás enamorado, deseas estar en contacto con la persona amada el máximo tiempo posible. Cuando estás cerca de tu amado, puede que te sientas eufórico e intensamente feliz. Cuando estás separado, puede que añores o desees volver a estar con esa persona. Tienes la sensación de que está contigo cuando no está. Es como si ocupara un espacio dentro de ti. Es todo lo que puedes imaginar, desear y necesitar. Hasta puede que digas que estar enamorado es adictivo.

El amor romántico es la forma que tiene la naturaleza de unirte a una buena pareja y de envolveros a ambos en los lazos del hechizo que os mantendrá juntos. La naturaleza crea un deseo de conexión que trasciende el sexo. Está intentando crear un nido de amor sagrado donde pueda nacer un bebé, que estará preparado y esperando a que sus entregados padres derrochen sobre él su amor desbordante.

No haces nada para que pase esto. Simplemente, sucede. Cuando encuentras a la persona, que por la razón que sea tiene este efecto sobre ti, te enamoras. No es una decisión racional. Algunos investigadores piensan que todos llevamos improntas o mapas del amor basados en nuestras experiencias de las relaciones de nuestra infancia. Pero cuando una persona nos hace tilín y despierta nuestro impulso de amor romántico, la antigua maquinaria vuelve a ponerse en marcha sin pedir permiso o sin contar con nuestra intención. Cuando sucede esto, el deseo de estar con la otra persona eclipsa casi todos nuestros pensamientos, sentimientos o preocupaciones.

La atracción romántica empieza de la forma más insospechada. La lujuria puede llevarte a pasar una noche loca bajo los efectos del alcohol con un desconocido y a la mañana siguiente esa persona te parece la más fascinante del mundo. A veces, la ansiedad es la chispa que hace que prenda la llama del amor; es fácil que las personas desarrollen un amor romántico en una situación peligrosa o cuando hay emociones turbulentas.[4] A veces, enamorarse es algo tan básico como que se produzca la combinación de proximidad y momento adecuado; suena una alarma, despierta nuestro instinto primario de emparejamiento y nos dirigimos hacia cualquier persona que esté a nuestro alcance en ese momento. A veces, los momentos de aprecio mutuo en una amistad avivan las llamas de unas brasas que acaban convirtiéndose en un fuego acogedor y romántico. Y, por supuesto, a veces, desarrollamos atracciones salvajes con personas muy problemáticas pero carismáticas que acabarán haciéndonos desgraciados.

Para bien o para mal, en la mayoría de las especies de mamíferos, incluidos los humanos, la fase abrumadoramente intensa y excitante del amor romántico es bastante breve. En la mayoría de los roedores sólo dura momentos, días y semanas entre los elefantes, y unos meses entre ciertas especies de focas y pingüinos. Las estadísticas internacionales de matrimonios y divorcios[5] revelan que es mucho más probable que las parejas se divorcien a los tres, cuatro o cinco años, que en ningún otro momento. Esto coincide exactamente con el tiempo que tarda, por lo general, en apagarse el amor romántico para transformarse en un apego saludable: unos cuatro años. Casi exactamente lo mismo que se tarda en tener un embarazo y en criar un preescolar robusto, independiente y que pueda comer solo.

El flash intenso de amor romántico no dura mucho, pero eso no es el final de la relación. Más bien puede ser el comienzo de una conexión mucho más profunda y duradera. El amor romántico suele hacer que prendan las brasas del apego que arderán durante décadas.

El apego

El apego se puede considerar como un amor calmado, intenso y profundo, que surge de la confianza que se ha ido creando con el tiempo. El apego es el vínculo entre las parejas duraderas, los lazos que mantienen unidas a las familias y la fuerza normalmente indestructible que hace que los padres se dediquen a sus hijos.

El apego es la conexión que se desarrolla entre dos personas detrás del telón mientras rugen las llamas de la pasión romántica. Una vez que se ha apagado el intenso e insostenible fuego del amor romántico, el apego seguro es como la brasa caliente que perdura eternamente, uniéndonos para toda una vida de afecto, preocupación mutua y tranquilidad. Idealmente, el amor romántico nos une a personas con las que formaremos una buena pareja duradera: fiel, amable y compatible.

Imagina que nuestra pareja del bar fuera compatible en cuanto a valores, personalidad, esperanzas y sueños. Se ama mutuamente y sus miembros se convierten en personas emocionalmente estables y disponibles la una para la otra. Se enamoran con pasión, salen durante un par de años, se casan, compran una casa y tienen algunos hijos.

Quizás al cabo de unos años ya no sientan pasión el uno por el otro, pero siguen disfrutando de su mutua compañía y se duermen acariciándose. Son una unidad social, son los mejores amigos del mundo y comparten la vida. Son la persona principal en la vida de su pareja, recurren a ella en los momentos de estrés para consolarse y celebran juntos las alegrías de la vida. Han creado un vínculo profundo, sus caminos se han entrelazado y dependen emocional, económica y materialmente el uno del otro.

Las fuerzas de la naturaleza han hecho su trabajo: atrayéndolos mutuamente a través de la lujuria, uniéndolos en el tórrido calor del amor romántico, y creando vínculos permanentes a través del apego.

LA LUJURIA, EL AMOR Y EL APEGO

Aunque la lujuria, el amor y el apego[6] estén interrelacionados, actúan en diferentes partes del cerebro y pueden hacerlo de manera independiente. Puedes tener sentimientos intensos de lujuria hacia personas distintas y estar enamorado de otra persona. Puedes tener un apego de seguridad en una relación estable con una persona a la que quieres y enamorarte apasionadamente de otra.

De los tres, el impulso del amor romántico es el más fuerte. Es más fuerte que la lujuria. Si nuestra insinuación puramente sexual es rechazada, nos encogemos de hombros y seguimos nuestro camino. Pero cuando tenemos una fijación con un deseo apasionado por la persona más extraordinaria y única del universo, el rechazo romántico puede conducirnos al borde del suicidio.

El impulso de amor romántico también es más fuerte que nuestro impulso por el apego. Aunque nos parezca que el apego sea el no va más de una relación (los lazos familiares estables y duraderos), el impulso por el apego duradero es relativamente nuevo y, principalmente, pertenece a la experiencia humana/primate. Puesto que sucede en una parte más profunda y ancestral de nuestro cerebro, el impulso del amor romántico es más agresivo y biológicamente más potente que el del apego. La atracción romántica es una fascinación magnética y obsesiva hacia una posible pareja que supera el afecto de la familia. Cuando se avivan las llamas del amor romántico, éste crea un impulso tan potente que puede (y a veces, por desgracia, lo consigue) romper familias cuando uno de los dos es poseído por la embriaguez de una intensa atracción romántica.

Estos antiguos sistemas de la lujuria, el amor y el apego actúan bien por separado o conjuntamente, iluminando en el proceso áreas complementarias del cerebro como si de una máquina del millón se tratase. La sinfonía que crean cuando trabajan juntas es la experiencia sublime que denominamos amor. El amor, experiencia con raíces biológicas, trasciende la influencia de la conciencia y supera el control directo de nuestro manipulador neocórtex. No es verbal. Pero las órdenes que da el amor desde los oscuros recovecos irracionales y primitivos de nuestro cerebro pueden llegar a poseernos por completo, sin que tengamos la menor intención de que suceda o sin que les demos nuestro permiso. El amor tiene vida propia. El amor es un impulso.

La esencia del amor es un poderoso impulso que te motiva para estar conectado con tu amado: si logras la meta de la unión, estás en la gloria. Si algo se interpone en el camino, te consumirá la obsesión y determinación de volver a estar en contacto con la persona amada a cualquier precio. El amor se activa a través de un proceso adictivo que lanza anzuelos a tu alma y genera tu apego a otra persona.

Si te apegas a una persona positiva que puede corresponderte, todo irá bien.

Si no es así, sufrirás.

6

ADICTOS AL AMOR

El amor incluye conductas obsesivas[1]
que pueden arruinar nuestras vidas,
como lo hace el consumo de drogas.

DOCTORA LUCY BROWN

EN LA ANTIGÜEDAD, CUANDO NO PODÍAMOS IR EN MOTO, NI ESNIFAR COCAÍNA O PRACTICAR EL PARACAIDISMO DEPORTIVO, ERA LA EMBRIAGADORA EXPERIENCIA DE ENAMORARSE LA QUE CONDUCÍA A LAS PERSONAS A LAS MÁS ALTAS CUMBRES DE LA EUFORIA. ENAMORARSE ES EL PARADIGMA DE LA MAGIA EN LA TIERRA; LOS MOMENTOS MÁS BANALES ADQUIEREN UNA IMPORTANCIA SUPREMA CUANDO GUARDAN RELACIÓN CON TU AMADO. EL AMOR ES LA DROGA SUPREMA. CUANDO ESTÁS ENAMORADO, TODO TIENE UN BRILLO ESPECIAL DE SENTIDO Y DE GOZO.

Enamorarse es el proceso natural de volverse adicto a otra persona. Como vimos en el capítulo anterior, cuando sientes la fuerte atracción del involuntario, normal y, generalmente, saludable proceso de enamorarse, hay partes muy ancestrales y rudimentarias de nuestro cerebro que apartan al neocórtex y toman el mando. Entonces experimentas una serie de experiencias neurológicas específicas mediante las cuales los anzuelos del amor alcanzan niveles tan profundos que trascienden el lenguaje y la comprensión. Esto sucede en su mayor parte a través de los estados alterados de conciencia que se producen cuando estamos enamorados.

TU CEREBRO Y EL AMOR

Por misterioso y mágico que sea tu cerebro (un sofisticado sistema que dirige el funcionamiento de tu cuerpo, te hace sentir cosas, resuelve problemas complicados y prolonga tus visiones fascinantes), también es muy mecánico. Su funcionamiento se debe, en parte, a la secreción de sustancias denominadas neurotransmisores, unos mensajeros químicos que provocan reacciones en nuestro cuerpo y nuestra mente, y que nos hacen pensar, sentir y actuar de distintas formas.

Cuando aparece el amor romántico, él empieza a jugar con los botones. En vez de las gotas y los chorritos regulares de neurotransmisores que provocan las experiencias normales de la vida, en el momento en que nos enamoramos nuestro cerebro se inunda de un neurotransmisor denominado dopamina. El amor abre alegremente las compuertas de esta sustancia natural a la vez que interrumpe el suministro de serotonina. Esto hace que enamorarse se convierta en una experiencia química que se parece mucho a consumir sustancias claramente adictivas como la cocaína. El amor, igual que ésta última, hace que nuestro sistema neurológico de la recompensa se estremezca de placer y ansíe más contacto con el objeto de su afecto.

Sabemos esto gracias a las investigaciones sobre la actividad neurológica en las personas enamoradas. En 2008, la doctora Helen Fisher y un equipo de investigadores compararon la actividad cerebral de los participantes[2] al mirar primero las fotos de sus amados y después las de otra persona que conocían. Los científicos observaron que cuando los participantes miraban las fotos de sus amados, había una actividad intensa en las partes de su cerebro asociadas con recompensas gratificantes y conductas dirigidas a la consecución de un fin: la zona ventral tangencial y el núcleo accumbens del núcleo caudado. Son los principales jugadores en nuestro deseo de buscar la recompensa de una conducta agradable. Éstas son las partes de nuestro cerebro que están implicadas en las adicciones.

Los investigadores han examinado la actividad cerebral en los adictos a la cocaína[3] y han descubierto actividad en las mismas regiones del cerebro que las personas enamoradas. Y aunque existe una pequeña variación (están involucradas diferentes zonas de las mismas regiones del cerebro), se solapaban en gran medida con las áreas clásicas de la recompensa implicadas en la excitación sexual, el amor, el apego y la drogadicción. Ambas áreas residen en las profundidades del sistema límbico. Cuando son activadas, inundan el cerebro de dopamina, un neurotransmisor que tiene un impacto muy específico sobre las personas, ya que es un estimulante. En realidad, las drogas estimulantes actúan *porque* inundan el cerebro de dopamina, y con ello satisfacen sus áreas de la recompensa y la motivación.

Por improbable que pueda parecer, enamorarse tiene muchos puntos en común con el consumo de cocaína. Cuando el amor sube el volumen de la dopamina, empiezas a sentirte eufórico, vertiginosamente feliz y lleno de energía, un efecto parecido al de la cafeína, cocaína o Ritalin®. Aparte de eso, estás mucho más emotivo, inquieto y excitado. Notas que no necesitas dormir o comer tanto. Y te centras intensamente en la fuente de tu placer y tu deseo, que aumenta sin cesar.

Desde el momento en que empezaste a enamorarte de tu ex, las chispas de dopamina comenzaron a acariciar tu zona central de la recompensa, despertándote, encendiéndote, proporcionándote un intenso placer (y sufrimiento) emocional en su presencia y haciéndote desear una cosa: la unión emocional con tu amado. Y te enganchaste.

El otro efecto que tiene enamorarse sobre la química de tu cerebro es que reduce tus niveles de serotonina. La serotonina es uno de los principales neurotransmisores responsables de los sentimientos de paz, satisfacción y bienestar. El amor romántico aumenta la dopamina y reduce la serotonina. Cuando baja la serotonina estás ansioso, agitado, inquieto y tiendes a ser obsesivo, compulsivo e impulsivo.

En un interesante estudio se descubrió que las personas enamoradas se parecen a las personas con Trastorno Obsesivo Compulsivo[4] (TOC), en cuanto a que en ambos casos se hallaron concentraciones mucho más bajas de transmisores de serotonina en las plaquetas de la sangre, que en los sujetos que no estaban ni enamorados ni se les había diagnosticado un TOC. El descenso de la serotonina asociado al amor romántico es probable que sea el responsable de los pensamientos obsesivos y de la impulsividad que este provoca.

Este cóctel de neurotransmisores de amor (mucha dopamina y poca serotonina) nos afecta de varias formas. En primer lugar, nos proporciona una especie de «subidón amoroso». Cuando estás enamorado sientes una energía increíble, estás inquieto y eufórico. Cuando recibes un indicio de que esa persona que te tiene hechizado te corresponde, despierta en ti sentimientos de dicha y de felicidad intensas. El placer te parece más vívido. Puedes estar tan concentrado en tu pareja que te haga estar distraído o que te cueste dormir. Piensas obsesivamente en él o en ella y, con frecuencia, hasta llegas a olvidarte de las cosas que antes eran importantes para ti. Estás totalmente decidido a estar, a conectarte y a vincularte con esa persona. Las personas en las primeras etapas del enamoramiento, concretamente cuando se enfrentan a los obstáculos para poder estar en contacto con ese otro ser, también suelen dejarse llevar por la angustia, están nerviosas, muy susceptibles y suelen actuar de forma impulsiva.

El nuevo amante, influido por la dopamina y la falta de serotonina, suele soñar despierto en el trabajo. Se pasa el día fantaseando sobre su encuentro con su pareja, planificando viajes y salidas, cuando debería estar trabajando. Siente una tremenda excitación cada vez que recibe una llamada o un mensaje del objeto de su infección apego. La ausencia de contacto o cualquier indicación de que su pareja se está alejando le provoca un bajón emocional. Quiere estar despierto toda la noche, hablando y haciendo el amor. Lo deja todo, incluido el trabajo, las aficiones y otras relaciones por tener una oportunidad de estar con su persona amada. Puede ser impulsivo, hacer visitas por sorpresa, presentarse con flores, gastar mucho dinero en sus citas. Absorben a su pareja en su interior, repiten conversaciones mentalmente o piensan en las cosas que comparten. Cuando suceden todas estas cosas, las zonas ancestrales de su sistema límbico brillan y se estremecen embriagadas de dopamina y los anzuelos se hunden cada vez más.

A medida que las relaciones se van estabilizando y adquiriendo un carácter más familiar, los chutes de dopamina empiezan a estar más espaciados. (Quizá desarrollas una tolerancia.) El silbido adictivo que resuena en el centro de la recompensa bañando tu cerebro con dopamina y haciéndote sentir mariposas de emoción y excitación es sustituido por un aumento en la actividad de las zonas del cerebro responsables de fabricar los sucedáneos opiáceos[5] de la serotonina, vasopresina y oxitocina. Estas son las «hormonas del abrazo» que hacen que las aves aniden, que las madres se pasen horas hipnotizadas mirando las caras de sus bebés, y que una pareja dedique los fines de semana a ordenar el garaje e ir a comprar muebles.

Cuando va desapareciendo la agitada e inquieta excitación del amor romántico y empieza a instaurarse el apego, éste empieza a segregar suavemente el equivalente neurológico del opio (oxitocina) en los receptores opiáceos del cerebro. Los orgasmos, el contacto físico, el tiempo que pasáis juntos y los momentos de conexión emocional hacen que no te olvides del sabor original de la naturaleza. A medida que el nerviosismo y la emoción del amor romántico van siendo sustituidos por la luminosa tranquilidad del apego estable, sientes que lo único que importa en el mundo es estar juntos. Gravitas en la órbita de la otra persona, es lo que te da seguridad, tranquilidad y consuelo. Estar en los brazos de tu amado/a es como estar en un puerto seguro en un mundo de locos. Estar en contacto es tu fijación.

A más apego, más serotonina.[6] Con el aumento de la serotonina, también aumenta nuestra paz, confianza y satisfacción. Cuanto más aumenta el apego, la serotonina se refuerza y los sentimientos de estabilidad y de calma sustituyen la frenética intensidad de las primeras etapas del amor. La serotonina enfría la energía excitante y obsesiva de la dopamina y la vida vuelve a su cauce. La intensidad sexual puede disminuir junto con los sentimientos apasionados. Del mismo modo que el Prozac® (que aumenta notablemente la serotonina), que es como echarle una jarra de agua fría a la libido, el apego de seguridad combinado con la familiaridad suele tener un efecto antierótico.

Lo irónico que les sucede a muchas parejas es que cuando su relación se vuelve más segura y emocionalmente estable, su deseo sexual se desvanece. Algunas parejas piensan que el sentimiento de: «Nos amamos, pero ya no estamos enamorados» indica que hay un problema, pero no es más que un ciclo vital dentro de una relación normal. La lujuria, el amor romántico y el apego son otra cosa. Las parejas que conocen el soporte neurológico del amor pueden mantener vivo el romance y el erotismo deliberadamente en sus relaciones, pero eso sería un tema para otro libro. (Un libro excelente sobre este tema es *Inteligencia erótica*[7] de Esther Perel.)

La fase del apego en una relación se caracteriza por la tranquilidad que se siente al estar con la pareja. Las imágenes del cerebro de los que mantienen relaciones estables revelan que, neurológicamente, estas personas con un apego profundo en sus relaciones tienen más coincidencias con los adictos a la heroína que con los adictos a la cocaína. Los neurotransmisores del apego (vasopresina y oxitocina) se unen a los receptores opiáceos del cerebro. La vida nos aporta nuestra dosis diaria de conexión. Los trayectos en coche, las cenas tranquilas y las salidas para ir a comprar a Costco® calman el mono.

Y cuando te arrebatan la estabilidad e intimidad de la relación de la que dependes, entras en síndrome de abstinencia con la misma intensidad que cualquier otro adicto desesperado. Deseas y te obsesionas. Haces el equivalente social de romper los cristales de los coches para robar equipos de audio para conseguir pagarte otra dosis: apareces por sorpresa, te comportas de maneras extrañas, acosas por Internet y llamas una y otra vez. Incluso cuando te juras a ti mismo que no lo volverás a hacer, vuelves a caer.

EL AMOR: LA DROGA SUPREMA

La trayectoria de las relaciones románticas sigue el orden de otras adicciones. Empieza de manera informal. Cuando la lujuria normal y corriente pone sus ojos en una persona que le resulta atractiva, el primer síntoma del amor romántico se empieza a producir en cuanto se dan dos cosas:

1. Ansiedad (que los amantes prefieren llamar «mariposas»).
2. Pensamientos invasivos sobre la otra persona.

A diferencia de esnifar cocaína o de saltar en paracaídas desde un objeto fijo y no desde una aeronave en vuelo, para los cuales se necesita cierto grado de premeditación, la ansiedad y los pensamientos invasivos sobre otra persona simplemente suceden. El mayor factor de riesgo para desarrollar una adicción es la proximidad. Si no quieres ser adicto a una persona que te hace sentir mariposas y soñar despierto (y que puede ser una pareja poco apropiada por varias razones), lo mejor, literalmente, es permanecer alejada de ella.

Si eliges seguir pasando tiempo con una persona que te resulta cada vez más fascinante, tu cerebro sediento de amor desencadenará una serie de experiencias cognitivas, emocionales y conductuales que alterarán tu estado de conciencia y te harán pensar, sentir y actuar de formas que jamás actuarías si no estuvieras bajo la influencia del amor.

LAS COGNICIONES

La característica clave de la experiencia de enamorarse es tener pensamientos invasivos sobre la persona a la que amas, en el sentido de que piensas constantemente en ella. Los pensamientos invasivos son la principal característica del amor romántico. ¿Qué estará haciendo? ¿Cuándo volveré a verla? ¿En qué estará pensando? Incluso estando separados mantienes conversaciones imaginarias con ella. Parece como si lo único que pudiera detener las obsesiones y traerte la paz fuera estar con ella y que te confirmara su amor por ti. Algunos investigadores han observado que las personas que obtienen resultados muy altos según las mediciones diseñadas para valorar los sentimientos de amor romántico, dedican más del 85% de su tiempo a pensar en su amor.[8]

Empiezas a concentrar tu atención en esta persona especial e importante, la buscas, intentas estar a su lado, le prestas atención especial. Cuando está cerca, toda tu atención se centra en ella y, en particular, en sus características positivas.

Del mismo modo que las personas que están bajo la influencia de la cocaína pueden tener pensamientos de grandeza que no son objetivamente ciertos (¡Soy el mejor bailarín de esta discoteca!), el amor romántico también distorsiona la realidad. Tu visión del mundo cambia cuando estás enamorado. Tu pareja te parece más especial, importante y extraordinaria que ninguna otra persona. Exageras y adoras sus cualidades positivas, las aumentas hasta tal punto que son tu única realidad. Le quitas importancia a los problemas potenciales, no les haces caso, los justificas y aceptas cualquier aspecto problemático de su carácter. Mientras les envuelve la euforia de las primeras etapas del amor, los amantes creen que tienen una conexión única que no se parece a nada de lo que ha existido antes. Los dos alabarán la relación convencidos de que es más íntima y más especial que la de ninguna otra persona. Habitualmente, les parece estar viviendo en un sueño.

LAS CONDUCTAS

Puesto que el amor está vinculado biológicamente a nuestro impulso de motivación dirigido hacia una meta, estar enamorado conlleva una variedad de conductas orientadas a un objetivo que será la conexión con la persona elegida. Es decir, que dedicas muchas horas y energía a conquistar el amor y el afecto de tu persona amada. Llamas por teléfono, le haces regalos, y pones mucho esfuerzo en ser amable y considerado. Puedes hacer heroicidades, incluso irracionales, para estar con ella.

Dejas de lado cosas que para ti antes eran importantes, porque prefieres la placentera intensidad de estar junto a esa persona que tanto adoras. Como un adicto que empeña hasta su televisión, tú también inviertes tus recursos sociales, emocionales y, a veces, incluso económicos en mantener tu nuevo y exquisito hábito: tu relación. Esto es bueno y normal, siempre y cuando se trate de una relación saludable, correspondida y respetuosa.

Los amantes suelen ser bastante posesivos con el objeto de su afecto y reaccionan negativamente si les parece que alguna otra persona puede amenazar su unión o acaparar la atención de su amado/a. Pueden alterarse, exigir o controlar si temen que alguna otra persona o cosa les impide acceder a su pareja. No es nada fuera de lo normal que las personas hagan cosas desesperadas o a veces hasta peligrosas para sortear los obstáculos que impiden su unión con su amado. Cuando la llama del amor arde con fuerza, podemos hacer tonterías y actuar impulsivamente para estar con la persona que deseamos.

La unión con el amante se convierte en lo más importante, y la vida entera gira en torno a esa conexión. Las aficiones, los compromisos y las otras relaciones muchas veces se dejan de lado y hasta se llegan a abandonar por completo. Una persona embriagada de amor puede abandonar los estudios o el trabajo y acabar con todo lo que haga falta para pasar más tiempo con el objeto de su deseo. Es muy habitual que las personas enamoradas abandonen otras relaciones para dedicarle su tiempo exclusivamente a su pareja. Hasta se apartan de sus amistades, abandonan a sus mejores amigos y hacen que éstos se sientan relegados y que no son importantes en su vida. Una persona bajo la influencia del amor puede rechazar sin escrúpulos a cualquiera que se atreva a mostrar preocupación o duda respecto a su pareja y preferirá a ésta antes que una relación duradera y afectuosa con familiares que antes eran importantes en su vida.

Las personas enamoradas suelen ser impulsivas y pierden el control sobre lo que dicen o lo que hacen. Se gastan el dinero en cosas que no se pueden permitir económicamente para estar con su pareja o para impresionarla, como billetes de avión, cenas, hoteles o regalos caros. Las personas que están en manos de un amor intenso y encaprichado incluso llegan a abandonar sus otros apegos, como su familia, o en casos extremos, hasta sus propios hijos. Por desgracia, algunas personas que están casadas o que tienen la misma pareja desde hace mucho tiempo y se enamoran de otro, abandonarán a sus parejas y familias en favor de su nuevo y embriagador capricho.

LAS EMOCIONES

El amor romántico conlleva un estado fisiológico específico, que es ensalzado, intensificado, y que las personas suelen describir como estar bajo los efectos de una droga que provoca euforia. El amante es probable que se sienta cargado de energía, hasta el extremo que no necesitará dormir tanto. Puede que esté hiperactivo, como Tom Cruise saltando sobre el sofá de Oprah. Es posible que noten un vacío o nudos en el estómago cuando piensan en su amado/a o están cerca de él/ ella. Los románticos prefieren llamarlo «tener mariposas». (Los psicólogos aguafiestas simplemente lo llaman ansiedad.)

Pero estar enamorado es algo más que tener sentimientos de felicidad o de emoción. También suele provocar irritabilidad, cambios de humor muy marcados y una desesperación profunda cuando la persona no puede ver a su pareja. La intensidad emocional del amor a veces es muy difícil de soportar. La fijación obsesiva y unidireccional combinada con el deseo insaciable de unión con la pareja es tan fuerte como la necesidad de un adicto a su droga favorita.

Los amantes pueden pasar por todos los estados de ánimo, ansiedad, desesperación, euforia y júbilo, todo en un mismo día, según la reacción que obtengan de su pareja. Se sienten muy motivados a conquistar su afecto, y sus emociones oscilan salvajemente de un extremo al otro, dependiendo de las señales que reciban.

Pero ante todo, el amante quiere estar conectado emocionalmente con la persona que es objeto de su adoración y sentir que es correspondido. Aunque el enamorado puede sentir un intenso deseo sexual por su persona amada, no será su prioridad; la unión emocional sí lo es. Muchas personas que están enamoradas niegan que el «sexo sea lo más importante», tan sólo quieren a la otra persona y desean desesperadamente estar junto a ella.

A medida que las relaciones se van haciendo más profundas y las raíces del apego se van extendiendo, los amantes empiezan a depender emocionalmente el uno del otro. Se convierten en la «persona número uno» del otro, con la que prefieren estar por encima de las demás. Cuando están alejados de su persona insustituible, se muestran nerviosos o les cuesta dormir. Están conectados emocionalmente y suelen sentir mucha empatía y compasión por su amado/a. Estos sentimientos a veces son tan intensos que dicen cosas como que serían capaces de morir por su insustituible.

El poder emocional del apego profundo es silencioso y discreto; una tarde juntos rastrillando hojas no es lo mismo que los primeros meses embriagadores del inicio de la relación. No obstante, cuando los lazos del apego están en peligro o se rompen, el pánico y la desesperación pueden destrozar una vida.

Nuestra especie necesita estos sistemas de supervivencia fundamentales (anhelar y buscar esta sensación de conexión eufórica y trascendente y sufrir un intenso dolor en la separación) para sobrevivir. Hemos de unirnos, enamorarnos, reproducirnos y vincularnos a una unidad familiar donde podamos cuidar de nuestros hijos. Necesitamos amar mucho a nuestros bebés para poder inundarles de afecto, atención y capacidad de respuesta 24/7. Puesto que el amor y el apego se basan en sistemas de supervivencia, las estructuras fisiológicas y neurológicas implicadas son muy complejas, redundantes, utilizan zonas en muchas partes del cerebro y son extraordinariamente difíciles de controlar por la fuerza de la voluntad.

Cuando lo contemplamos desde una perspectiva evolutiva, tener apegos fuertes y duraderos es positivo. Las fuerzas de la naturaleza trabajan a la perfección.

Sin embargo, como bien sabrás, existe un lado muy oscuro de este proceso adictivo natural. Los mismos sistemas de nuestro cerebro que nos arrastran irremediablemente hacia un amor y una conexión saludable, son los que nos hacen adictos a cosas oscuras: drogas que nos inducen a una falsa felicidad, satisfacción y seguridad, o que nos unen con personas que pueden abusar de nosotros o maltratarnos.

EL AMOR DESTRUCTIVO

Que se active tu proceso adictivo natural hacia el sexo, el amor y el apego puede tener consecuencias positivas o negativas. Si te unes con una persona positiva que te corresponde, todo irá bien. Si no es ése el caso, sufrirás mucho cuando la persona a la que adoras no esté disponible o dispuesta a corresponderte. Por desgracia, el tipo de relaciones más adictivas suelen ser las más patológicas y enfermizas.

Las experiencias clave del amor romántico (la ansiedad y los pensamientos invasivos) se intensifican con las adversidades, los obstáculos y la incertidumbre. Toda persona que sea seductora por naturaleza utiliza este *jiu-jitsu* romántico a su favor, consciente de que bloquear o rechazar el amor no hace más que intensificar la pasión y el deseo. Cuanto más preocupados y nerviosos estamos por el estado de nuestra relación, angustiados por no ser correspondidos o con miedo de que algo pueda romper nuestra conexión, más sube la dopamina, baja la serotonina y con más fuerza sentimos el amor.[9]

Así que, irónicamente, cuando sentimos una atracción romántica hacia una persona que nos transmite señales confusas, que es encantadora, apasionada y a veces excitante, pero que también es egoísta, exigente, se enfada fácilmente y te amenaza con rechazarte o es incoherente con su afecto, más aumenta tu ansiedad y tu pasión. Tanto la ira como el miedo están estrechamente relacionados con el soporte neurológico del amor. Las relaciones más frustrantes y turbulentas suelen ser las más fascinantes e irresistibles para nosotros.

Este fenómeno, que es bastante común, se debe a la respuesta de protesta que se activa en los momentos de desesperación: nuestra respuesta aumenta ante la amenaza del abandono. Esto se debe a que segregamos más dopamina ante la ansiedad y la incertidumbre. Cuando nos pasa esto, nos afecta mucho, aumenta nuestro estado de alerta y estamos pendientes del estado de nuestra conexión. Aumenta nuestro ritmo cardíaco, nos agitamos, inquietamos, estamos con las emociones a flor de piel y totalmente concentrados en nuestro amado/a. En estos momentos, nuestro impulso fisiológico de deseo de conectar se vuelve más fuerte en vez de debilitarse. La respuesta de estrés que experimentamos ante el abandono se parece al «cóctel del amor» biológico que probamos cuando nos enamoramos: mucha dopamina, poca serotonina, salpicado con un toque de adrenalina. Nos galvaniza y nos vuelve locos: cuando mantenemos relaciones inestables, inciertas y/o peligrosas, nuestro anhelo de conexión arde con más fuerza y nos consumimos en un infierno de deseo y nostalgia.

Ésta es una de las razones por las que las aventuras amorosas suelen ser tan mágicas y embriagadoras. Están llenas de obstáculos, adversidades e incertidumbres. Las relaciones que empiezan como aventuras amorosas crean una tormenta perfecta de ansiedad y frustración romántica que desata una pasión de una magnitud que rara vez tiene lugar en una relación de pareja segura y predecible. Asimismo, sentirse atraído hacia una persona que no nos aporta seguridad emocional o que no está libre, puede despertar sentimientos de ardiente deseo que la pareja estable y siempre presente jamás nos provocará. La intensidad de la experiencia que tienen las personas en estos contextos enfermizos puede hacerles creer que estas relaciones son mucho más especiales, importantes y significativas que ninguna otra que hayan tenido. Hasta que, por supuesto, la situación se estabiliza, el chorreo de dopamina se regula y el enfebrecido amante se da cuenta de que está condenado a sentir un apego hacia una persona que, a largo plazo, puede que no sea la pareja más indicada o deseable.

Cuando las personas confunden los sentimientos de intenso deseo romántico y obsesión con el amor verdadero y saludable, pueden verse frustradas y sentir que les han roto el corazón debido a la gran toxicidad de sus relaciones. Por desgracia, quienes buscan la intensidad del amor apasionado sin entender que éste se aviva con el miedo y la incertidumbre (y que la finalidad de cualquier relación es lograr un apego estable y seguro) suelen rechazar a personas generosas, libres emocionalmente y consideradas, por «falta de química». Las relaciones saludables sencillamente no despiertan grandes pasiones como lo hacen las inestables. No son tan adictivas.

Muchas de las personas adictas a su ex con las que he trabajado, que estaban más enganchadas, colgaban de sus anzuelos por las agallas debido a sus relaciones sumamente tóxicas. Sin embargo, cualquier relación entrañable que nos haga sentir que estamos enamorados y/o emocionalmente unidos, es adictiva por naturaleza, y mucho. Es fácil no tomarse en serio la idea de que las relaciones románticas son una verdadera adicción hasta que te enteras de que el entramado neurológico y los sistemas de la recompensa responsables de la experiencia del amor son exactamente los que estimulan las personas que desarrollan adicciones patológicas reconocidas.

El amor: la madre de todas las adicciones

La doctora Lucy Brown de la Facultad de Medicina Albert Einstein ha postulado la teoría de que nuestros sistemas cerebrales que nos inducen a la lujuria, al amor y al apego son los mismos que se activan cuando se abusa de ciertas drogas. La tendencia de pensamiento actual parece indicar que los trastornos adictivos como el consumo de drogas y de alcohol, y las «adicciones blandas», como el juego y el sexo, implican a nuestra fisiología de supervivencia (el impulso innato y extraordinariamente poderoso de conectar y crear lazos) para crear adicciones graves. Brown dice: «Las pruebas de las que disponemos en la actualidad nos confirman que la neurofisiología del abuso de drogas[10] podría basarse en mecanismos de supervivencia y en sus sistemas de recompensa mesolímbica asociados con el sexo, el amor romántico y el apego».

Las drogas estimulantes como la cocaína simulan artificialmente los sentimientos de euforia que experimentamos cuando nos enamoramos. Los opiáceos replican sintéticamente la tranquilidad, la paz y la seguridad que sentimos cuando nos apegamos con seguridad a alguien que nos ama. En otras palabras, los trastornos adictivos lo son porque secuestran a los sistemas que ideó la naturaleza para atraernos mutuamente. Estimulan de forma artificial (y poderosa) las redes neuronales que crean los sentimientos de euforia, placer y paz que sentimos cuando nos enamoramos. Algunos investigadores arguyen que ésta es la razón por la que las drogas adictivas tienen tanto poder sobre nosotros: satisfacen momentáneamente nuestras necesidades básicas de conexión y amor.

En las relaciones normales y sanas, las personas recurren a sus parejas para hallar consuelo en los momentos de estrés, ansiedad y miedo. El apego seguro y estar conectado es lo que las ayuda a superar sus traumas emocionales. Las investigaciones demuestran que la presencia del apego seguro alivia el sufrimiento físico y emocional. (Recordemos que el apego estimula los opiáceos naturales.) Se ha llegado a decir que los seres humanos pueden soportar cualquier trauma siempre que puedan desahogarse y recuperarse en los brazos de alguien que les ama. El apego seguro es la forma que tenemos de regularnos emocionalmente.

Cuando éste no existe (o no está claro), entonces se recurre a sustitutos artificiales. En la Antigua Grecia se sabía que mezclar opio con el vino que bebían sus asustadas tropas suavizaría los efectos de los traumas emocionales que sobrevendrían aún en la peor de las masacres. Los soldados podrían perder todo un pelotón y permanecer tranquilos, siempre y cuando el brazo del nepente les rodeara los hombros. Las sustancias que alivian el dolor físico[11] alivian el dolor emocional como lo hace el amor.

También es sabido que muchas de las personas que más desesperadamente se enganchan a las drogas, suelen ser supervivientes de grandes traumas o han padecido trastornos del apego en la infancia que, de adultos, han acabado transformándose en trastornos de la personalidad. Las personas que han sido aterrorizadas, abandonadas o que no han podido formar apegos seguros en la infancia suelen recurrir a las drogas para que les ayuden a regular sus emociones descontroladas y abrumadoramente negativas. En ausencia de apegos seguros, les parece que no pueden sobrevivir o funcionar sin el consuelo de las drogas[12] que calman su desazón emocional.

Los pensadores progresistas del campo de la adicción, como Johann Hari, postulan que las causas subyacentes de las adicciones se deben a déficits de conexiones sociales y apego seguro. El investigador de las adicciones Philip Flores está a favor de esta idea cuando dice: «Sin apego normal, la regulación emocional[13] está en peligro y los individuos son vulnerables a las adicciones compulsivas».

Puesto que la necesidad de apego a las personas que amamos es tan importante, los más vulnerables a desarrollar adicciones profundas a ciertas sustancias serán los que carecen de vínculos significativos con personas emocionalmente seguras. Por eso, se vinculan a la tranquilidad que les confiere la heroína, a la euforia romántica de la cocaína, al acogedor refugio que supone entregarse al alcohol o a la angustiosa emoción del juego o del sexo con desconocidos. En estos casos, los adictos estimulan sin saberlo sus vínculos y sistemas de apego de una manera recreativa. (Y pagan un precio muy alto, tanto ellos como la sociedad.)

Hari, en su artículo de 2015, «Se ha descubierto la posible causa de las adicciones y no es lo que piensas»,[14] menciona los estudios realizados en la década de 1970 por el doctor Bruce Alexander,[15] en los que las ratas que fueron expuestas a grandes dosis de opiáceos durante meses, quedaron convertidas en verdaderas adictas a éstas fisiológicamente. Las ratas yonquis fueron colocadas en una de estas dos situaciones: jaulas espartanas solitarias o jaulas divertidas y felices llenas de juguetes y con muchas oportunidades de interacción social. Al igual que el 95% de los veteranos estadounidenses adictos a los opiáceos que regresaron de Vietnam (a sus confortables hogares y con sus seres queridos), las ratas que fueron transferidas a jaulas felices y saludables dejaron de interesarse por la heroína. Hari llegó a la conclusión, igual que Alexander antes que él, de que «lo contrario de la adicción no es la sobriedad, sino la conexión humana».

El amor es la madre de todas las adicciones. Cualquier otra sustancia que podamos pensar que es adictiva no es más que una burda impostora de lo que verdaderamente anhelamos (y necesitamos) en nuestro corazón, cerebro y cuerpo: una unión significativa con otras personas.

Los tratamientos para el alcohol y las drogas que tienen más éxito son, por consiguiente, los que tienen en cuenta la necesidad natural de crear lazos y trabajan activamente para ayudar a las personas que se están rehabilitando a crear vínculos importantes con los demás. De este modo ayudan a los adictos a dejar su dependencia de las drogas y dirigir su apego hacia donde pertenece: a otras personas.

Los adictos son capaces de rehabilitarse reparando los lazos rotos con los amigos y la familia, estableciendo relaciones con grupos de ayuda mutua de adictos en rehabilitación y teniendo un papel positivo y productivo en la comunidad. Por el contrario, los tratamientos punitivos, moralistas o de «tienes que hacerlo por ti mismo», crean más vergüenza, distanciamiento psicológico y aislamiento social, y con frecuencia sólo hacen que aumente el apego del adicto a su «amor» incondicional y de confianza hacia una droga que es muy destructiva.

LA TRAGEDIA DE LAS PERSONAS ADICTAS A SU EX

Cuando las personas se enganchan a una droga o experiencia que activa los sistemas de recompensa y la maquinaria del apego que la naturaleza ha diseñado para nuestra supervivencia de formas antinaturalmente intensas, pueden ver superada su capacidad de autocontrol. Por desgracia, la estimulación artificial de la euforia del amor o el consuelo del apego eclipsan la realidad.

Los alcohólicos entran en un bar sabiendo perfectamente que esa noche no volverán a casa.

Los jugadores aturdidos por una esperanza vergonzosa se gastan en el casino hasta el último céntimo de la cuenta de ahorros para pagar los estudios universitarios de sus hijos.

Los adictos a la metadona pasan de largo de la oficina de servicios sociales para la visita de control y se van con sus hijos a casa de su camello.

Las personas adictas a su ex se sienten esclavas de su frenético, rabioso, desesperante y firme deseo de estar en contacto emocionalmente con él/ella. Se revuelven con nerviosismo ante la luz azul de sus portátiles, siendo conscientes de que cualquier cosa que vayan a ver en Facebook sobre su ex las dejará hechas polvo durante días, pero no pueden evitar entrar en la página. Tienen problemas de concentración y están mucho menos conectadas emocionalmente con sus amigos, familia e hijos, o menos dispuestos a abrirse a nuevas posibilidades de encontrar otra pareja más adecuada. No pueden dormir y se pasan la noche pensando. Conducen hasta su casa o el trabajo partiéndose el cuello para ver si consiguen encontrar el coche de su pareja en el *parking*. Quizás hasta se dediquen a seguir a su ex o a entrar de manera ilícita en su correo electrónico, revisar su cuenta bancaria o sus facturas de teléfono. Buscan desesperadamente tener más oportunidades o permiten ser maltratadas por él/ella. Se odian a sí mismas por lo que hacen, pero lo hacen.

Las compulsiones y los deseos de un adicto a su ex suelen ser tan intensas y descontroladas que a veces asustan. En esos momentos, toda esperanza de control y de elección queda aniquilada y podemos observar el pánico, la obsesión y la sed insaciable de conexión que les genera esa adicción.

Por otra parte, la adicción potencialmente grave y devastadora contra la que luchan los adictos a su ex no es reconocida como tal. Existen buenas razones para ello. En primer lugar, crear lazos afectivos con otra persona es una experiencia natural y sana. Por eso mismo, mientras que abusar del alcohol o de otras drogas siempre ha sido claramente destructivo, enamorarse puede ser lo mejor que le pase a una persona. Enamorarse no es una enfermedad, es un motivo de celebración. Sólo se convierte en un problema cuando la persona no es correspondida o es rechazada.

Además, el proceso adictivo de enamorarse es suave en el aspecto biológico en comparación con la intensidad súbita de las drogas ilegales que estimulan nuestro sistema. La necesidad de recuperarnos de una ruptura traumática no es lo mismo que ser un alcohólico, cocainómano o heroinómano empedernido. Recuperarse de un problema de drogodependencia tiene consecuencias físicas, emocionales, psicológicas y sociales de mucho mayor alcance, que hacen que superar el fracaso de una relación sea como hacer un viaje a Disneylandia.

Sin embargo, hay similitudes importantes.

Por desgracia, ni la mayoría de los asesores especializados en adicciones, asesores de salud mental, ni el público en general considera que las personas que están luchando para superar una ruptura padecen una adicción que tiene raíces biológicas. Aunque estén de acuerdo en que las relaciones pueden tener cualidades adictivas, nunca considerarían las experiencias de los adictos a su ex tan «reales» como los problemas a los que se enfrentan las personas que tienen que superar una drogodependencia. En el mejor de los casos, recuperarse de la pérdida no deseada de una relación se considera un trastorno de adaptación; es alguien que tiene problemas para afrontar las transiciones de la vida. (Ambas perspectivas favorecen la vergüenza, en cuanto a que llevan implícita la idea de que a la persona le está costando más de la cuenta superarlo.)

Mientras que los otros tipos de adictos cuentan con el soporte de reuniones anónimas, terapeutas amables, intervenciones de la familia y de los amigos y nuestra admiración por su esfuerzo, las personas adictas a su ex sólo reciben consejos inútiles e impaciencia:

«Has de pasar página.»

«Hay muchos peces en el mar.»

«¿Has intentado conocer a gente a través de Internet?»

Jamás se nos ocurriría al ver la cara sudorosa y grisácea de un adicto a la heroína, temblando por el síndrome de abstinencia, decirle: «Has de pasar página». Nos compadecemos de su innegable sufrimiento e intentamos ayudarle a pasar por el trance. Pero nuestra sociedad hace justamente lo primero cuando ridiculiza, quita importancia o avergüenza a los adictos a su ex por sus experiencias.

Lo más terrible de esta ironía es que de todos los adictos, los que lo son a su ex están luchando justamente en el epicentro del impulso de supervivencia más básico y de la adicción más biológica de todas: al amor. Por si fuera poco, no sólo pasan el síndrome de abstinencia de una adicción primaria, sino que sufren uno de los traumas más profundos y básicos que puede experimentar un ser humano: la desconexión. Además, estas personas puede que hasta tengan que enfrentarse a la pérdida del acceso a su hogar o a sus hijos, a la pérdida de actividades que tiempo atrás les resultaban placenteras o que tenían algún sentido para ellas, y al aislamiento social. Sufren la abstinencia, el trauma y la limitación en sus vidas, todo a la vez; justamente lo contrario que necesitan para estar sanos y bien.

Pero en mi opinión, la verdadera tragedia es que en sus momentos más oscuros, cuando necesitan más apoyo o compasión, suelen ser ridiculizadas por no estar bien.

Creo que ha llegado la hora de que entendamos la magnitud del sufrimiento y del dolor que padecen las personas cuando están viviendo las secuelas de la pérdida de una relación de un modo más realista. A diferencia de lo que hacemos ahora, que es asumir cada uno por nuestra cuenta, en un vergonzoso silencio, la agonía de una separación no deseada, podemos empezar a entender y a apreciar estas pérdidas por lo que realmente son: traumas profundos que afectan a sistemas de supervivencia básicos y adictivos. Las personas adictas a su ex que sufren la congoja de haber perdido un apego primario básico necesitan apoyo, paciencia, empatía, tolerancia y guía en su proceso de recuperación, igual que otros adictos, aunque no tengan una enfermedad. Están sufriendo el lado oscuro de los lazos afectivos, que es muy intenso y real.

El primer paso para desarrollar compasión por la situación de los adictos a su ex es reconocer qué efectos tiene la pérdida no deseada de una relación sobre nosotros. Comprender qué es una reacción normal y esperada ante la pérdida de una relación primaria ayudará a estas personas a combatir la traumática vergüenza. Al tomarnos en serio su experiencia, se les abrirán las puertas a recibir paciencia, compasión, apoyo e inclusión por parte de los demás. Pero lo más importante y mi gran esperanza es que comprender lo que está sucediendo en tu interior te ayude a ser más compasivo, tolerante y paciente contigo mismo en tu viaje hacia la sanación.

PARTE III
PROTESTA Y DESESPERACIÓN

7
Cuando se pierde
el amor

*Cuando él se marchó de casa, me sentí como
un animal enloquecido. Estaba hiperventilando.*

ADICTA A SU EX

A MEDIDA QUE LA RELACIÓN ROMÁNTICA EVOLUCIONA
Y DAS VUELTAS POR LA ESPIRAL DE LA ANTIGUA DANZA DE LA
LUJURIA, EL AMOR Y EL APEGO, TE VAS INTERCONECTANDO
PSICOLÓGICA Y EMOCIONALMENTE CON TU AMADO. LOS
VÍNCULOS QUE HAS CREADO A RAÍZ DE LA GALVANIZACIÓN DE
TU FIJACIÓN ROMÁNTICA Y DEL APEGO PROFUNDO TE
SUELDAN EMOCIONALMENTE A TU SER ESPECIAL. MIENTRAS
SE ESTÁ PRODUCIENDO ESTE BONITO Y NATURAL PROCESO NO
ERES CONSCIENTE DE QUE LO QUE EN REALIDAD ESTÁ
SUCEDIENDO ES QUE, LITERALMENTE, TE ESTÁS VOLVIENDO
ADICTO A TU PERSONA ESPECIAL. ESTO NO ES NEGATIVO, SINO
UN PROCESO NORMAL Y SALUDABLE DE LA FORMACIÓN
DEL EMPAREJAMIENTO HUMANO.

Hasta que, por supuesto, tu apego primario corre peligro o lo pierdes y te vuelves loco.

APEGOS EN PELIGRO

Antes de que se produzca una ruptura, la mayoría de las personas que suelen estar muy preocupadas por los problemas en la relación en realidad dejan de estar bien con bastante anterioridad a la finalización oficial de la misma. Su trauma emocional empieza semanas, meses o incluso años antes, con su lucha contra el estrés que les provoca su apego primario inseguro e inestable.

Nuestro sistema límbico siente las emociones y los grados de conexión igual que un sabueso interpreta los matices de los aromas del bosque. Sabes que ha cambiado algo en tu relación, aunque todavía no sepas qué es. Notas que ya no recibes toda la atención de tu pareja. Ya no se dirige hacia ti, ya no te busca, sino al contrario, parece que se aleja. Quizás está casi siempre irritable e impaciente contigo. O puede, por ejemplo, que su conducta no se corresponda con lo que dice, y aunque te diga que te ama, tú no lo sientes. Por el contrario, estás incómodo, mientras tu afinado sistema límbico husmea el espacio que hay entre vosotros como un lobo receloso.

Las corrientes sutiles de comunicación que trascienden el lenguaje transmiten a tu sistema límbico que estás ante uno de los peligros más terribles que pueden acechar al ser humano: la desconexión. Tu ansiedad se dispara.

El neocórtex, como de costumbre, todavía no tiene la menor idea de lo que está pasando. Intenta encontrar pruebas de tus experiencias emocionales tácitas, se queda encallado en los detalles racionales como qué fue lo que se dijo exactamente o si una tarea se hizo como se había prometido. Intenta conseguir la aceptación de tu pareja como si fuera un joven abogado que va a un juicio muy preparado con sus gráficos, *videoclips* y fotografías en color. (*No es cierto señor, esa tarde del diecisiete de agosto usted estaba en la esquina de las calles Elm y Main y llevaba una gorra azul con visera cuando...*) Empieza una gran pelea.

Otras veces, cuando el abismo de la desconexión empieza a abrirse lentamente, el neocórtex te castiga por ser irracional. Notas algo raro, pero al contemplar el panorama general de tu relación objetivamente las cosas están bien: todavía no ha cambiado nada. Te sientes incómodo, pero tu pareja te dice cosas racionales y plausibles. Cuando el sistema límbico te da información que no tiene sentido para tu neocórtex, éste suele llevar las de perder. Los sentimientos se racionalizan rápidamente y son ahuyentados como si fueran animales que están nerviosos aparentemente sin motivo momentos antes de que se produzca un terremoto.

Y cuando por fin se produce el terremoto (aunque hiciera tiempo que las cosas no iban bien) puede que sigas sin enterarte de lo que le ha pasado al que fue tu maravilloso amor.

POR QUÉ FRACASAN LAS RELACIONES

Nunca he conocido a una persona adicta a su ex que no estuviera obsesionada con esta pregunta: «¿Por qué ha sucedido?» Gran parte del tiempo que pasan estas personas fisgoneando e indagando, lo hacen para intentar comprender la mente de su pareja y descubrir qué es lo que salió mal. *¿Ha sido una crisis de madurez? ¿Tenía una aventura amorosa? ¿No me consideraba lo bastante bueno/a? ¿Le ponía demasiadas exigencias? ¿No era atractivo/a? ¿Es narcisista? ¿Soy narcisista?* Te atormentará una interminable lista de preguntas. Aunque tengas la oportunidad de preguntarle directamente a tu ex, puede que no te fíes de sus respuestas. Puede que tampoco confíes en la mía, pero voy a compartir contigo el conocimiento interno que he adquirido gracias a mi trabajo con muchos adictos a su ex y con muchos ex (así como con parejas con problemas), con la esperanza de que mi experiencia te ayude a entender lo que te acaba de suceder.

Las relaciones terminan por muchas razones. Unas veces, por ejemplo en acuerdos más informales, sucede simplemente que uno de los dos está menos interesado que el otro. Otras, terminan por razones increíblemente superficiales: «Sus piernas eran demasiado pálidas», «Le silba la nariz», «Siempre tenía los labios cortados», «Tenía los brazos demasiado largos», «No gana bastante dinero». He oído decir todas estas cosas a las personas que se han sentado delante de mí con caras largas. Por trivial que pueda parecer la razón que esté intentando exponer, lo cierto es que uno de los dos no está en la misma onda. Es importante que recordemos que sólo por compartir una relación eso no significa que los dos la vivan del mismo modo. Todos tendemos a proyectar nuestros sentimientos sobre otras personas, dando por hecho que los demás sienten lo mismo. Pero lo cierto es que a uno de los dos puede desbordarle su encaprichamiento romántico hacia la otra persona que, simplemente, no siente lo mismo.

La forma más piadosa de salir de estas situaciones es que el que está menos apegado tenga el valor suficiente para cortar las cosas más bien pronto que tarde. Por desgracia, estas relaciones (o para ser más exactos, «situaciones-estados») pueden seguir en la estantería mucho tiempo después de su fecha de caducidad. A medida que se van desmoronando, aumenta la angustia y el abatimiento del que está más comprometido, al ver que su amor no es apreciado ni correspondido. Puede aceptar sobras de atención, como llamadas nocturnas para un encuentro sexual o pactar ser amigos con derecho a roce, que no hacen más que mermar su autoestima en el intento y, a veces, provocar deseo, obsesión y añoranza en toda regla. Estas situaciones tocan a su fin cuando la parte menos implicada acaba sintiéndose culpable por aprovecharse del otro, encuentra a alguien más interesante, o cuando la persona adicta a su ex toca fondo, decide poner fin a las cosas a su manera y recobra su poder.

Ahora bien, las relaciones donde ha reinado la felicidad y la conexión, donde ha habido amor y compromiso por parte de ambos, también fracasan. Cuando las relaciones sólidas empiezan a venirse abajo, mucho antes de ponerles punto final suele haber un período de confusas idas y venidas a causa de la ruptura de apegos. Tanto si las peleas son por la educación de los hijos, por las tareas domésticas, por el sexo, por no pasar suficiente tiempo juntos o por el tono que adopta uno de los dos, la esencia es la misma: uno de los dos siente que no le importa lo suficiente a su pareja como para que ésta haga las cosas que le ayudarían a sentirse seguro y querido emocionalmente. Lo que una vez fue un apego seguro, se ha convertido en inseguro.

Y cuando un apego romántico empieza a parecernos menos seguro, la mayoría de las relaciones comienzan a polarizarse en un patrón de persecución y huida. Es decir, uno de los dos va a la caza y el otro huye. El perseguidor considera al otro inasequible o ve que no responde e intenta establecer el contacto y reconectar con más fuerza. El que huye siente que su perseguidor no le aporta seguridad emocional y se aparta física y emocionalmente, aumentando de ese modo la angustia del perseguidor. Sin intervención, el ciclo se intensifica con el tiempo. Cada vuelta alrededor del ciclo aumenta el alcance del apego, hasta que al final puede llegar a romperse.

El perseguidor

Cuando empieza la inestabilidad o desconexión en una relación, ambas partes sufren ansiedad. Ésta siempre conduce a la búsqueda de la seguridad, y si eres un perseguidor intentarás buscar la confirmación de tu pareja de que todo está bien. No obstante, los sentimientos de vulnerabilidad, como la nostalgia y la ansiedad, son difíciles de traducir en palabras, incluso en las mejores circunstancias. Por desgracia, quizá debido a que las zonas de nuestro cerebro responsables del amor, la ira y el miedo están tan interconectadas, la ansiedad suele darle un tono de enfado a tu voz en tus intentos de reconexión. La soledad, preocupación o rechazo suelen manifestarse como un reproche: «¡Has estado todo el día en el garaje! ¡He tenido que hacerlo todo yo! ¡No te importo nada!»

Cuanto más intentas hacerle entender a tu pareja cómo te sientes, más forzada y hostil se vuelve la comunicación. Es bastante frecuente que los furibundos perseguidores hagan cosas exageradamente dramáticas o agresivas a fin de captar la atención de sus parejas. Sin que te des cuenta, esto despierta miedo y ansiedad en tu pareja, provocando que se cierre y se ponga aún más a la defensiva. Al final es como gritarle a una almeja. O peor aún, una almeja con piernas que puede huir de ti, a la que parece que tus sentimientos no le importan lo más mínimo y cuyo único fin es escapar del chaparrón.

El que huye

Si eres la otra parte afectada de una relación que se tambalea (el que huye) también estarás angustiado, pero por otras razones. Probablemente te sentirás atacado y vilipendiado por tu pareja. Tu percepción será que ésta se está volviendo cada vez más irracional, exigente e impredecible. Te parecerá que siempre está enfadada contigo y por tonterías. En el fondo, es probable que sientas mucha vergüenza por ser incapaz de complacerla o hacerla feliz. Aguantas como puedes las embestidas de su decepción y acusaciones agachándote como un gato bajo una tormenta de granizo, empequeñeciéndote, poniéndote más a la defensiva, siendo menos comunicativo y dudando más en todo lo que haces.

A veces te sientes atacado, cae la gota que colma el vaso y respondes gritando. Te sientes tan agredido por el acoso de tu pareja que casi te parece imposible verla como una persona que está angustiada y sufriendo, y por eso puedes ser bastante desagradable. Cuando los que huyen han estado a la defensiva durante mucho tiempo, es fácil que vean genuinamente a su pareja como una persona terrible que sólo pretende perjudicarles, y consideran que su crueldad hacia ella está totalmente justificada. Es fácil olvidarse de que bajo esa rabia también están sufriendo. No te das cuenta de que tu pareja interpreta tu postura defensiva como abandono o incluso crueldad emocional. Tu huida echa más leña al fuego del miedo y de la rabia. Cuando reaccionas de forma agresiva no haces más que aportarle más pruebas a tu pareja de que ella no te importa.

Una vez hecho el daño

Estos patrones de persecución/huida son más evidentes en plena pelea. Cuando las parejas se tranquilizan, suelen reparar su vínculo expresando su vulnerabilidad y capacidad de respuesta mutua. Esto ayuda mucho a reparar la seguridad emocional y el apego seguro de la relación. Sin embargo, cada vez que tu pareja te nota hostil, acusador, huidizo o indiferente, vuelve a resentirse su confianza básica en la relación y la seguridad que proporciona el apego se deteriora.

Si vuestras interacciones de persecución/huida empiezan a convertirse en la norma y no se repara el daño entre los episodios, hasta las partes buenas de la relación comenzarán a estropearse. Cuando se llega a ese extremo, notan que toda la relación es diferente, aunque no os peleéis. Con el paso del tiempo, empiezas a ver que tu pareja no es la adecuada y que, sencillamente, es incapaz de ser la persona que querías o necesitabas que fuera. Os sentís impotentes para cambiar las cosas y puede que hasta tengáis fantasías de huida. A veces llegáis a desarrollar apegos emocionales hacia otras personas.

Por último, justo antes del final, dejáis de discutir. El sufrimiento y la ira que tu pareja te profesaba enérgicamente ha sido sustituido por un frío silencio de desprecio. Le has decepcionado por completo y nada de lo que digas o hagas le hará recuperar la confianza en ti. Cuando el que huye da por zanjada la relación dejará de implicarse contigo sin más. Se habrá marchado, aún en el raro caso de que siga en el hogar familiar. Al final, uno de los dos pronuncia las palabras mágicas o lanza el guante del ultimátum que el otro se niega a recoger.

No es muy habitual no haberse percatado de nada antes de una ruptura o traición. Casi puedes sentir cómo se acerca antes de comprender qué está sucediendo. Pero a veces las relaciones terminan sin previo aviso. Estás sinceramente convencido de que todo está bien hasta el día que llega el final. Tanto si una relación se desintegra paulatinamente como si deja de existir de un día para otro, la primera experiencia de la pérdida del apego es la misma: la protesta.

LAS SECUELAS DE UNA RUPTURA

Cuando estás en plena traición, rechazo o separación no deseada, hasta la persona más agradable y fuerte psicológicamente puede llegar a alzar la voz al máximo que le permita su capacidad pulmonar, a romper platos, a hacer chirriar las ruedas del coche y a sentir una tristeza inconsolable durante días y semanas. Hasta la persona más normal y racional puede verse poseída por una locura obsesiva cuando pierde su apego primordial: fisgonea en las redes sociales el perfil de su ex, revisa la lista de llamadas y ensaya posibles conversaciones con la esperanza de orquestar encuentros por «sorpresa». Cuando el frenético intento de protesta se va transformando en desesperación, incluso la persona más optimista y resiliente llega a creer que estará encadenada de por vida a la esclavitud de su amor hacia su ex y que nunca podrá volver a amar a otra persona.

La angustia de la separación suele ser el indicativo más claro de que existe un apego. El verdadero poder de un apego suele estar oculto, especialmente en los apegos que han durado mucho. Hasta en las relaciones más aburridas, esas de ver la televisión, ir de compras siempre al mismo lugar, sin sexo y en apariencia marchitas, el apego puede ser muy profundo. Sólo cuando éste corre peligro o se rompe, los implicados empiezan a darse cuenta de lo arraigado que estaba. Muchas veces se dan cuenta demasiado tarde de que su molesta, aburrida o desconsiderada pareja era de suma importancia para él o para ella.

Y se quedan petrificados.

Todas las personas con las que he hablado que acababan de perder una relación importante para ellas me han descrito la misma experiencia: están destrozadas por la pérdida, obsesionadas pensando en su pareja, con un deseo exagerado de volver, actuando compulsivamente para intentar estar cerca de su ex, y sintiéndose del todo incapaces de controlar esos sentimientos, aunque lo deseen realmente y sepan que deberían hacerlo. Esto es todavía más terrible y confuso cuando se trata de una relación que parecía satisfactoria y que tenía un sentido.

Todos los seres humanos capaces de crear apegos sufren terriblemente con los horribles sentimientos que crea el rechazo, y casi todo el mundo pasa por lo mismo. Roy Baumeister, Sarah Wotman y Andrea Stillwell, en sus investigaciones sobre las rupturas, descubrieron que el 93% de todos los estudiantes universitarios de su muestra habían sido rechazados por alguien a quien amaban mucho.[1] (El 95% de ellos había rechazado a alguien al menos una vez.) Las personas que padecen una ruptura suelen quedarse en estado de shock, sufrir ansiedad y sentirse solas; experimentan cambios en sus hábitos alimentarios y patrones de sueño; anhelan el contacto con su pareja, se obsesionan con ella y experimentan una grave aflicción emocional. La combinación de estas experiencias se parece a la respuesta de la protesta en los adultos.

Cualquiera que haya pasado alguna vez por una separación no deseada entiende qué es la protesta: inquietud extrema y fijación en restablecer la conexión. Los sentimientos frenéticos y de pánico son insoportables. Recibir cualquier pequeño indicativo de que tu pareja se preocupa por ti, aunque sea un poco, se convierte en lo más importante en tu vida. Estás pendiente de cada mirada o señal que te dirige, te obsesionas e intentas recopilar información sobre ella: todo forma parte de la respuesta de protesta normal en los mamíferos. Los bebés buscan y gimen. Los cachorros de perro escarban y aúllan desesperadamente. Sientes un impulso muy fuerte de volver a estar en contacto con la otra persona por razones de muy poco peso, como devolverle algún objeto en persona o tener la conversación final «de clausura». Todo ello indica un intenso deseo de reconexión por breve que sea.

Es, sencillamente, la experiencia humana del amor perdido.

También es muy traumática.

Muchas personas describen el momento en que se dieron cuenta de que su relación estaba terminando como si fuera irreal, como una pesadilla, parecido a como describen sus traumáticas experiencias las víctimas de un crimen violento o de un terrible accidente. En estos primeros momentos en que te enfrentas al rechazo o al abandono, en todo tu cuerpo se activa el modo de supervivencia. El corazón se te dispara. Quizá tengas la sensación de que no puedes respirar. Puede que empieces a temblar y a llorar. Probablemente, las emociones te superen y no seas capaz de hablar.

Para los humanos, igual que para muchos mamíferos, el abandono es un trauma primario. Cuando pierdes a un ser querido, el cuerpo, la mente y las emociones lo experimentan como una amenaza directa a tu supervivencia y a tu bienestar general. Cuando se produce la pérdida (o incluso la amenaza) los neurotransmisores de la excitación, como la dopamina y la norepinefrina se disparan, creando una gran agitación y emotividad. Cuando has de soportar el trauma del abandono, puede sobrevenir una ansiedad que roce el pánico o el terror.

LA PROTESTA Y LA DESESPERACIÓN

Cuando separas a cualquier cría de mamífero de su madre, se vuelve loca. Presenta la reacción universal de los mamíferos a la separación: la protesta. Aúlla, ladra, llora e intenta frenéticamente volver con ella. Los bebés gritan y lloran cuando están separados de sus madres; están desesperados por volver con la persona que les da seguridad. Puede que se enfaden con su cuidador por haberlos abandonado, y con su malestar les comunican claramente que la separación o la falta de respuesta no está bien, con la intención de reforzar la necesidad de conexión. Esta fase de la separación se conoce como la respuesta de protesta.

Desde una perspectiva evolutiva, la protesta es perfectamente lógica. Cuando las crías de mamíferos son separadas de su cuidador en el que confían por completo, su vida depende de su habilidad para pedir ayuda, buscar y volver a contactar con su madre. A pesar de nuestras falsas ilusiones de ser independientes, las necesidades de apego de los humanos adultos están sólo un poco por debajo de las de los bebés. La pérdida de nuestra conexión más importante nos conduce a un estado de pánico frenético por restablecer la unión.

Aunque hayas sido tú quien ha iniciado la ruptura, en el momento en que te separas realmente de la persona a la que has estado tan apegado es muy probable que tengas una reacción emocional intensa. Las emociones asociadas a un apego primario en peligro no se sienten como tristeza, sino más bien como una amenaza a la propia existencia. Cuando se rompe su apego primario las personas pueden experimentar intensos sentimientos de miedo, pánico e ira, y un deseo arrollador de reconectar. Esta experiencia primaria puede causar confusión, especialmente a las personas que iniciaron el proceso de ruptura. El miedo y la ansiedad que experimentan en el momento de la separación a veces les conduce a pensar que quizá deberían haber mantenido la relación. (Aunque ésta fuera muy nociva para ellas.)

El impulso de restablecer el contacto es tan fuerte que quizá sientan que les supera y que no son capaces de resistirlo. Ésta es la razón por la que llaman por teléfono aunque sepan que no deberían, pasan por delante de sus casas con el coche, se meten en sus perfiles de Facebook y planean encuentros inesperados, aunque el objeto de su afecto ya no quiera saber más de ellas.

Los seres humanos buscan reconectarse. Esto se manifiesta a través de mensajes repetitivos, llamadas, correos electrónicos, cartas o encuentros por sorpresa. Los desoladores alegatos de retomar la conexión de las parejas rechazadas no son otra cosa que una versión más compleja de los llantos del bebé o del gemido y rascar la puerta de un cachorrito de perro: estamos desesperados por volver a conectarnos. A ti con tu iPhone® y tu tienda bien abastecida de comestibles te puede parecer que eres diferente de una cría de simio, pero el funcionamiento de tu cerebro y tu cuerpo cuando te quedas sin tu apego primario es idéntico.

Nuestra respuesta de protesta es emocional, conductual y psicológica, pero también muy física. Tal como describen Thomas Lewis, Fari Amini y Richard Lannon en su maravilloso libro *Una teoría general del amor*, cuando nos vemos impulsados por la respuesta de protesta[2] nos afecta en todos los niveles de nuestra existencia. Estamos más agitados y tenemos mayor actividad motora; estamos inquietos fisiológicamente. Nuestro ritmo cardíaco se acelera, nos sube la presión sanguínea y nuestro cuerpo se inunda de hormonas del estrés como la adrenalina y el cortisol. Estas hormonas nos hacen estar muy alerta y vigilantes para captar cualquier señal de nuestro amor. La dopamina sube, nos agita, inunda nuestro cerebro y nos concentramos sólo en nuestra mente. No podemos dormir. Nos obsesionamos. Lloramos. Intentamos hablar con la persona que nos ha rechazado. A veces le gritamos con la pretensión de comunicarle nuestro sufrimiento. La buscamos por todas partes: en persona, por teléfono y por Internet.

Si la separación perdura, todos los mamíferos (incluso los bebés y los adultos humanos) entran en un estado de desesperación. La desesperación, igual que la protesta, tiene características propias y es un estado fisiológico y psicológico coherente. La desesperación empieza cuando fracasa el empecinamiento por rehacer la relación; la esperanza firme es sustituida por la desesperación y por la nueva certeza de que la persona amada no regresará. Los bebés y los niños pequeños se volverán indiferentes y se deprimirán. Si su respuesta de protesta se va transformando en la certeza de la soledad, tendrán problemas de desarrollo y pueden llegar a atrofiarse.

Esta respuesta de protesta y desesperación no desaparece cuando crecemos. Estamos hechos para crear lazos. Cuando se corta una conexión, nuestros sistemas ancestrales y primarios gritan en señal de protesta. El sufrimiento intenso y la profunda depresión que nos envuelve cuando estamos desconectados de la persona amada queda grabada en nuestro interior para toda la vida.

EL SÍNDROME DE ABSTINENCIA

Los investigadores han intentado medir y cuantificar la locura que sobreviene a la pérdida y el rechazo en el amor romántico. Las imágenes tomadas por IRMF de las personas a las que les han roto el corazón[3] han revelado una actividad neurológica muy similar a la de las personas en las primeras etapas de una relación amorosa. Concretamente, los participantes mostraron una intensa actividad en partes del cerebro asociadas a la recompensa y la motivación, como la zona ventral tangencial y el núcleo accumbens. De nuevo, son las mismas áreas que otros investigadores han asociado con el síndrome de abstinencia en los drogadictos. Estos datos confirman la idea de que la respuesta de protesta es similar a padecer el síndrome de abstinencia debido a una fuerte adicción primaria: el amor.

Como ya hemos visto, el amor romántico se siente a través de los mismos sistemas de recompensa y motivación que utilizan las drogas ilegales cuando proporcionan el subidón, y enamorarse se parece a tener una fuerte adicción a una droga. El consumo (como mantener el contacto con la persona amada) ha inundado tus centros de recompensa de euforia y energizante dopamina. Si se trata de una relación larga y duradera, el proceso de crear lazos de apego también ha estado acariciando tus receptores opiáceos y te ha tranquilizado. Cuando eliminas la droga suprema del amor, todo tu organismo se subleva y arde en deseos y necesidad.

Una persona que es adicta a una droga tendrá síntomas fisiológicos personalizados cuando interrumpa bruscamente su consumo, porque su cuerpo se ha acostumbrado a ella. No obstante, todos los adictos con síndrome de abstinencia comparten algunos elementos: deseos intensos de volver a consumir, obsesiones sobre el consumo, y sentir compulsiones para consumir que escapan a su control.

Del mismo modo que los amantes en las primeras etapas de su relación describen síntomas que se parecen a los de una adicción, la experiencia de las parejas repudiadas se parece mucho a los síntomas del síndrome de abstinencia de las sustancias adictivas. El síndrome de abstinencia o tener vedado el acceso a una droga a la que eres adicto, se caracteriza por un intenso deseo, obsesión, irritabilidad, intentos desesperados por obtener la sustancia (excluyendo todo lo demás) y sentimientos de vergüenza y autodesprecio por no ser capaz de controlarse. Todo ello se refleja en los pensamientos, sentimientos y conductas de un amante al que le han roto el corazón.

Además, el hecho de que las exploraciones mediante IRMF revelaran que los centros de la recompensa de las parejas desesperadas brillan con intensidad cuando ven las fotografías de sus ex, da a entender que para los que tienen el corazón roto estar en contacto con su amor es una recompensa. Esto significa que también puedes sentir el «subidón» de las primeras etapas del amor cuando ves fotos o visualizas mentalmente a tu amado/a, aunque no estés físicamente con él o ella. La relación entre el contacto visual y la recompensa explica parcialmente las abrumadoras obsesiones, deseos y compulsiones de contactar con la expareja que atormentan a la mayoría de las personas adictas a su ex.

Los datos de la investigación apuntan a algo de extraordinaria importancia: que la pérdida desencadena sentimientos de amor intenso. El miedo, el estrés, la incertidumbre y el pánico de un apego roto reproducen la experiencia neurológica y bioquímica de la etapa inicial del amor romántico: mucha dopamina, poca serotonina y toques de adrenalina. Esto significa que aunque hayas tenido sentimientos encontrados sobre tu relación antes de que ésta terminara (o que incluso desdeñaras a tu pareja o estuvieras frustrado por ella), al perderla entrarás en síndrome de abstinencia y, por consiguiente, sentirás un amor intenso y fuertes deseos de volver a estar con ella. Ésta es una de las razones que explica por qué hasta las relaciones difíciles nos enganchan tanto: una persona que se siente decepcionada por su pareja, que le hace perder los nervios o le resulta aburrida, es probable que en cuanto se dirija a la puerta también se sienta abrumada por el miedo y la nostalgia.

Tanto si lo llamamos «protesta» como «síndrome de abstinencia», la experiencia es la misma: tienes puestas todas tus fuerzas en conseguir tu dosis. En este caso, la «dosis» es saber que eres amado y que estás conectado con tu amado. Los pensamientos y conductas obsesivas que desencadena esta necesidad pueden arruinar vidas, del mismo modo que puede hacerlo una droga adictiva.

LA OBSESIÓN

La obsesión alimenta al amor. El amor de la primera etapa se caracteriza por las obsesiones que generan la excitación y el soñar despierto con tu amado/a. Asimismo, una ruptura traumática se define por las obsesiones oscuras que acaban convirtiéndose en una angustia insoportable. El estado bioquímico que se genera en tu interior cuando se rompe un apego es lo que hace que te obsesiones.

Algo importante que hemos de entender sobre las obsesiones que aparecen tras una ruptura es que puesto que perder un apego desencadena la experiencia biológica y fisiológica del amor, es muy probable que nuestros pensamientos sobre nuestro ex se concentren en sus cualidades positivas. No importa lo insatisfactoria que sea una relación, cortar con un apego te inyecta la droga del amor. Esto significa que mientras tu cerebro esté bajo la influencia del burbujeo y chisporroteo del cóctel de neurotransmisores del amor, volverás a idealizar a tu amado, a quitarle importancia a sus defectos y a concentrarte en las partes buenas de la relación.

Lo más frustrante es que esta idealización tendrá lugar aunque tu neocórtex te esté diciendo a gritos que tu ex es un sociópata y que deberías odiarle por todas las cosas horribles que te ha hecho. Esto puede confundirnos mucho. La gente suele decir cosas como: «Mi cabeza me dice una cosa y mi corazón otra». Quisiera que consideraras la posibilidad de que la razón de esta división es que el sistema límbico está ansiando su dosis, no que tu corazón te esté diciendo que tu ex fuera el amor de tu vida. Esto es biología, no una película romántica de las de toda la vida. Puede que te parezca fuerte, pero quiero que entiendas que cuando tienes esta experiencia te encuentras en un estado alterado de conciencia. Por eso no puedes confiar en tus sentimientos en este contexto específico.

Pese a ello, cuando pierdes una relación y el trauma de la ruptura del apego echa leña al fuego de tu fijación romántica, es probable que sólo puedas pensar en tu ex. Visualizas a tu pareja, piensas constantemente en qué estará haciendo, dónde y con quién estará. No dejas de recordar escenas, imaginas conversaciones y fantaseas con posibilidades futuras. Es tu forma de mantener tu adicción. Aunque ya no estés físicamente con esa persona, al hallarse siempre presente en tu mente sigues manteniendo la conexión. Cada interacción imaginaria que se produce en tu cabeza enciende tus centros de la recompensa y mantiene viva tu adicción. Cuando no hay contacto físico, tus pensamientos sobre tu ex son la droga que mantiene enganchado a tu sistema límbico.

Sé que suena raro, pero es cierto. Las imágenes mentales de nuestras figuras de apego[4] son la forma de mantener la conexión mutua y son muy importantes en el proceso de crear vínculos saludables. Los psicólogos lo llaman interiorizar la figura de apego. Las investigaciones demuestran que pensar en una pareja y reproducir los recuerdos reactiva los mismos procesos fisiológicos[5] que la interacción real. Obsesionarnos con él o ella es una forma de conectar con esa persona en el sistema límbico. (El sistema límbico no es muy hábil distinguiendo las visiones que le envía el neocórtex de lo que realmente tiene delante.)

Además de estar ocupado con tus recuerdos e imaginando nuevas interacciones, también puedes pasar muchas horas intentando entender qué es lo que ha pasado. Puedes pensar en pequeños detalles de cosas que sucedieron en el pasado: cosas que hiciste, dijiste o no dijiste. Intentas desvelar motivaciones inconscientes a fin de encontrar explicación a por qué se marchitó su amor. Diseccionas los recuerdos como si estuvieras haciendo una autopsia que te revelará la causa del fallecimiento, esperando encontrar la clave que te devuelva el amor de la persona amada. Reproducir mentalmente acontecimientos, intentar encontrar puntos de control y crear una historia coherente es la manera que tiene tu cerebro de superar el trauma.

Muchas veces, las personas que intentan encontrar el sentido a lo que ha sucedido buscan información compulsivamente que les ayude a entender su experiencia.

RECOPILAR INFORMACIÓN

Si no te puedes comunicar con tu pareja o no puedes contactar con él o ella, recopilar información es otra forma de tenerle cerca emocionalmente. A través de tu supervisión intentas entender qué es lo que está pasando por su mente y encontrar el sentido a lo que ha sucedido.

Entras en su cuenta de las redes sociales para conseguir pruebas de dónde ha estado, con quién y cómo se siente. Tratas de interpretar las pequeñas pistas y matices de lo que pone en su perfil para saber qué siente. ¿Está triste? ¿Piensa en mí? ¿Todavía me quiere? Puedes llegar a personalizar su actividad en la Red, interpretando los mensajes y las fotos como intentos por su parte de comunicarse contigo. Ver los perfiles de sus cuentas de Facebook o de Twitter® a veces hasta se convierte en una obsesión a medida que vas controlando y estando muy pendiente de todo lo que hace.

Quizás intentes sonsacar información a tus amigos y conocidos para saber si han visto a tu ex, y si es así, pedirles información cada vez más específica. ¿Con quién estaba? ¿Qué te ha parecido? ¿Adónde iba? ¿Cómo iba vestido? Todas estas pistas son para ayudarte a entender cómo se siente y si va a regresar a casa contigo. En el peor de los casos, recopilar información obsesivamente se convertirá en algo totalmente fuera de lugar que puede ser delictivo: entrar en su cuenta de correo electrónico, cuentas bancarias y mirar el registro de llamadas con el fin de satisfacer tu necesidad de estar informado.

EL DESEO INTENSO

Muchas de las personas que han perdido una relación importante sienten el intenso deseo de volver a conectar con su amado/a. En su afán de conexión puede que proyecten su propio deseo en su ex y que den por hecho de que su persona amada siente lo mismo. Tienen fantasías con su ex, se dan cuenta de cuánto le amaban y de que quieren volver con él o ella. Tienen el más sincero deseo de que su ex entre en razón y que acabe con toda esta locura. Anhelan volver a ser deseadas y recuperar su autoestima. Quieren recuperar su antigua forma de vida y que todo vuelva a su cauce. Sólo entonces podrán regresar a su casa, emocional y literalmente. Pasan mucho tiempo pensando en lo maravilloso que sería volver a reunirse y tienen la determinación de que así sea.

Por cierto, yo estoy totalmente a favor del amor. Soy capaz de hacer cualquier cosa para ayudar a los pacientes que quieren intentar reparar o resucitar su relación y a muchos de ellos les he ayudado a hacerlo. A veces, ese anhelado regreso es posible y las parejas pueden superar con éxito los tiempos difíciles y sus relaciones se vuelven más felices y saludables que nunca. Pero otras no lo es. En estos casos, parte de mi trabajo como terapeuta de adictos a su ex que están en manos del deseo consiste en pinchar con la fina aguja de la lógica los globos que se han montado con sus fantasías sobre lo maravillosa y perfecta que será su relación cuando vuelvan a estar juntos. Para mí, como observadora, es fácil recordarles lo frustrante, decepcionante y doloroso que era al final el desierto emocional de su relación, porque no estoy bajo la influencia del amor romántico. Pero mis intenciones son buenas; cuando las personas son capaces de reconocer con frialdad la realidad de su relación, a veces sus fantasías románticas pierden parte de su fuerza.

Si lo que estoy diciendo te parece correcto, quizá te ayude a dar un paso atrás y observarte para recordar que estás pasando el síndrome de abstinencia y que estás bajo la influencia del amor romántico. Quizás esto te sirva para no caer en la trampa de creer que tu relación era mejor de lo que en realidad fue. El hecho de que estés sintiendo un deseo intenso y casi físico de volver a estar en contacto con tu ex, puede ser tanto una prueba de que estás bajo los efectos del síndrome de abstinencia, como de que le echas de menos.

Los deseos intensos llegan a ser tan fuertes que hasta pueden hacerte creer que realmente quieres hablar, estar o incluso volver definitivamente con tu ex. Parte del proceso de sanación será descubrir si el cambio y la reparación son en realidad viables. Por esta razón, cuando tus anhelos de reconexión son intensos y tu neocórtex está implicado racionalmente en el plan de regresar (o es poseído por el sistema límbico), quizás empieces a hacer cosas de manera compulsiva o impulsiva para intentar conectar con tu ex.

LAS COMPULSIONES

Las compulsiones son obsesiones que se traducen en conductas. Suelen producirse cuando empiezas a creer que si pudieras hablar con tu ex se daría cuenta del gran error que está cometiendo. Puede que recuerde que lo que teníais era muy especial. Quizás así el amor que sentía por ti se vuelva a despertar y que podáis volver a estar juntos. Por consiguiente, haces lo imposible para reengancharlo.

En ocasiones te las ingeniarás para diseñar complicadas estrategias con el objetivo de conseguir un encuentro significativo con tu amado/a. Quizás recurrirás a tus viejos encantos con la esperanza de tener una oportunidad para hablar con tu ex, o vayas a un lugar donde sabes que te lo vas a encontrar y simular que ha sido un encuentro casual. También intentarás la estrategia de devolver objetos personales para tener una oportunidad de hablar con tu ex, e insistirás en mantener una última conversación y en dar largas explicaciones personalmente, con el fin de «zanjar el asunto». Si tus débiles excusas son rechazadas, puedes incluso presentarte en su casa o trabajo exigiéndole que hable contigo. En el peor de los casos, las compulsiones de contacto pueden llegar a convertirse en un acoso formal: pasar con el coche por delante de su casa o de su trabajo, o esperar a que salga o regrese para encontrártelo.

Has de ser consciente de qué es lo que te está pasando y que ese impulso tan fuerte de volver a conectar puede obligarte a hacer cosas que sabes que no deberías. Quizás le acoses con llamadas, le envíes montones de mensajes de texto, o compartas sentimientos íntimos con él o ella, aunque sepas que lo más seguro es que te rechace. Le exiges su tiempo y su atención. Puede que le grites de dolor y de rabia, intentando comunicarle la profunda necesidad que sientes de su amor y de volver a estar juntos, o le supliques que te dé otra oportunidad. Acudes a tu ex con la esperanza de que satisfará tus necesidades. Puede que te vuelvas a acostar con él o ella o que le des dinero. Haces todo lo que está en tus manos para persuadirle de que vuelva. Con cada encuentro esperas encontrarte mejor, pero normalmente suele ser al contrario, y cuando te vuelve a dejar aún estás peor. Algunas personas llegan incluso a autolesionarse para comunicar a su pareja cuán profundo es su sufrimiento y motivar a su ex a que tenga una respuesta amable. Vincent van Gogh, artista y pintor adicto a su ex, se cortó una oreja para dársela a su amada.

Pero si llegas a conseguir la atención de tu pareja pueden suceder varias cosas. Puedes implorarle, exigirle explicaciones o pedirle otra oportunidad. Puedes intentar seducirle o manipularle para que vuelva contigo. Puedes acusarle o atacarle con toda tu furia. Puedes intentar reconquistarlo con ofrecimientos de amor o afecto.

Si fallan los intentos de conexión, las exigencias quizá se conviertan en amenazas; incluso en violencia.

AMOR Y ODIO

Curiosamente, aunque las personas estén muy enfadadas con la pareja que les ha rechazado, su cerebro sigue dando muestras, según reflejan los escáneres, de prácticamente la misma actividad que se observa en las personas que sienten una atracción romántica. Esto significa que por muy intenso que sea tu odio hacia tu ex, no necesariamente apaga tus sentimientos amorosos. De hecho, los investigadores Ellis y Malamuth descubrieron que incluso cuando estás inmerso en las profundidades de la furia más intensa hacia la pareja que te ha rechazado,[6] puedes seguir albergando fuertes sentimientos de amor hacia ella.

Aunque pienses que el odio intenso anulará tus sentimientos amorosos, lo cierto es que el amor y el odio están muy unidos, neurológicamente ocupan casi el mismo reducido territorio en tu cerebro. Se retroalimentan entre sí. En la práctica, el amor y el odio van a la par, que es la razón por la que tu pareja es quien tiene el poder de despertar tu rabia e irritabilidad, más que ninguna otra persona. El verdadero opuesto del amor no es el odio, sino la indiferencia.

Y como bien sabrás, las parejas con el corazón roto son cualquier cosa menos indiferentes.

EL SUFRIMIENTO EMOCIONAL INTENSO

El sufrimiento que ocasiona una ruptura es espantoso. Nos consume. Nos hiere en lugares tan profundos de nuestro ser que ni siquiera sabíamos que existían hasta que el abandono de nuestra pareja los despertó. El tormento puede afectarnos en nuestra totalidad, incluyendo nuestra mente racional, nuestro rendimiento en el trabajo, alterar nuestras necesidades básicas de dormir y comer, y a veces, incluso, a nuestras ganas de vivir. La fuerza de esta experiencia es increíble y muchas veces hasta terrorífica.

Pero este sufrimiento tampoco es mental. En un estudio de investigación de la Universidad de Michigan, realizado en 2011 por Ethan Kross, se investigó el impacto del rechazo en el dolor físico.[7] Mediante escáneres de IRMF del cerebro, Kross descubrió que cuando los participantes miraban las fotografías de sus ex y pensaban en el rechazo, se activaban en su cerebro las zonas del dolor. Esto demuestra que el rechazo comparte aspectos neurológicos con el dolor físico. El dolor emocional que experimentan a diario las personas adictas a su ex puede ser intenso e inevitable.

Uno de los peores aspectos es que casi todo parece tener la capacidad de despertar un recuerdo doloroso. Desde despertarse en una cama vacía, hasta no recibir mensajes de texto al mediodía o bien el olor de su champú provoca otra aguda punzada de pérdida. No importa si ha sido tu ex o si has sido tú quien ha decidido romper: seguirás echándole de menos profundamente.

Los síntomas físicos

Como ya hemos visto en capítulos anteriores, las personas con relaciones duraderas suelen tener una influencia fisiológica en su pareja. Las relaciones estables crean sentimientos de seguridad y la corregulación, que tienen implicaciones físicas. Cuando la seguridad desaparece, el cuerpo paga las consecuencias.

Una desconexión abrupta de una pareja con la que has mantenido una relación larga crea trastornos alimentarios y del sueño, afecta al sistema inmunitario y desencadena una respuesta de estrés. Puede incluso provocar cambios observables en la actividad cardíaca. En los primeros tiempos, después de una separación, las personas tienen más riesgo de morir, especialmente de ataques al corazón.[8]

Los adictos a su ex, por consiguiente, suelen sentir síntomas físicos durante los días, semanas y meses posteriores a la pérdida de su amor. Se quejan de problemas estomacales, acidez y dolor de cabeza. O no pueden comer o bien se atiborran. Les cuesta dormir o duermen demasiado. Viven con una dolorosa sensación de vacío en las entrañas o sienten una astilla clavada en el pecho.

Aunque las experiencias físicas y emocionales asociadas a la pérdida de una relación son terribles, muchos adictos a su ex sufren aún más al ver cómo cambia su forma de pensar tras la ruptura, concretamente su concepto sobre ellos mismos.

LA PÉRDIDA DE LA AUTOESTIMA

Las rupturas son tan traumáticas y destructivas para tu autoestima porque en el fondo de esa experiencia está presente el rechazo. Si te han partido el corazón, eso significa que realmente has amado. Crees que tu pareja te ha amado. Te entregaste a ella y confiaste en que te amaría. Cuando ésta no puede o no quiere hacerlo, es como si se pusiera en entredicho tu valía. Si fueras mejor, más sexy, más divertido, más hábil, menos difícil o más amable, habrías dado la talla. Te habría amado más. Sin embargo, te ha herido, maltratado o, simplemente, rechazado.

Aunque no te haya dejado por otra persona, sigue siendo horrible pensar que prefiere arriesgarse y estar solo que continuar estando contigo. Que significas tan poco para él o para ella o que le satisface tan poco estar contigo que se aparta de ti o abusa del amor que le ofreces.

Cuando la persona a la que te has abierto por completo (a la que amabas con toda tu alma, la que mejor te conocía) cambia de opinión respecto a ti, tú también cambias tu concepto sobre ti. La confianza en ti mismo se hace añicos cuando la persona que amas te abandona. Cuando los ojos de la persona amada te desvalorizan, también te desvalorizan los tuyos.

Afrontar este rechazo primario es terrible, pero no acaba aquí la cosa.

En el furor de la protesta por nuestro abandono o rechazo, también podemos hacer cosas vergonzosas, humillantes o incluso peligrosas. Por más que lo sepamos, aunque seamos conscientes de que estamos haciendo locuras, nuestro impulso de reconexión es demasiado fuerte. Supera a nuestra mente racional. La necesidad de reunificación, en forma de contacto o de información, es tan básica y primaria que nos sentimos totalmente indefensos cuando nos enfrentamos a ella.

El sufrimiento del rechazo y del abandono ya es suficientemente traumático. Pero cuando te sientes totalmente desconectado en la etapa de la protesta por la pérdida, tienes la sensación de estar perdiéndote a ti mismo. Las personas que están a merced de su pánico iracundo, muchas veces sienten como si se estuvieran volviendo locas.

Actúan por impulso sabiendo que no deberían hacerlo y muchas veces se sienten humilladas y avergonzadas de su propia conducta.

Utilizan palabras para describirse a sí mismas como «patética» y «débil». Cuando la persona que amas te rechaza, tu autoestima sufre un duro golpe. Pero cuando empiezas a hacer cosas que sabes que son inapropiadas o que no te ayudan en nada, y no puedes evitarlo, esto arranca otra capa más de tu autoestima. Comienzas a creer que realmente te pasa algo malo.

Entonces se establece la vergüenza.

LA VERGÜENZA

La explicación (parafraseada) sobre la vergüenza que más me gusta es la de Brené Brown: «La vergüenza es creer que eres malo».[9] La vergüenza es la experiencia de sentirse defectuoso, destrozado o indigno de ser amado. La vergüenza es la sádica acosadora que vive en tu cabeza, que te dice que eres feo, gordo, estúpido, aburrido, un fracasado loco al que nadie podrá amar jamás. A muchos adictos a su ex les sucede que cuando su pareja se marcha, la vergüenza ocupa su lugar.

La vergüenza puede generarte dudas respecto a ti mismo, hacer que te bloquees emocionalmente a otras personas y hacerte perder nuevas oportunidades. La vergüenza te dice que no vales nada, que eres un bicho raro, que no le gustas a nadie y que vas a hacer el ridículo si lo intentas; puede construir un muro a tu alrededor. Si has caído en la trampa de lo que te dice la vergüenza porque te ha clavado a fondo sus talones, las siniestras raíces de la depresión pueden apoderarse de ti.

La ansiedad persistente debida al rechazo y al duelo por tus múltiples pérdidas te va consumiendo, pero las partes que verdaderamente has de temer de una ruptura son tu incapacidad para frenar este sufrimiento y la vergüenza que sientes. Tu incapacidad para frenar tu sufrimiento alimenta tu vergüenza. El hecho de que no tengas la fuerza de voluntad para salir, aunque sea a rastras, de esta situación y hacer algo para cambiar las cosas, junto con tu convicción de que podrías ponerle freno a esto si fueras mejor persona o «normal», parece que aporta las pruebas suficientes para corroborar que realmente eres patético y que no te mereces que te amen. «No me extraña que tu relación no funcionara», te dice con desprecio la vergüenza al oído.

El sádico trío de sufrimiento, impotencia y vergüenza que experimentan la mayoría de las personas durante una ruptura es el noqueo 1-2-3 del boxeo, que puede dejarte un tremendo agujero negro donde solía estar tu sentido de identidad. Estos tres también son muy hábiles haciéndote sentir indigno porque ponen sus dedos huesudos y salados en la herida primaria del rechazo, que es la idea de «No soy lo bastante bueno/a para el amor».

Piensas obsesivamente en todos tus fracasos y defectos antes, durante y después de la relación, y eso aumenta el desprecio que sientes hacia ti mismo. En vez de consolarte y afrontar la pérdida, te criticas despiadadamente por ser un perdedor estúpido. Tu autoestima ha sido machacada por tu ex, macerada por el sufrimiento y, por último, apisonada por la vergüenza.

LAS PÉRDIDAS SOCIALES Y DE OTRA ÍNDOLE

En medio de esta tormenta interior, la realidad exterior de tu vida también cojea. Cuando termina una relación sufres grandes pérdidas. Toda tu vida, tal como la conocías, puede cambiar después de una ruptura. Cuando pierdes a tu pareja también es probable que pierdas tu base emocional, a tu pareja social y a tu mejor amigo/a. Te quedas sin nadie con quien hablar o sentarte en el sofá por la noche. Tu realidad cotidiana ha cambiado. La persona que te daba apoyo moral y te acompañaba ha desaparecido físicamente. Aunque ya hiciera mucho tiempo que no sentías el apoyo emocional, la pérdida te afecta mucho.

Tus amistades puede que también se sientan incómodas. Intentar estar en compañía de los amigos que frecuentabais como pareja puede resultar difícil. El sufrimiento te ha mermado y quizá estés sintiendo la compulsión febril de querer saberlo todo sobre tu ex, lo que hará que la interacción resulte incómoda para todos. Puede que las lealtades de tus amigos estén divididas. O que la mayoría de las personas de vuestro círculo social tuvieran más relación con tu ex que contigo, y de pronto eres consciente de que estás solo en una vida en la que antes había mucha gente.

Por si fuera poco, si la ruptura ha supuesto una mudanza, quizá tampoco puedas entrar en la que fue tu casa. De hecho, has cambiado una morada acogedora por un apartamento despersonalizado y deprimente. Tal vez no puedas ir a los mismos sitios a los que ibas cuando tenías pareja por temor a que te asalten los recuerdos dolorosos o a tener un desagradable encuentro con tu ex.

Perder una relación puede hacerte sentir que has perdido toda una vida.

LA PÉRDIDA DE UNA RELACIÓN Y LA SALUD MENTAL

En los días, semanas y meses posteriores a la pérdida de una relación importante, es bastante habitual que las personas tengan síntomas de depresión y ansiedad. Si estos síntomas empiezan como una respuesta directa a la pérdida se los llama «Trastorno de adaptación». Aun así sigue siendo como estar angustiado y/o deprimido.

Las personas, en la primera fase de la pérdida, la fase de protesta, suelen decir que tienen ansiedad. Están inquietas, no duermen bien y están obsesionadas. Se preocupan, lanzan anzuelos en su propia mente y a menudo pescan pensamientos catastróficos. Los peores escenarios les parecen verosímiles. También tienden a generalizar basándose en su experiencia actual: «Esta relación ha terminado, por lo tanto soy una persona que no me merezco ser amada y voy a estar sola el resto de mi vida». Estos temores parecen reales y causan mucho sufrimiento a todos los que están viviendo una ruptura.

En la segunda fase de la pérdida, la etapa de la desesperación, suelen experimentar síntomas similares a los de la depresión: el cansancio, el aislamiento social, el estado de ánimo bajo y los cambios cognitivos (hacia la vergüenza o la desesperanza) también son habituales. El hecho de que los animales también experimenten síntomas depresivos[10] parece indicar que la segunda fase, la de la desesperación por la pérdida, es una reacción biológica a la misma. La respuesta depresiva es similar a la respuesta de la enfermedad que padecen muchos animales cuando están muy estresados o enfermos (se aíslan, bajan su energía, etc.). Los investigadores creen que esto cumple una función importante, y que sentimientos como aislarse de la vida, ayudan tanto a los humanos como a los animales a recuperarse de sus traumas físicos y emocionales.

Sin embargo, la tremenda tristeza y aislamiento de la desesperación puede desencadenar un episodio depresivo real, especialmente en las personas vulnerables a estos estados. Con la depresión llegan los sentimientos de desesperanza, indefensión, vergüenza, falta de energía, el deseo de aislarse y mucha tristeza.

LAS DIFERENCIAS DE GÉNERO

Los hombres y las mujeres suelen afrontar las secuelas del rechazo de forma diferente. En las relaciones heterosexuales, los hombres suelen scr más dependientes de sus parejas románticas en cuanto a conexión social, compañía y apoyo emocional. Quizá se dcba a que las mujeres, en general, mantenemos lazos más fuertes con las amigas, la familia y con otros medios de apoyo social que los hombres. Por consiguiente, cuando son los hombres los que sufren el rechazo, no suelen llevarlo muy bien y muchas veces recurren al alcohol, las drogas u otros medios de autodestrucción, antes que a los amigos y a la familia. También es más probable que sean los hombres los que acosen[11] o ataquen violentamente a su pareja tras haber finalizado la relación, o que se suiciden.

Las mujeres que han sido rechazadas[12] dicen sentirse más deprimidas que los hombres. Muchas veces albergan sentimientos de indefensión o desesperación tras el final de la relación. Es posible que exterioricen su tristeza llorando, que adelgacen, que padezcan trastornos del sueño, que sean incapaces de concentrarse y que tengan problemas de memoria.

Aunque las mujeres puede que hablen más y más abiertamente sobre su pérdida con sus amigas y familia, estas conversaciones no siempre son positivas, especialmente si la respuesta que reciben las avergüenza o hace que se sientan despreciadas por sus sentimientos. Sin embargo, los últimos estudios revelan que hablar sobre una relación no es negativo y que, de hecho, puede ser de gran ayuda en el proceso de curación. Grace Larsen, de la Universidad del Noroeste,[13] descubrió que cuando las personas tienen oportunidad de hablar de sus experiencias parece que eso las ayuda a reorganizar su sentido de identidad y a crear una historia nueva y más sana. Quienes tienen oportunidades de hablar sobre sus experiencias aumentan las posibilidades de recuperarse antes.

LA RECAÍDA

Una fijación sobre una persona en particular, igual que cualquier adicción, puede ser muy difícil de superar. Cuando ha prendido el fuego en tu interior y ha ardido con fuerza por una persona mágica para ti, no es muy difícil reavivar las brasas resplandecientes y volver a convertirlas en llamas. Al cabo de meses, incluso años, de una ruptura, un encuentro fortuito con un ex puede avivar los viejos deseos y anhelos.

Muchas veces los adictos a su ex que se están recuperando, sienten que todo vuelve a avivarse al ver a ciertas personas, estar en ciertos sitios o escuchar ciertas canciones que les recuerdan a su ex. Esta exposición puede iniciar una nueva ronda de deseos y pensamientos obsesivos e incluso desencadenar una serie de escritos, llamadas y merodeos, con el fin de volver a conectar con el amor perdido.

Incluso cuando piensas que todo ha terminado y que has cortado el contacto con tu ex, un encuentro fortuito puede hacer que todo vuelva a empezar. Esta pseudorrelación de idas y venidas quizá dure mucho tiempo y es bastante normal: no estáis juntos, pero tampoco totalmente separados. Seguís hablando y durmiendo juntos, pero no os sentís emocionalmente satisfechos. Permitidme que me ponga en el papel de la terapeuta de pareja por un segundo para decir esto: a menos que los dos os toméis en serio lo de solucionar los problemas que os condujeron a vuestra ruptura, el mero hecho de volver a estar juntos transcurrido un tiempo desde la separación no os ayudará, probablemente, a crear un futuro más próspero para vuestra relación.

ERES NORMAL

Lo cierto es que el amor es inmensamente importante para todos. Cuando nos vinculamos a alguien, lo hacemos a niveles tan profundos que ni siquiera somos conscientes de ello hasta que termina la relación. Necesitamos apegos seguros para sobrevivir, así como estar sanos y bien. Por consiguiente, aunque no es normal desesperarse y estar muy traumatizado cuando perdemos una relación, sí es previsible. No hay razón para avergonzarse. Estás experimentando el tipo de pérdida más profunda y esencial para un ser humano: la pérdida del amor. Afecta a tu cuerpo, a tu mente y a tus sentimientos a un nivel biológico. Es normal que sientas que lo estás perdiendo. No puedes controlarlo. No puedes evitarlo. Nadie puede. Estás haciendo lo que la naturaleza tiene previsto para ti.

A muchos adictos a su ex les sorprende enterarse de que las experiencias que he descrito son normales. Por terrible que haya sido para ti, quiero que sepas que todo por lo que estás pasando es perfectamente normal y previsible después de una ruptura traumática. Sentir que has perdido el control, que estás obsesionado y mermado por el autocastigo y la vergüenza es simplemente la experiencia humana de ser rechazado por una persona que era muy importante para ti. Espero que saber lo normal y corriente que es esto te ayude a sentirte un poquito mejor.

8

Tipos de pérdidas

*Había construido toda mi vida en torno
a esta relación. Cuando terminó,
todo se vino abajo.*

ADICTO A SU EX

AUNQUE LA EXPERIENCIA DE PROTESTA Y DESESPERACIÓN
TRAS LA PÉRDIDA DE UNA RELACIÓN MUY APRECIADA ES
UNIVERSAL, CADA HISTORIA ES ÚNICA. TU RELACIÓN ERA
ÚNICA. NUNCA HA SUCEDIDO NADA IDÉNTICO NI VOLVERÁ
A SUCEDER.

Al mismo tiempo, puede que compartas cosas con personas que
han hecho el mismo camino. Las circunstancias importan. La ruptura de un adolescente, por intensa y desgarradora que sea, es diferente de la ruptura de un matrimonio con veinte años de convivencia o la disolución de una unión que ha sido el nido sagrado de
los hijos. Ser el/la «otro/a» en una aventura amorosa que ha fracasado no tiene nada que ver con la pérdida de un matrimonio por
infidelidad. Cada situación ofrece oportunidades y retos únicos
para crecer.

EL AMOR JUVENIL

En el caso de los jóvenes (adolescentes y jóvenes en edad universitaria) la pérdida de una relación primaria puede ser como la explosión de una bomba atómica en el centro de sus vidas. Cuando los jóvenes se enamoran, suelen hacerlo con mucha intensidad. También suelen implicarse en la relación de un modo más excluyente. Shakespeare representó a Romeo y Julieta como adolescentes por una razón: el nivel de intensidad y la irracionalidad de lo que pueden hacer los adolescentes enamorados es legendaria. Hay muchas razones para ello.

Lo creamos o no, nuestro cerebro no acaba de alcanzar la madurez hasta aproximadamente los veinticinco años. Hasta entonces, las habilidades de nuestras funciones ejecutivas todavía están en proceso de desarrollo. Un adulto de veintidós años, con derecho a voto, a beber cerveza y que tiene que hacer el servicio militar sigue siendo, desde una perspectiva psicológica y emocional, casi un adolescente. Puesto que en los adolescentes las habilidades de planificación, de prever las consecuencias y de regular sus emociones todavía se están desarrollando, en el mejor de los casos suelen ser impulsivos e inquietos. La capacidad de controlarse y de prever futuros resultados nace de las experiencias del pasado que todavía no han adquirido. Y cuando se enamoran, lo hacen hasta la médula.

Los adolescentes están cargados de hormonas totalmente nuevas y vigorosas que les incitan a la lujuria. También les hacen hipersensibles a enamorarse. Cuando el amor abre de par en par las compuertas y la burbujeante cascada de dopamina les inunda por primera vez, pueden sentir como si se hubieran quedado totalmente al descubierto. Cuando los adolescentes y los jóvenes caen bajo el hechizo de la influencia del amor, suelen dejarse llevar por la corriente de la embriagadora dopamina, por la excitación y la idealización. El amor es algo completamente nuevo y no se parece a ninguna otra cosa que hayan experimentado antes. La atracción hacia otra persona resplandece como la punta blanca y caliente de un soplete de acetileno, fundiendo las fronteras entre ellos y fusionándolos psicológica, emocional y socialmente.

Y aunque no estén enamorados, flotan en su mundo de fantasías e idealismo: ésta es la razón por la que la sección juvenil de las librerías está llena de libros de historias fantásticas con personajes como magos, vampiros y niños prodigio con poderes psíquicos. Todavía creen en la posibilidad de la magia típica de la infancia y tienden a ver la incandescencia de una nueva relación con la misma inocencia con la que manejan otras fantasías. Cuando la fe en la magia, el idealismo y la confianza se proyectan (con fuerza) sobre otro adolescente, su persona insustituible resplandece adquiriendo una importancia que trasciende cualquier otra cosa: padres, amistades y a ellos mismos.

La sexualidad también es otro factor importante en las relaciones entre jóvenes. La intensidad física de los orgasmos y la novedad de explorar el placer para el que están hechos los cuerpos es otro vínculo inherente. La unión física elimina las barreras entre el yo y el otro. Los vulnerables adolescentes, además de ser barridos bioquímicamente por la embriaguez que proporciona la dopamina y la agitación compulsiva de la merma de serotonina, también crean fuertes lazos gracias a la oxitocina, que es la hormona que se libera a través de experiencias sexuales trascendentales.

Psicológicamente, el trabajo del adolescente y de los jóvenes es probar diferentes identidades y luego deshacerse de ellas. Cada encarnación de un yo añade una capa más de autoconciencia, autoconfianza y una nueva visión del mundo. El atleta de verano se metamorfoseará en un artista taciturno en invierno y reaparecerá en primavera como un apasionado activista de los derechos humanos. En psicología, la adolescencia se caracteriza por sumergirse a fondo y con entrega total en la piscina de la experiencia. Cuando esta tendencia se aplica a las relaciones, hace que los jóvenes se lancen de cabeza a las profundidades del encaprichamiento y que se creen sentimientos de amor y de apego tan fuertes que pueden sobrepasarles.

Otra razón por la que a los jóvenes les afectan tanto las relaciones románticas es que todavía no tienen tan definida su identidad como las parejas adultas. Aún están desarrollando sus intereses y preferencias. No se sienten seguros de sí mismos y, en el mejor de los casos, tienen tendencia a la ansiedad por inseguridad. Todas las personas que se enamoran exageran las cualidades positivas de su pareja; hasta el abogado de mediana edad más cínico encontrará razones para disculpar sinceramente a su nueva amada. Los amores de los adolescentes se convierten en semidioses, en deidades a las que emulan, adoran y siguen. La música, la ropa y los intereses, los distintivos de su tribu social que éstos adoran y a la que pertenecen se vuelven imprescindibles para el adolescente enamorado. Cualquier cosa (o cualquiera) que ponga alguna objeción a su pareja enseguida es rechazada, incluidos amigos y familiares. Cualquiera que intente avisar al joven amante o protegerle del inevitable final, se convertirá en su enemigo. Los obstáculos que superan juntos no hacen más que unir aún más a la joven pareja.

Los adolescentes y los jóvenes se unen con tanta fuerza porque emocional y evolutivamente (aunque no sean conscientes de ello) buscan la seguridad de un apego primario. Los encontronazos normales que tienen lugar entre padres e hijos sobre temas de control son catalizadores necesarios para la independencia. Cuando un joven empieza a desapegarse emocional y psicológicamente de sus padres, crea nuevas dependencias con otras personas para encontrar la seguridad, la identidad y el sentido de pertenencia. A veces crea este estrecho vínculo con los amigos. Otras, sucede con una pareja. En este último caso, el apego y la importancia de la persona amada eclipsa el resto de las cosas y de las personas en la vida del adolescente y se convierte en su apego primario, lugar que anteriormente ocupaban los padres.

Emocionalmente, las personas en edad universitaria suelen ir a la deriva por el mundo. Están intentando forjarse una vida. Están en un espacio entre no ser niños, totalmente bajo la tutela de una familia, y no ser adultos autosuficientes. Suele ser una etapa difícil y confusa. Los jóvenes adultos entrarán en grupos —fraternidades o hermandades—, o bien buscarás nuevos y apasionantes intereses que les proporcionarán su identidad y propósito. Pero cuando los jóvenes amantes se encuentran y forman un nuevo campamento base en la fragilidad e incertidumbre de los comienzos, pueden aferrarse el uno al otro como dos náufragos a la deriva en el mar. Esta tendencia suele agudizarse si uno de los dos o ambos siente que sus padres no cubrieron sus necesidades emocionales. Su pareja se convierte en su familia de elección, en su mejor amigo/a y en la persona que puede reparar los daños que le han hecho, ya que por fin podrá darle el amor y los cuidados que siempre ha estado anhelando.

Partiendo de cero en una nueva realidad, las parejas jóvenes esbozan una vida. Comparten cosas por primera vez: primeros apartamentos, primeros futones, primeras graduaciones, primer trabajo «serio», primer accidente de coche, primeros éxitos y primeros fracasos. Todo esto son momentos importantes de vinculación donde las parejas recurren el uno al otro para encontrar consuelo, apoyo y orientación. Hacen nuevas amistades en el contexto de su nueva situación social. El antiguo «yo» se disuelve en un «nosotros», y comparten todos los aspectos de la nueva vida que están construyendo.

El problema primordial con las relaciones que empiezan en la adolescencia y en la juventud es que, por definición, lo más normal es que terminen. Los jóvenes tienen que mudar su piel. La autoconciencia y la claridad respecto a los valores se adquieren experimentando con identidades y desechándolas. Entregarse a un interés, relación, estilo o religión y descartar el aspecto vital de ser como una serpiente que muda de piel es el proceso de crecimiento en la adolescencia y en la juventud. Este proceso es también la forma en que desarrollan su intuición sobre el tipo de pareja que necesitan. Engancharse a una persona durante esta importante fase del desarrollo puede ser una limitación para más de uno. Otras parejas que se unen en la adolescencia o en la juventud y permanecen juntas mucho tiempo, al final necesitarán dejarse un espacio para poder cambiar, crecer y explorar dentro de la relación. Si no se realiza este importante trabajo, tarde o temprano la relación se marchitará o explotará.

Las personas crecemos a ritmos distintos. Cada uno de los miembros de una relación suele vivirla a su manera. La ilusión de la unión es sólo eso: una ilusión. Dos individuos cohabitan en el mismo espacio emocional de una relación. Pero en las relaciones que empiezan en edades tempranas, más que en ningún otro caso, las personas tienden a fusionarse emocionalmente y se vuelven muy reactivas la una con la otra. Por esa razón, las relaciones entre adolescentes suelen ser caóticas y explosivas. Cuando uno de los dos empieza a perder el interés, se aleja psicológicamente o proyecta su energía emocional hacia otras cosas, suele desencadenar mucho sufrimiento, desesperación, rabia, pánico y todo tipo de intentos desesperados de reconexión por parte del miembro que se siente abandonado. En estos momentos, los jóvenes están saturados de ansiosa y agitada dopamina, su secreción de serotonina disminuye notablemente y entran en la locura del síndrome de abstinencia al ver que les falla su apego seguro.

Las relaciones entre jóvenes son, pues, terriblemente adictivas, y las secuelas de una relación que ha fracasado en esta etapa de la vida (aunque normales) son extraordinariamente traumáticas. Los adolescentes y los adultos jóvenes no tienen las mismas vulnerabilidades que las personas más mayores. Puesto que suelen idealizar, confiar y glorificar a sus parejas en extremo, el rechazo suele convertirse en una afirmación de su poca valía personal. Esto puede llegar a ser tan exagerado que les conduzca a sentirlo como un castigo de Dios. Se han unido tan estrecha e incondicionalmente a su persona insustituible que es una pérdida equiparable a que tus padres te echen de casa. Como los jóvenes dedican tanto tiempo de sus dispersas vidas a la relación, cuando ésta se rompe se lo lleva todo consigo.

Muchas veces, los jóvenes dejan de lado otras relaciones por su adicción romántica. Construyen una vida nueva en torno a su pareja. Puede que sus únicos amigos sean los que tienen en común. Cuando falla la relación también falla su sistema de apoyo social. Si la relación con sus padres es difícil, como suele ser con los adolescentes que están en proceso de individuación, en los momentos de mayor necesidad sólo les quedan los amigos de su edad. Los otros adolescentes, como es natural, no tienen ni la menor idea de cómo ayudar a los amigos que están montados en la montaña rusa de la pérdida, el duelo, el pánico, el miedo, la desesperación y el deseo obsesivo que genera el fracaso de una relación. Pueden intentar darles ánimos inútilmente («Encontrarás a otra persona») o consejos que quizá despierten la vergüenza («Has de pasar página y seguir con tu vida»). A los adolescentes o jóvenes de veintipocos años que tienen un amigo o amiga que es adicto/a a su ex y sigue anclado en la desesperación obsesiva, rápidamente se les acaba la paciencia y se van con otros amigos que, con sinceridad, son más divertidos.

Otro aspecto de dificultad innegable de estas relaciones es que cuando terminan, los adolescentes y jóvenes suelen tener mucho menos control sobre sus vidas que los adultos de mayor edad. Por ejemplo, puede seguir yendo al mismo instituto o facultad que su ex y que tengan que verlo regularmente. Una persona mayor (aunque sea un inconveniente), tiene la opción de cambiar de trabajo o de trasladarse a otra ciudad para poner distancia, literalmente, entre su pareja y él, lo que le ofrece la oportunidad de curarse y crecer. Y esta imposibilidad de autoprotegerse en ocasiones agudiza su trauma.

El trauma y el control están correlacionados. Por ejemplo, en la Primera Guerra Mundial se observó que los soldados más resilientes a la «neurosis de guerra», que es el nombre que se le dio por aquel entonces al Síndrome de Estrés Postraumático (SEPT), eran los que tenían más control y capacidad de autoprotegerse: los pilotos de avión. Los que más sufrían, en cambio, eran los que menos control o capacidad de autoprotección tenían y eran los que presentaban los síntomas más graves: los observadores que volaban en globo por encima del campo de batalla. Esto sigue siendo cierto: cuanto mayor es el grado de control que tienes para protegerte y huir de una situación emocionalmente peligrosa, mejor te irá. Y los adolescentes y los jóvenes son los que menos control tienen.

La pérdida traumática de una relación en la adolescencia o en la juventud puede tener consecuencias emocionales a largo plazo. Los adolescentes, como los bebés recién nacidos, experimentan un brusco e importante desarrollo cerebral. Su cerebro sufre un crecimiento de miles de millones de neuronas, todas ellas preparadas para la poda que llevarán a cabo las nuevas y necesarias experiencias de la vida. Su sistema límbico (el área responsable de la conciencia social y de sentir las emociones), en concreto, se desarrolla rápidamente. Por esta razón, los adolescentes experimentan las emociones de otro modo y con mucha más intensidad que los adultos. Sus experiencias subjetivas sobre ellos mismos y sobre otras personas pueden influir social y románticamente (sobre todo si están bajo la influencia de los traumas emocionales) creando patrones de cómo se entenderán a sí mismos y a los demás cuando se hagan adultos.

Los mensajes sobre la valía personal, su valía para los otros, su atractivo, encanto y «bondad» inherente quedan grabados durante las experiencias sociales de la adolescencia. Si el rechazo social o romántico les enseña que no valen nada o que no son dignos de ser amados, el daño ocasionado a su autoestima puede ser tremendo y muy difícil de reparar. Además, los mensajes sobre la fiabilidad de otras personas y el peligro potencial asociado a las relaciones románticas a veces perduran durante décadas. Muchos de los adultos con los que he trabajado en terapia por sus grandes inseguridades respecto a sí mismos o a sus relaciones, no fueron maltratados de pequeños por sus padres, sino que sufrieron acoso o rechazo por sus compañeros o por las personas de las que se habían enamorado cuando eran adolescentes.

Los efectos negativos de perder una relación suelen agravarse por la incapacidad general de los jóvenes para afrontar semejante intensidad y desolación. Mientras un adulto puede que haya aprendido a tranquilizarse, sepa cuidar de sí mismo y esté equilibrado emocionalmente, un joven todavía no ha tenido la oportunidad de adquirir esas habilidades de la vida. Literalmente, no sabe regular sus emociones. Los adultos también suelen tener otra forma de vida a la que pueden recurrir: aficiones, amistades, las satisfacciones (o al menos distracciones) de su carrera. La mayoría de los jóvenes todavía no se han asentado. Los adultos también tienen más definida su identidad y están más seguros de sí mismos, cualidades que los jóvenes aún no han desarrollado. Por todas estas razones, cuando éstos pierden una relación es más fácil que se derrumben en vez de recuperarse.

En el peor de los casos, la desolación a la que se enfrentan los adolescentes cuando pierden su apego primario puede convertirse fácilmente en una bola de nieve de degradación en todas las redes sociales. Para muchos adolescentes sus vidas sociales son su mundo. El sol gira en torno a la buena opinión de los demás, de su aceptación por parte de un grupo y de los mensajes de valía y merecimiento que reflejan los compañeros que les aceptan. Un aluvión de rechazo, aislamiento y abandono puede superar por completo la capacidad del adolescente de enfrentarse a una situación. Debido a todo eso, quizá se queden en punto muerto e incluso abandonen los estudios. La incapacidad para funcionar en un momento crítico de su vida donde están sentando las bases para su posterior crecimiento y éxito también puede tener consecuencias para su futuro.

En estas pérdidas catastróficas, los adolescentes se vuelven más vulnerables debido a la gran emotividad e impulsividad de su cerebro todavía en desarrollo. Por desgracia, no es infrecuente que lleguen al borde del suicidio cuando se hunde todo su entorno social y reciben mensajes de rechazo y desprecio. Otros pueden intentar sobrellevar la rabiosa desesperación de este rechazo con conductas autodestructivas o consumiendo sustancias. Recurrir a estas estrategias nocivas para afrontar las situaciones durante los años de formación, a veces los predispone a tener más trastornos de adicción (y más graves) en el futuro.

Por estas razones es de suma importancia que dejemos de ver el amor en la adolescencia o en la juventud como algo intrascendente. Para los amigos y la familia es muy fácil poner los ojos en blanco ante el «drama» que está padeciendo un pobre adolescente y olvidarse de que está pasando por una de las experiencias más duras de la vida, que no sólo le pone en peligro inmediato, sino que puede acarrear graves consecuencias en su visión sobre los demás y sobre sí mismo. Todo lo contrario, los jóvenes necesitan apoyo, orientación y ayuda válida que les permita volver a unir los pedazos de su vida y de sí mismos.

VENTAJAS

Es innegable que sufrir la pérdida traumática de una relación muy valiosa durante la adolescencia o la juventud es difícil. Sin embargo, también hay algunas ventajas únicas de que te suceda esto en esta etapa de la vida. Aunque no tengas tanto control sobre tu vida o tantos recursos internos como un adulto, tienes muchas distracciones y oportunidades. En ninguna otra etapa es tan fácil hacer nuevas amistades, interesarte por cosas nuevas, o emprender nuevas aventuras. También es más probable que cuentes con el apoyo de muchos adultos. Si vas al instituto o a la universidad, seguramente podrás conseguir asesoramiento emocional gratuito. Quizá hasta conseguir el respaldo de tus padres, y si estás atravesando una etapa en la que te parece que todo se está viniendo abajo, puedes contar con su apoyo y orientación para volver a recomponer tu vida y tener una segunda oportunidad.

Las oportunidades de crecimiento son tremendas; vivir esta experiencia y curarte te enseñará habilidades importantes que te serán de gran utilidad el resto de tu vida. Todo el mundo, tarde o temprano, pasa por esto. Si consigues superar la pérdida relativamente pronto, con las mínimas consecuencias a largo plazo, serás más fuerte y más capaz de solventar las situaciones de fuerte intensidad emocional en el futuro.

LAS RELACIONES DURADERAS: EN LOS VEINTE Y EN LOS TREINTA

Al igual que las pérdidas en la adolescencia, la pérdida del amor en los «años principales» puede tener consecuencias graves y duraderas. En nuestra cultura moderna, las personas se emparejan cumplidos ya los veinte o bien en la treintena. Las personas suelen buscar pareja activamente: alguien con quien se casarán, tendrán hijos y construirán su vida.

Ésta es la etapa en la que se casan muchos de sus amigos. La unidad social es la pareja, no los individuos. Se crean nuevas relaciones en el contexto de la misma. Las personas viven juntas, comparten todos los aspectos de su vida cotidiana y se forman apegos profundos. Construyen su vida en torno al otro. Es la etapa en la que las personas se mudan de casa o viajan juntas. Pueden aceptar o rechazar trabajos teniendo en cuenta su relación, se sacrificarán para que su pareja pueda seguir con sus estudios universitarios y pedirán préstamos para comprar muebles. Anidan y se preparan para la próxima etapa: los hijos.

Cuando la relación finaliza durante esta etapa de vinculación de la pareja, la ruptura es especialmente traumática y demoledora, porque las personas la sienten no sólo como una pérdida en el presente, sino también como la destrucción de su futuro. Especialmente para los que tienen una mentalidad de pareja, esto puede suponer la aniquilación de sus sueños y esperanzas. Es un duelo por la propia relación y también por la pérdida del futuro que habrían tenido con la otra persona.

Éste es el caso típico y tremendo de muchas mujeres heterosexuales que han tenido relaciones estables hasta los treinta. Una mujer que sueña con formar una familia, pero que en su lugar pasa por una ruptura a los treinta y dos o treinta y tres, también tiene que enfrentarse al pánico y a la incertidumbre sobre sus esperanzas de tener descendencia, así como a la desesperación, obsesión, duelo y síndrome de abstinencia que suele provocar cualquier pérdida.

Las mujeres heterosexuales, en medio de su dolor y su duelo, han de soportar la enorme presión de volver a salir al ruedo y encontrar a una persona adecuada con quien construir su vida, presión que irá en aumento a medida que se vayan dando cuenta de que «todos los buenos ya están ocupados». Estarán muy enfadadas con su ex por haberles robado su futuro y haberles hecho perder el tiempo. Las lamentaciones, la rabia y la ansiedad complican su proceso de recuperación. He trabajado con muchas mujeres que aun añorando a su ex, salían con otros. Desafortunadamente, al no estar en su mejor momento emocional, puede costarles más encontrar y atraer a la pareja adecuada. Puede que sin darse cuenta, ya en sus primeras citas intercalen curiosas valoraciones sobre el valor del nido y la predisposición para casarse y formar una familia, y que el posible pretendiente termine con la sensación de haber acudido más a una entrevista de trabajo que a una cita. Si superan las primeras citas, las mujeres que se sienten vulnerables sobre su futuro puede que «aceleren el final», pidiendo compromiso y una declaración de intenciones demasiado pronto. Bajo estas circunstancias, muchos hombres se echarán atrás y abandonarán a este tipo de mujeres dejándolas más angustiadas, desesperadas y más alerta respecto a sus posibles candidatos.

Los hombres que están interesados en casarse y en formar una familia, llevarán mal la ruptura y también culparán a su ex por haberle robado sus mejores años. He estado con muchos hombres que lloraban amargamente por la pérdida de los sueños que les había arrebatado su ex: niños rubios con los grandes ojos marrones de su ex, un hogar confortable y su conexión con sus parientes lejanos.

La angustia y la desesperación suele aumentar a medida que todas sus amistades desaparecen de golpe debido a que se casan. Una de mis pacientes de veintinueve años había asistido (no sólo como invitada, sino como dama de honor con un vestido horroroso y un ramo) a dieciséis bodas en un año. Su estado de soltería en esos momentos le hacía sentirse como si fuera una leprosa. Era la chica abandonada a la que nadie quería. Otras pacientes sienten lo mismo con los anuncios de embarazo, fiestas de *baby shower* y las fotos de los tiernos bebés. Parece como si el mundo entero se encaminara hacia un futuro de familias felices y él o ella quedara excluido. Además de tener que superar la experiencia de adicción a su ex, un témpano de hielo les atraviesa el corazón susurrándoles: «Te vas a quedar sola para siempre».

Las personas homosexuales con relaciones que finalizan en esta etapa de la vida también suelen tener la sensación de que todo el mundo tiene pareja estable menos ellas. La vergüenza por el rechazo y el fracaso son los dos componentes principales del trauma, la obsesión, el deseo y el duelo por la pérdida de un amor. Muchas se sienten como si después de haberlas pescado fueran devueltas al mar y han de esforzarse por recuperar su autoestima antes de volver a abrir sus corazones.

La herida principal que dejan las relaciones que han fracasado en esta fase de la vida suele ser: «No era lo bastante bueno/a para casarme».

Esta herida suele empeorar cuando el/la adicto/a ve como su exesposo, exesposa o la expareja de su vida enseguida encuentra otra persona y se casa con ella. En ningún otro grupo es más intensa la obsesión de conseguir información (con la posible excepción de las personas cuya relación termina por una infidelidad). La necesidad que tiene el/la adicto/a de obtenerla para compararse con esa persona es abrumadora, aunque esa información le haga daño. La tortura de compararse con la nueva pareja de su amante le provoca tanta rabia y sufrimiento que puede tardar años en superarlo; años que una mujer de treinta y tantos, adicta a su ex, no tiene.

Por estas razones es esencial que quienes están en la fase de emparejamiento reciban ayuda para avanzar en su curación lo más rápido posible. Cuanto antes se recuperen de su apego a su ex, antes podrán volver a construir la relación que les sirva para pasar a la siguiente fase de su vida.

Ventajas

Lo bueno de todo esto es que te enfrentas a esta situación en una etapa de la vida en la que todavía tienes muchas opciones y puede que estés en la cúspide de tu poder personal y atractivo general. Eres más independiente y tienes más oportunidades que ningún otro grupo de adictos a su ex. Puedes irte a vivir a otro sitio, cambiar de trabajo, graduarte en la universidad, recurrir a viejas amistades, hacer otras nuevas, dedicarte a una carrera que te satisfaga y concentrarte en ti mismo el tiempo necesario para curarte. Todavía eres lo bastante joven como para que no te pongan caras raras si decides irte de viaje por Europa durante seis meses alojándote en albergues juveniles. Puedes comprarte una moto, adoptar un perro, ir a clase de cerámica y proponerte hablar al menos con tres personas nuevas cada semana. O bien, diseñar tu realidad para ser como te propongas. Eres tú quien manda. Y mujeres: os prometo que todavía quedan algunos buenos libres.

El divorcio

El divorcio es trágico. Las parejas que se divorcian, además del sufrimiento y de perder a su amante, la pareja de su vida y su mejor amiga, suelen debatirse con sus sentimientos de vergüenza, ira, arrepentimiento y fracaso. Por si no bastara con eso, tienen que tomar precipitadamente decisiones importantes y definitivas sobre asuntos legales, económicos y materiales, y en unos momentos de su vida en que no están en las condiciones cognitivas ni emocionales óptimas.

Poner fin a una relación larga, estable y formal es diferente a la dolorosa pérdida de un amor de juventud, aunque puede ser igualmente catastrófico emocional y socialmente. En general, si una pareja ha convivido el tiempo suficiente como para llegar al matrimonio, la intensidad del deseo romántico se habrá convertido en apego profundo. Tu asociación es el pilar de tu vida: tu vida social, tus amistades, aficiones, intereses compartidos, hogar y familia se centran en tu matrimonio. Es tu hogar, literal y emocionalmente.

Y a pesar de que cuando una pareja se divorcia ambos suelen tener razones para ello, lo más habitual es que sea uno de los dos el que tome la decisión y, por regla general, pese a las objeciones del otro.

Uno de los dos no está dispuesto a seguir aguantando las decepciones y las dificultades de un matrimonio que está emocionalmente distanciado. El que es abandonado y se queda con su vida arruinada sufre horriblemente. Ha sido abandonado y rechazado por la persona que le había prometido amarle siempre, en lo bueno y en lo malo. El sentimiento de vulnerabilidad e impotencia, mientras contempla cómo su pareja sigue destruyendo toda la vida que habían construido en común, es angustioso.

El divorcio también puede tener un tremendo impacto en la seguridad económica y material. Un matrimonio en el que trabajan los dos, suele poder afrontar mejor las responsabilidades de la vida y le es más fácil salir adelante. Dos sueldos para mantener un hogar crean más riqueza y estabilidad que uno. Con frecuencia, sobre todo si cuando hay hijos de por medio, se crea una división natural de las tareas, en la que uno se encarga de ganar el dinero y otro de administrarlo y dirigir el hogar.

Romper una familia en dos unidades independientes, normalmente con responsabilidades no equitativas respecto al cuidado de los hijos y a la capacidad para ganar dinero, suele generar un gran caos. Este es el caso de las madres divorciadas que eligieron quedarse en casa para cuidar de sus hijos o hacer menos horas en su trabajo para tener un horario más flexible que les permitiera ejercer mejor su labor de madres. A las mujeres divorciadas que habían confiado en la estabilidad de su matrimonio para cubrir sus necesidades materiales, el divorcio puede llevarlas (incluso hoy en día) al borde de la pobreza. Por consiguiente, después de haberse divorciado pueden tener dificultades durante muchos años en sus intentos de forjarse una carrera, educar a sus hijos, recuperar cierta estabilidad económica y reconstruir su vida.

Como consecuencia de ello, las personas que se divorcian suelen estar muy furiosas. «¿Cómo has podido hacerme esto?» es el estribillo del divorcio. Es comprensible. Las personas cuya pareja ha iniciado el divorcio se sienten indefensas y que son las víctimas. Habían hecho promesas, comprado una propiedad, comprometido sus vidas y hecho sacrificios que ahora se están resquebrajando. Reivindican su compromiso: crear un hogar para el resto de su vida y tener un futuro con esa persona. Una persona que al final les ha fallado.

«Siento como si me hubieran retirado la alfombra de debajo de los pies.»

«Es completamente inmaduro, egocéntrico e incapaz de amar.»

«Me ha echado de mi casa.»

«He fracasado.»

«Esto es humillante.»

El divorcio les parece una injusticia. Las personas que se divorcian suelen tener insomnio, no por echar de menos a su idealizada pareja, sino por resentimiento. Su ex les ha robado la seguridad para su futuro. Muchas veces, para ellas es como si la persona a la que amaron hubiera muerto, siendo sustituida por un frío y maquiavélico extraño que está dispuesto a acabar con ellas. En el fondo pueden albergar algún tipo de deseo hacia su pareja, pero no por ésta, sino por la persona con la que se casaron. Añoran a ese ser que conocieron en el pasado, y que ya no existe.

Las personas que se divorcian no sólo están perdiendo su apego primario con alguien con quien estaban adictivamente unidas. Están perdiendo la pareja de su vida, su familia y su hogar. También suelen perder seguridad económica, posición social, sus sueños y sus esperanzas de futuro. Para muchas, supone un vergonzoso fracaso y están enfadadas.

Sufrir el rechazo por parte de la pareja de tu vida, tu esposo o esposa, es el peor de los abandonos. Que la persona que mejor te conoce y a la que más amas no quiera saber nada de ti equivale a decirte que no eres digna de ser amada. Que no tienes remedio. Que simplemente, no eres lo bastante buena. El sufrimiento que produce este tipo de rechazo es la rabia por el abandono más primaria y feroz.

La rabia se ve avivada por la vergüenza. Después de haber estado de pie ante Dios y todas las personas de tu entorno, jurando tu amor y tu devoción por tu esposo/a, para que luego el matrimonio se disuelva, supone uno de los fracasos más grandes y vergonzosos para muchas parejas que están en proceso de divorcio. Tienen miedo de lo que dirán sus amigos, familias y la sociedad en general. Autoidentificarse como divorciados es como un estigma para toda la vida. Muchas personas sienten que han defraudado a sus familias, sobre todo si éstas las han ayudado material o económicamente.

Además, en ese estado de rabia, desesperación y trauma, se ven obligadas a tomar decisiones importantes: «¿Vendemos la casa o le compro su parte?», «¿Pido una pensión alimentaria y de gastos?», «¿Quién se queda con los muebles de la sala de estar?» He trabajado con muchas personas que se vieron obligadas a tomar decisiones (lo mejor que pudieron con la información de la que disponían en aquellos momentos) y que más tarde han lamentado aquellas decisiones. El resultado de las mismas es que muchas veces sienten que han sido estafadas en su divorcio y con ello añaden una capa más de ira y resentimiento a su sufrimiento.

Poner fin a su matrimonio es poner fin a una etapa importante de su vida, donde la persona se definía por tener un hogar, una familia, una red social y por realizar actividades que le gustaban. Aunque la relación fuera un desastre, la pérdida de ese estilo de vida que se basaba en la relación sigue siendo muy traumática.

Una de las dificultades inesperadas con las que se encuentran las personas que se divorcian es el efecto que tienen sobre su red social. Una vez que se ha asentado la polvareda que ha causado el divorcio, se han firmado los papeles, se ha vendido la casa y se han acordado nuevas rutinas, al mirar a su alrededor los implicados descubren que su panorama social ha cambiado considerablemente. A cierta edad, nuestras unidades sociales son parejas, no personas sueltas. Las buenas amistades que has tenido durante tu matrimonio pueden sentirse incómodas relacionándose sólo con uno de los dos. Por este motivo, el divorcio puede condenarte al ostracismo.

El divorcio es uno de esos traumas importantes de la existencia que afecta a casi todos los aspectos de la vida.

VENTAJAS

Por difícil que sea divorciarse, también tiene sus ventajas. En primer lugar, cuando tu relación se ha deteriorado hasta el extremo de llegar al divorcio, ya no idealizas tanto a tu pareja como en un principio. Te han quemado, herido y decepcionado tantas veces que probablemente la frustración ha sustituido a los sentimientos de ternura que profesabas a la persona con la que te casaste. Aunque tengas muchas razones por las que estar de duelo, es más que probable que hubiera muchos aspectos de esta asociación que ya no funcionaban. El divorcio puede liberarte de una situación insatisfactoria.

El principal trabajo que has de realizar cuando te divorcias es superar el duelo por tu identidad perdida como persona casada y forjarte una nueva. Implica reencontrarte a ti mismo en medio de los escombros a los que ha quedado reducida tu vida. El divorcio te ofrece la oportunidad de descubrir tus aspectos más brillantes y reagruparlos en una nueva versión (potencialmente mejorada y más auténtica) de ti mismo.

Además, hay muchas otras personas que están pasando por lo mismo que tú. El divorcio es algo bastante común. Seguro que hay muchas personas en tu familia, amigos, familia política y compañeros de trabajo que te entenderán. Hay grupos de encuentro, retiros, *podcasts*, montones de libros de autoayuda, dedicados a la vida y las etapas de las personas divorciadas. Estás en buena compañía y escuchar las historias de otras personas de su resurgimiento de las cenizas, puede inspirarte a crear una nueva vida que sea mucho más gratificante que la que experimentaste mientras luchabas por conservar un matrimonio en el que no eras feliz.

LAS PAREJAS CON HIJOS

Tanto si hay divorcio de por medio como si no, siempre que en una ruptura hay niños implicados, se intensifica el sufrimiento y la tragedia, así como las complicaciones.

Por muy mal que te sientas, por muy rabioso, obsesionado o destrozado que estés por el final de una relación, has de continuar cubriendo las necesidades emocionales, materiales y educativas de tus hijos, que por otra parte también sufrirán enormemente. A pesar de lo común que es esto y de la resiliencia que puedan tener los niños, el hecho de que sus padres se separen es muy difícil para ellos.

No importa lo cuestionable que fuera la labor de padre o de madre de tu ex, los hijos están apegados a sus padres. Su vida también se verá tan afectada como la tuya, puede que incluso más. A menos que tú y tu ex hayáis elegido una opción en la que los hijos sean lo principal (en la que son los padres los que se turnan el hogar familiar para que los hijos sigan en su entorno), ellos puede que ahora estos estén viviendo con una maleta en la mano. Esta situación es difícil para todos, y mucho más para los niños pequeños, pues tienen menos recursos emocionales para afrontar las situaciones.

Lo más normal es que los hijos se sientan confundidos, enfadados y que estén sufriendo por la separación. Quizá se sienten culpables de ella. O te culpen a ti. Quizá se avergüencen de la situación. Trabajo con muchos adultos cuyos padres se divorciaron cuando ellos eran pequeños. Todos suelen recordar haber sentido una profunda tristeza por la pérdida de su «vida normal» cuando por fin se separaron.

Los hijos también están muy sintonizados con el estado emocional de sus padres. La mayoría se entristecen cuando sus padres están tristes. Verte sufrir les preocupa. Necesitan saber que vas a estar con ellos para cuidarlos y protegerlos. Y si dudan de tu capacidad para protegerlos, automáticamente adoptarán el rol de cuidar de ti en detrimento de su bienestar psicológico y emocional.

Resumiendo: tus hijos te necesitan. Necesitan que seas el adulto que puede consolarles, protegerles, proporcionarles un entorno seguro y ayudarles a recobrar la normalidad en sus vidas en unos momentos en que lo más probable es que tus recursos emocionales no te permitan mucho más que tirarte sobre la cama a llorar.

Si tienes hijos, no puedes permitirte el lujo de desmoronarte por completo. Tendrás que hacer lo que sea para poder ofrecerles el apoyo emocional que necesitan; para que éstos no tengan que cuidar de ti u ocultar sus propios sentimientos de tristeza y rabia para que tú no empeores. Así que ve a hacer terapia, únete a un grupo de ayuda, pon en práctica lo de cuidarte a ti mismo/a, y busca apoyo en tus amistades.

La parte más dura para las personas adictas a su ex que tienen hijos de la unión que ha fracasado es que han de seguir favoreciendo la relación de éstos con su ex. Por eso mismo, y por tentador que pueda ser, no hables mal de tu ex a tus hijos. Aunque te haya roto el corazón, sigue siendo su padre o su madre. Puede que acaben tan decepcionados y heridos por tu ex como tú, pero quizá no. Sea como fuere, tu misión es ayudarles a desarrollar los recursos internos que necesitan para ser adultos fuertes y sanos con unos padres humanos e imperfectos.

Otro aspecto extraordinariamente difícil de tener hijos con un ex es que en cuanto concluye la relación puede que tengas muy poco control sobre lo que sucede con tus hijos cuando están bajo su cuidado. Quizá tu ex se lleve al pequeño de dos años a la bolera hasta las diez de la noche, por no hablar de que le dé Coca Cola Light® o le presente a toda una retahíla de amigas o amigos nuevos. Es probable que cuando tus hijos lleguen a casa, estén agotados, confusos o agitados por el subidón de azúcar y cafeína. Tendrás la sensación de que tienes que empezar desde el principio para restablecer rutinas de sueño saludables, disciplina y educación de los esfínteres cada vez que regresan de casa de tu ex. Esto resulta aún más frustrante por el hecho de que no puedes evitarlo. Aprender a manejar tu frustración y angustia mientras mantienes un entorno emocionalmente seguro y respetuoso para tus hijos es el trabajo que deberás realizar para compartir la educación de los hijos con alguien a quien desprecias.

Aunque la aceptación es uno de los pilares de la crianza conjunta, si realmente temes por la seguridad de tus hijos cuando están con tu ex debes protegerlos. Si tu ex tiene un problema de drogadicción que le incapacita para cuidar de los hijos, es verbal, emocional, física o sexualmente peligroso hacia ellos, y los pone en situaciones de grave peligro, tendrás que tomar medidas legales para protegerlos. He incluido los contactos a los que debes recurrir si necesitas este tipo de ayuda en el apartado de Recursos.

Uno de los grandes desafíos para los adictos a su ex que tienen hijos en común es la necesidad de tener que comunicarse con esta persona para coordinar su educación y las visitas. Bajo estas circunstancias no es posible una ruptura real sin contacto alguno. Cada vez que hablas con tu ex es muy probable que te pongas nervioso, sufras o te enfades, al tiempo que se agudizan tus obsesiones y deseos. También puedes sentir la tentación de quedar con tu ex «para hablar de los niños» como excusa para estar con esta persona cuando te encuentras especialmente bajo de moral.

En estos casos, puede ser muy útil abstenerse de iniciar dicho contacto innecesario. Aunque sigas teniendo contacto con tu ex, proponte autocontrolarte. ¿Qué es un contacto necesario? Cualquier comunicación cuya finalidad sea concertar los turnos de visitas, el cuidado de los hijos o compartir información importante. Lo mejor es que te comuniques por correo electrónico si es posible. De este modo estarás protegido de las interacciones inmediatas del teléfono y de los mensajes de texto, y es menos probable que tu intento de comunicación caiga en el terreno de lo personal o doloroso. (Hablaremos más sobre no iniciar el contacto cuando expliquemos los Doce Pasos de la Curación en la página 241.)

VENTAJAS

Tener que compartir la crianza de los hijos con un ex es todo un reto. A diferencia de los adictos al ex que no comparten hijos con éste/a, no empiezas de cero. No puedes volver a empezar como lo hacen las personas que no tienen hijos, pues careces de la libertad de realizar grandes cambios en tu vida. Ni tampoco te puedes permitir el lujo de concentrarte únicamente en tu desolación durante mucho tiempo. Sin embargo, estas circunstancias también son las ventajas de la situación: tienes una razón para vivir. Tienes una razón para ser fuerte y estar sano. Tu camino hacia la recuperación puede que sea más duro que el de los otros adictos al ex, pero tu motivación para conservar la salud y estar bien será la compañera que velará por que hayas desayunado, que se preocupará por ti y te dará la mano y te cantará canciones en el coche. Que otros te necesiten tanto te da la fuerza para conseguir que tus hijos y tú encontréis un sitio mejor.

También verás que entre las personas en situación de monoparentalidad suelen crearse fuertes vínculos. Especialmente si tenéis hijos de la misma edad, los otros padres o madres monoparentales pueden llegar a ser tu familia de elección para encontrar apoyo mutuo. Hay muchos padres y madres solos en tu mismo barco que también tienen necesidad de conectar con otras personas en las mismas circunstancias. Tener una comunidad de personas a las que puedes recurrir, con las que puedes pasar un rato por la noche o el fin de semana y ofrecerles ayuda práctica en lo que referente al cuidado de los hijos y las tareas domésticas, suele reducir enormemente la presión que sienten las personas con hijos que tienen que hacerlo todo ellas solas.

LA INFIDELIDAD

Cuando tu relación termina porque tu pareja se ha liado con otra persona, se produce la destrucción característica. Te parecerá que has estado viviendo una mentira. Tu vida se había apoyado sobre una falsa creencia: que estabas a salvo y que te amaban. Descubrir que no era cierto puede hacer tambalear tus cimientos. Dudas de tu buen juicio, de tu capacidad para distinguir la realidad de la ficción, y por lo general te sientes como un imbécil, humillado y furioso. Si todo terminara aquí, no estaría mal del todo. Pero para la mayoría eso es sólo el comienzo.

Perder una relación que deseabas conservar para siempre desencadena una avalancha de dudas. Pero cuando tu ex te ha rechazado con sus acciones, es como si te estuviera diciendo: «Sí, en realidad, me gustaba más esta persona», y el dolor y el rechazo que sientes a consecuencia de ello se multiplica por mil. Es peor que la desolación. Es peor que el hecho de que tu vida haya quedado reducida a escombros. La infidelidad toca zonas vulnerables y profundas, como tu sentimiento de valía personal, el respeto hacia ti mismo y tu capacidad para confiar en los demás. Estas heridas pueden tardar mucho tiempo en cerrarse, incluso una vez finalizada la relación.

La infidelidad es muy destructiva por muchas razones.

En primer lugar, machaca totalmente tu autoestima. Si tu ex ha elegido voluntariamente a otra persona por encima de ti, lo más lógico es pensar que la persona a la que prefiere es mejor que tú. Que no eras lo bastante bueno en comparación con ella para seguir siendo merecedor de amor y respeto. Aunque toda ruptura no deseada te deja sollozando «¡¿Por qué?!», una relación que se pierde por una infidelidad parece estar poniéndote fríamente las respuestas sobre la mesa: la otra persona era más sexy, más joven, más atractiva, más divertida, más espiritual, más madura emocionalmente, más inteligente o tenía más éxito que tú. En medio del trauma ordinario de la pérdida, te vas desintegrando hasta que te parece que donde tú solías estar, sólo quedan agujeros negros.

Pero esto no es todo. En el capítulo anterior vimos que la desagradable realidad de la pérdida del apego es que cuando pierdes a alguien (aunque sea una persona con muchos defectos y de carácter cuestionable) el pánico se apodera de ti y sientes el feroz deseo de volver. Cuando pierdes a una persona porque se ha ido con otra, lo más normal es que las emociones de enfado, sufrimiento e indignación que sientes, hagan que no desees volver a verla jamás. La ansiedad e incertidumbre que provoca esta situación hace que segregues toda la dopamina que tienes en el cerebro. Te obsesionas y la deseas, idealizas a tu amor perdido y sufres una gran agitación y, con frecuencia, lujuria. Esta reacción te envía al más vívido estado de enamoramiento, aunque tu relación se hubiera encasillado en el cemento emocional de una larga asociación que se había disecado hacia tiempo. Los que se encuentran en esta situación suelen ver a su pareja con otros ojos: al ser deseadas por otra persona recuperan el resplandor de la atracción romántica.

Por esta razón, la obsesión, el encaprichamiento y la adicción suelen ser más fuertes cuando alguien pierde a su ser querido por una tercera persona. Entonces busca información por Internet y en persona. Pasa por delante de su casa, restaurante o el trabajo, para controlar. Entra en sus cuentas bancarias y de correo electrónico buscando información. El paradero y estado de ánimo de su pareja ocupa su mente día y noche. Y su necesidad de buscar información sobre su rival es tan intensa como de buscarla sobre su pareja. Quiere saber exactamente qué aspecto tiene, cómo se viste, sus modales y sus hábitos personales. Toda esa información es regurgitada y procesada angustiosamente, como una vaca mascando su pasto. Las noches en vela y los días nublados, salpicados por rayos abrasadores de dolorosa información nueva son la norma. El adicto se odia a sí mismo por lo que está haciendo, pero no lo puede evitar. Su machacada autoestima ya tiene la guinda de la vergüenza.

Todo el mundo dice que nunca haría esto. «Si me engañara, jamás volvería con él/ella. Habríamos terminado». Esos «comentarios de falsa moral» se hacen fácilmente cuando no te está pasando a ti. Pero lo cierto es que, como la mayoría de las cosas, no es lo mismo pensarlo que experimentarlo en primera persona. El neocórtex racional no puede saber con antelación lo que significa soportar la tormenta de deseo, obsesión y nostalgia que estalla en el sistema límbico cuando se ha producido una infidelidad. Está sinceramente convencido de que semejante transgresión le liberaría inmediatamente de la relación. Así es en algunos casos. Pero la mayoría de las personas que han sido traicionadas por sus exparejas tienen muchas dificultades para desapegarse de ellas. (Incluso en los casos en que el ofensor muestra falta de empatía y una capacidad de engaño propias de un sociópata.) El instinto territorial del sistema límbico es la razón por la que hay un porcentaje tan significativo de relaciones que se pueden salvar a pesar de la infidelidad, y que incluso les puede servir como plataforma para un necesario e importante crecimiento personal. Sin embargo, en otros casos, la infidelidad simplemente significa que la persona con la que estabas compartiendo tu vida ya no puede o no está dispuesta a seguir manteniendo una buena relación contigo. Puede que te cueste mucho darte cuenta, pero al final, si es cierto, lo verás claro.

Cuando no es posible encontrar una solución, cuando la tormenta del sistema límbico amaina y las personas se curan de su demencia temporal, muchas veces les queda el sentimiento de que la traición última de la infidelidad fue su propia traición a sí mismas. No rechazaron inmediatamente al cónyuge traidor. No hicieron nada por salir de una situación bochornosa. Aceptaron el maltrato más humillante y suplicaron más. Sienten que han ido en contra de sus principios morales básicos y que estuvieron dispuestas a aceptar lo que fuera para que su pareja mentirosa y traidora volviera con ellas. Se sienten patéticas, abochornadas y avergonzadas.

La mayoría de los grandes traumas que padecemos, como un terrible accidente de coche, una violación o una enfermedad potencialmente mortal, nos parten la vida por la mitad: hay un antes y un después. Descubrir que tu pareja te ha estado engañando (y vivir el shock de lo que sucede después) es un trauma emocional que merma considerablemente tu sentimiento de estar a salvo. Si creías que te amaba, que existía un compromiso, que podías confiar en él o ella, y descubres que la realidad era otra bien distinta, tu confianza básica en otras personas también sufre un duro golpe. Puesto que sentirte seguro en la conexión con una persona que para ti es irremplazable es una necesidad humana tan básica, ser rechazado y abandonado por otra es un trauma primario. Peor aún, sentir la locura que se apodera de ti después de una ruptura puede debilitar tu confianza en ti mismo y en tu capacidad para tomar buenas decisiones y para mantener tu integridad personal.

Al igual que otros supervivientes de situaciones traumáticas cuya funesta sabiduría procede de haber experimentado en carne propia su conocimiento del peor de los horrores («No te puedes imaginar lo que he visto»), a las personas que se han visto decepcionadas por una infidelidad les cuesta mucho volver a confiar en los demás. Saben lo que otros son capaces de hacer.

En estos casos, la curación suele incluir trabajar a fondo el perdón. Perdonar al ex, pero sobre todo perdonarse a sí mismas. También pueden tener problemas para volver a confiar en los demás. El trauma emocional debido a una infidelidad es una de esas circunstancias en las que vale la pena buscar la ayuda de un terapeuta competente.

VENTAJAS

Es difícil pensar, y mucho más apreciar, los aspectos positivos de la infidelidad. No obstante, todos los que han realizado un arduo trabajo para recuperarse de una relación que terminó por una infidelidad suelen tener grandes oportunidades de crecimiento personal. A medida que revisan sus experiencias van descubriendo verdades sobre sí mismos que de otro modo habrían seguido ocultas. A veces descubren antiguos patrones, creencias o traumas que las limitan. Aunque sea un trabajo muy duro, te proporciona la oportunidad de conocerte a ti mismo, curarte y evolucionar; es una oportunidad que puede que no hubieras tenido de no haber cambiado tu situación. En este proceso de recuperación, quizá hasta consigas sanar las heridas que ni siquiera sabías que tenías hasta que el trauma de la infidelidad te las reveló. Cuando por fin consigues curarte, seguramente te has fortalecido y estás más sano que nunca.

SER EL/LA «OTRO/A»

Algunos de los adictos a su ex más desolados que he conocido son los que han quedado triturados emocionalmente por un romance con una persona que no era libre. Sus trozos han sido desparramados por todas partes. Trozos que son muy difíciles de volver a recomponer.

Los romances clandestinos son las relaciones más adictivas y emocionalmente destructivas de todas. Los momentos buenos son mucho mejores, y los malos mucho peores, por lo que las tormentas bioquímicas que desatan dichos romances te engancharán como el pez que cuelga del anzuelo por sus agallas.

Pocas personas planifican tener un romance. (Aunque eso también sucede.) En una encuesta realizada en 2013,[1] entre la población estadounidense, los datos revelaron que sólo el 8% de las personas creen que siempre está mal engañar a la pareja. Si preguntas a casi cualquiera si se plantearía mantener una relación con alguien que está casado, inmediatamente te respondería: «No. Nunca podría hacer eso». Otro argumento moralista, radical y que es una verdad razonable que el neocórtex se cree sinceramente, es que tener relaciones con personas casadas es ilógico e inmoral.

Pero los datos demuestran lo contrario. Mientras que el 92% de las personas creen[2] que las aventuras amorosas son malas, las investigaciones indican que casi el 20% —en algún momento de su vida— engaña a su pareja.

Lo que sucede, como es habitual, es que el sistema límbico no recibió el aviso. El sistema límbico no se rige por los moralismos y las buenas intenciones del neocórtex. Se fija en las personas atractivas y se enamora locamente de ellas, tanto si el neocórtex ha decidido casarse como si no. Este proceso puede producirse sin nuestra intención o consentimiento. Estar en estrecho contacto con una persona (por ejemplo, con alguien de tu trabajo) que estimula tu sistema límbico es un mal augurio. Casi todas las aventuras amorosas se producen entre los compañeros de trabajo y con amistades que hacen que segreguemos chispas de lúdica dopamina en nuestro centro de la recompensa. Las aventuras amorosas suelen empezar de manera gradual, sin que las personas implicadas se den cuenta de ello. Cuando la llama del enamoramiento va cobrando fuerza, el neocórtex va por detrás intentando alcanzarle, balbuceando la negación. (*Sólo somos amigos. No estoy haciendo nada malo. No estoy siendo infiel.*) Hasta que el placer y la excitación de estar con esta persona potencialmente inalcanzable se hacen demasiado fuertes para combatirlos. Entonces ya estás enganchado.

Y como bien sabrás, cuando estás enganchado puedes hacer cosas que no son precisamente correctas.

La mayoría de las personas que tienen aventuras amorosas entienden que viven en contra de sus principios, pero están bajo la influencia del amor. Igual que cualquier adicción que empieza lentamente, la persona que tiene una aventura amorosa en cuestión de semanas o meses empieza a traspasar líneas que antes eran impensables. Con el tiempo, deja de respetar sus propios límites y acaba rompiendo sus normas. Como un drogadicto que comienza probando un poco de heroína en una fiesta, a medida que avanza su adicción pasa a fumársela en el papel de aluminio dentro de su coche a la hora de la comida, hasta terminar tirado en un colchón sucio en una casa llena de desconocidos con una aguja clavada en el brazo; cada paso que da, sabe racionalmente que es malo por muchas razones. Pero llega un punto en que ya no le importa. Algo más poderoso que su mente racional le ha poseído.

Lo mismo sucede con las personas adictas a relaciones nocivas. El deseo insaciable de conexión, la emoción de la expectación y el placer de la unión superan sus mejores intenciones. A medida que la adicción se va arraigando, empieza a hacer cosas chocantes y que antes le hubieran parecido inimaginables. Esto les sucede a las personas solteras que saben que su fascinación por una persona casada no va a terminar bien y a las personas casadas que a pesar de estar muy apegadas a su pareja, se dejan llevar por el impulso romántico hacia otra persona.

Mientras que los implicados en una aventura amorosa clandestina (y con frecuencia también los que están cerca) salen perjudicados, la persona que sale peor parada es la que está disponible, es decir, La Otra. Las leyes del amor son simples y tan constantes como las que rigen la realidad física. Si dejamos caer un huevo, éste se estrellará contra el suelo. La persona que más se preocupa por una relación romántica siempre es la que tiene menos poder. Por definición, si una persona soltera que está genuinamente interesada y disponible para tener una relación auténtica se enamora de una casada, estará a merced de ésta. Al final será ella la que se dará el batacazo.

Todas las personas con las que he trabajado que han sido La Otra en una aventura amorosa, se han pasado la mayor parte de la relación con miedos, ansiedad, resentimiento y sufrimiento, a excepción de unas pocas horas o días de alivio en los momentos en que han estado ocupadas con la atención de su amante. La mayor parte del tiempo, esta no está libre cuando ella querría o necesitaría. No puede pasar suficiente tiempo con él o ella, pues éste tiene que ocultar su relación. La Otra o El Otro siempre está en segundo lugar. El mero hecho de saber que su amado/a vive y duerme con otra persona (con la que posiblemente tenga relaciones sexuales) y que elija pasar sus vacaciones con su verdadera familia, es desolador. Los únicos momentos en que El Otro o La Otra se siente bien es cuando está con su amado/a (pero incluso entonces es probable que esté resentido y que tenga una gran necesidad de reafirmarse en la relación).

Puesto que El Otro o La Otra vive en semejante estado de agitada angustia, incertidumbre y sufrimiento, está expuesto a la secreción de grandes dosis de inquietante dopamina emocional y carece de serotonina. El resultado es que se vuelve obsesivo, está agitado, a la defensiva y, con frecuencia, es muy susceptible. El placer intenso y la recompensa que siente cuando está con su amante es lo único que puede calmar ese sufrimiento. Esta realidad neurológica hace que los romances clandestinos sean el tipo de relación más adictiva, sobre todo para El Otro.

El Otro empezará a organizar su vida de acuerdo con la disponibilidad de su amante. Aceptará el hecho de que El Ocupado determinará cuándo hablarán, por qué medios contactarán, y sí contactan, cuándo y cuánto tiempo estarán juntos. El amante que no es libre pondrá todas las condiciones y El Otro sentirá que no tiene más elección que aceptarlo. Muchos Otros, si no la mayoría, sienten que se rebajan para mantener esa relación. Traspasan sus propios límites. Toleran conductas y malos tratos que con anterioridad nunca hubieran tolerado. Aceptan las migajas de la relación.

Cuando estás con alguien que tiene que ocultarse y mentir sobre ti, te afecta negativamente. Todos queremos (necesitamos) amar y ser amados. Cuando estás con alguien que sólo puede amarte a ratos, y bajo sus condiciones, no estás a salvo emocionalmente. No estás cubriendo tus necesidades. Sentirse indefenso en una relación (totalmente a merced de otra persona) es una experiencia desgarradora y destructiva. Es otra persona la que evalúa lo que vales, lo importante que eres y si mereces o no ser recompensada con su presencia.

Cuando estas relaciones terminan, como suele suceder en la inmensa mayoría de los casos, El Otro ha de enfrentarse a una arraigada adicción a una relación nociva y a su tremenda vergüenza y autodesprecio por haber permitido ser maltratado de ese modo. Puesto que la experiencia bioquímica del amor ha sido mucho más intensa, debido a los altibajos que ha estado experimentando durante meses o años antes de la ruptura, cuando la relación termina, su respuesta de sufrimiento también es mucho más intensa.

Además, debido a los sentimientos de culpa y de vergüenza que les ha ocasionado la aventura amorosa, suelen sentirse aún más aislados que otras personas después de esta pérdida. Muchos de los que están desolados después de haber finalizado una aventura amorosa, también se sienten muy solos. Con frecuencia, ni siquiera sus mejores amigos saben lo que han estado haciendo. Ocultan su historia y sufren en solitario porque están avergonzados y temen ser juzgados. Y lo que es peor, alguien podría decirles: «Te lo tienes merecido». Por desgracia, las personas que confiesan su transgresión suelen ser juzgadas o rechazadas por sus amistades y familia.

En una aventura amorosa que ha finalizado, El Otro suele sentir que se ha perdido a sí mismo por completo en el transcurso de la relación. Es bastante común oírle decir: «Al final ya no sabía ni quién era yo». Su forma de actuar, sus sentimientos y sus experiencias eran tan diferentes de la persona que creían ser que se sienten disociados de su verdadero yo. En las aventuras que han durado un año o más, Los Otros han estado tan preocupados complaciendo a su amante imposible, que puede que hayan perdido contacto con todo aquello que les gustaba y que les definía. Sus amistades, aficiones, satisfacción y alegría de vivir puede que se hayan esfumado en el infierno de la aventura amorosa.

En mi opinión, uno de los aspectos más insidiosos de una aventura amorosa es que la mera experiencia de vivir se intensifica de tal modo en dicho contexto que algunas personas sienten que en comparación su vida cotidiana (o las relaciones seguras y emocionalmente sanas) es aburrida. Después de vivir al límite, de sentir los subidones y los bajones que conlleva una aventura amorosa, a muchos les parece que vivir sin esa intensidad es «un rollo». Asocian el sentido y la exclusividad al tiempo que pasan con su amante, lo que no hace más que obstaculizar su recuperación. Están tan asqueados de su vida que lo añoran todavía más, sin darse cuenta de que la aventura ha batido tanto sus neurotransmisores que sacan espuma, como un camarero que está preparando un cóctel Margarita con mucha energía. Han estado bajo la influencia del amor y en un contexto que les ha despertado sentimientos muy intensos (no necesariamente la persona en sí misma).

Tras la ruptura de una aventura amporosa, la persona que tenía pareja (La Ocupada) suele quedarse con un profundo sentimiento de vergüenza y culpa. Aunque decida seguir con su cónyuge, seguramente tendrá que luchar contra su obsesión y deseo por la persona con la que ha mantenido la aventura. Suele preguntarse por qué siente tanta pasión y amor por su amante, cuando sus sentimientos hacia su pareja son tan insulsos. Y cree que al haber tenido sentimientos tan intensos por su amante, su amor ha sido más «real». Es difícil entender la progresión a través de la lujuria, el amor y el apego hasta que no la has vivido.

Por ejemplo, he trabajado con muchas personas cuya relación empezó como una aventura amorosa. Quienes optan por abandonar a sus cónyuges y formalizar la relación con su nueva pareja, inevitablemente experimentan el enfriamiento de la pasión. Esto es sencillamente lo que sucede a medida que evolucionan las relaciones. A veces descubren que cuando se ha terminado la fiesta del romance (cuando ya se han bebido el champán burbujeante, comido el pastel decadente y ven la casa hecha un desastre a la fría luz del día) siguen pensando que no se arrepienten de lo que han hecho. Están con una persona más afín a sus valores, personalidad y compatibilidad a largo plazo.

Otras veces, sin embargo, se dan cuenta demasiado tarde de que la pareja que han elegido en el ardor de la pasión les ha decepcionado profundamente en el contexto de la vida cotidiana. No podría decir cuántas personas me han contado lo mucho que se arrepienten de haber perdido la tranquilidad que sentían, la sencillez y la seguridad que les aportaba su familia lamentando amargamente haberlo destrozado todo por una aventura amorosa que era superficial y hedonista. Vivir una aventura es como vivir en una realidad artificial, como si fuera un lujoso club nocturno de Las Vegas. Cuando lo abandonas de madrugada, con pitidos en los oídos y el bolsillo vacío, te das cuenta de que la chica explosiva y seductora era una bocazas de dudosa moralidad y que el chico malo irresistible era, en realidad, un egoísta, un inmaduro y un irresponsable. La persona que se deja llevar por sus pasiones suele recuperar la cordura cuando ya se encuentra inmersa en una nueva relación profundamente insatisfactoria con una persona que ya no le gusta y en la que no confía. Se da cuenta demasiado tarde de que ha canjeado una relación aburrida por una mala relación. Y que ya no puede volver a casa.

Sean cuales sean las circunstancias, cuando terminan las relaciones mancilladas por una aventura amorosa, tanto si eres El Otro como si eres El Ocupado, el adicto a su ex suele sentirse culpable, avergonzado, arrepentido y muchas veces hasta se odia a sí mismo. Si éste es tu caso, además de seguir los pasos para liberarte de la adicción, puede que tengas que recurrir a la ayuda de un profesional cualificado si observas que has de perdonarte y volver a recomponer tu vida.

Ventajas

Puesto que estas relaciones suelen ser tan terribles y tóxicas en todos los aspectos, cuando terminan te proporcionan grandes oportunidades de crecimiento. Una vez que has superado la peor parte del duelo, puedes empezar a indagar a fondo y a plantearte preguntas difíciles como: «¿Por qué sucedió?», «¿Por qué fui tan vulnerable a ese tipo de relación?» y «¿Qué he de hacer para evitar caer en ese tipo de situación en el futuro?» El hecho de que te hayas encontrado en esas circunstancias es una prueba de que tienes trabajo por hacer y que lo más adecuado sería que hicieras una buena terapia, como me gustaría sugerirte. Busca a alguna persona cualificada y déjate guiar y ayudar para hacer tu trabajo de curación.

EL FINAL DE LA VIDA

Hay un número sorprendentemente elevado de parejas que han resistido con éxito décadas viviendo juntos y que deciden separarse al final de sus vidas. A veces se les llama los «divorcios canosos», y son pérdidas que pueden ser muy dolorosas y traumáticas.

La ruptura de relaciones tan largas puede deberse a que uno de los dos se da cuenta de que no le queda mucho tiempo para disfrutar de la vida. En ocasiones, cuando los hijos han abandonado el hogar, las parejas ven que lo que realmente les unía ha quedado relegado hasta llegar a atrofiarse, y uno de los dos no desea seguir viviendo en el desierto emocional o sexual en que se ha convertido su matrimonio.

Además, a medida que las personas envejecen, sus hormonas cambian. Una vez superada la menopausia, las mujeres suelen estar menos dispuestas a seguir soportando el abandono emocional y se niegan a seguir cuidando y aguantando a una pareja egoísta para el resto de su vida. Cuando la testosterona baja, los hombres se vuelven más tiernos y más conscientes de su necesidad de encontrar un sentido a las cosas y de mantener la conexión emocional. Al conocerse desde hace tantos años, la pareja sabe muy bien lo que es posible y lo que no dentro de su relación y, a veces, tienen razón.

El problema es que, en general, las rupturas al final de la vida suelen ser unilaterales. Uno de los dos decide poner punto y final a la relación a pesar de las objeciones del otro. Aunque la relación no haya sido lo que se dice ideal para ambos, la otra persona se había acomodado a ella. La ruptura unilateral de una relación «bastante buena» suele dejar a la pareja abandonada sumida en la desesperación.

La tristeza, el duelo, el deseo y la pérdida del ser querido suelen ser más intensos debido a la duración, la importancia y el profundo apego que existía entre ellos. Después de haber estado con alguien veinte, treinta, cuarenta o incluso cincuenta años, que al final esa persona te abandone es como si te desterraran del único hogar que has conocido en tu vida.

Las personas que están en esta situación sienten que pierden toda su vida. Puede que hayan tenido que vender su antiguo hogar familiar y abandonar una comunidad de personas con las que han convivido muchos años, y vean cómo sus rutinas y rituales de toda una vida en común se interrumpen bruscamente. También tienen que luchar contra la ira y el sufrimiento que provoca el abandono. Quizá lamenten amargamente las decisiones o sacrificios que hicieron por el bien de su matrimonio, que sólo les han servido para estar solos al final de sus días. A veces, las personas mayores también lamentan no haber atendido las quejas de su pareja cuando estaban a tiempo de solucionar las cosas.

Y, por si fuera poco, pueden estar muy enfadadas porque después de tanto tiempo su pareja ha puesto fin a la relación sin darles la menor oportunidad de solucionar los problemas juntos. Por desgracia, muchas de las personas que al final se deciden a dejar a su pareja lo hacen con el sentimiento de que durante muchos años han intentado cambiar las cosas en su relación sin éxito alguno. Al final pierden la esperanza de que eso sea posible. Es muy difícil convencerlas de que su pareja es capaz de cambiar cuando tantos años de intentos frustrados les dan la razón. Entonces, se rinden. Las que han tomado la decisión suelen salir bien paradas y empiezan un nuevo capítulo más satisfactorio en sus vidas, al contrario que su pareja abandonada, que se va consumiendo amargamente a fuego muy lento.

VENTAJAS

Aunque perder una relación al final de la vida suele ser muy traumático, también tiene muchas ventajas. La edad suele aportar sabiduría, perspectiva y resiliencia emocional, cualidades que los jóvenes todavía no han adquirido. Las personas mayores también mantienen relaciones serias que pueden brindarles su apoyo. Además, quizá también tengan más amistades que estén solas y jubiladas, y que puedan compartir más tiempo con ellos. Desde luego, muchas más que una persona de mediana edad divorciada, cuyos conocidos están cargados de responsabilidades laborales y familiares, y poco disponibles para tomar una simple copa de vino, a menos que se lo programen con tres meses de antelación.

Las personas mayores suelen tener muy clara su identidad: saben lo que les gusta y lo que no. Saben quiénes son. A muchas, verse liberadas de una relación de tantos años les brinda la oportunidad de hacer realidad sus sueños, cosa que estando con su pareja nunca hubieran podido realizar. Poner fin a una relación en la vejez, aunque sea doloroso, también suele ser el catalizador para escribir un nuevo y apasionante capítulo en sus vidas.

Además, las parejas que han estado juntas durante décadas normalmente hace muchos años que han trascendido la etapa del amor romántico y entrado en la suave fuerza del apego. Han sido amigos y compañeros durante más años de los que fueron amantes. Por este motivo, a mi entender, tienen muchas más oportunidades de desarrollar una amistad verdadera con sus ex una vez que han superado el trauma y el sufrimiento de la separación.

Muchas veces, aunque se haya roto la situación de pareja, estas personas suelen seguir apegadas. Puede que compartan a sus hijos adultos y a sus nietos y que sigan reuniéndose en familia para los eventos y festividades importantes. Es más fácil que acepten o que incluso les guste la nueva pareja de su ex. Pueden amarse incondicionalmente y desear sinceramente lo mejor para el otro, aunque eso suponga no volver a estar juntos, para lo cual se necesita un alto grado de madurez. De este modo realizan el hermoso trabajo de quedarse con las partes buenas de la relación a la vez que dan libertad a su ex para que sea independiente.

MUCHOS AMORES, MUCHAS PÉRDIDAS

Hay muchos más aspectos de las relaciones que merecerían todo un libro y unas cuantas páginas más para tratar sobre sus finales. Las relaciones entre personas del mismo sexo, los segundos matrimonios en los que se crean familias mixtas, las situaciones en las que sale a la luz una pareja secreta, y las personas mayores que no han llegado a casarse nunca con su pareja, todas ellas tienen experiencias únicas cuando termina su relación.

También es cierto que muchas relaciones tienen factores en común a varias situaciones y etapas del desarrollo. Ser una mujer de veintidós años con dos niños pequeños que es abandonada por su esposo infiel y alcohólico es una situación complicada. A mayor complejidad, mayor necesidad de ayuda y orientación para la curación.

Puesto que existen muchos tipos de relaciones e infinitas variantes de sus posibles finales, toda pérdida de una relación presentará dificultades y oportunidades únicas. Las personas tienen distintas personalidades, esperanzas, sueños, experiencias de la vida y creencias arraigadas, que marcarán la diferencia en la forma en que cada una «manejará» las relaciones. Pero como todos somos humanos, con el mismo conjunto de necesidades y equipamiento de vinculación estándar en nuestro cerebro y nuestro cuerpo, todos podemos compartir procesos de recuperación.

Parte IV
El camino de la recuperación

9

LAS ETAPAS
DE LA CURACIÓN

*La negación nos ayuda a
dosificar el dolor de la pérdida.*

ELISABETH KÜBLER-ROSS

«¿VA A MEJORAR ESTO ALGUNA VEZ?»

«¿Cuánto tiempo voy a sentirme así?»

«¿Cómo puedo superarlo y seguir con mi vida?»

Éstas son las preguntas que escucho siempre de los pacientes que tienen el corazón roto. Sufren desde lo más profundo de su ser y no pueden huir del dolor. Para las personas que han estado sufriendo durante meses o incluso años, es bastante difícil albergar la esperanza de que algún día termine su tristeza, ansiedad y añoranza.

Supongo que tú también te habrás planteado alguna vez estas preguntas. Cuando te pones a revisar la carnicería que ha tenido lugar en tu ahora desmembrada vida bajo la perspectiva de la desesperación profunda, te puede parecer que la recuperación es imposible. Ves pérdida y sufrimiento por todas partes. Ya no puedes ir a los sitios que te gustaban sin que te invada la tristeza, la ansiedad y la ira. Tus relaciones han cambiado, puede que hasta te resulte difícil sentirte cómodo con tus viejas amistades. Tu cabeza está llena de recuerdos, donde no dejan de reproducirse conversaciones pasadas y futuras con la única persona en la que eres capaz de pensar.

Uno de los aspectos más duros de esta situación es que te parece que te has perdido a ti mismo. En alguna parte de este viaje has pasado de sentirte seguro, competente y una persona que, en general, era feliz, a convertirte en un ser destrozado por el dolor y adicto a un fantasma, a alguien que ya no existe, al menos no como lo habías conocido antes. La experiencia es tan traumática y nociva en tantos niveles que puedes tener la sensación de que ya no te queda nada dentro de ti que pueda ayudarte a volver a encontrar tu camino.

Es un estado terrible. Pero te garantizo que la mejoría es posible y que mejorarás, y que puedes hacer cosas específicas que te ayudarán en este proceso de curación. Puesto que las relaciones son procesos adictivos por naturaleza, un plan de recuperación de doce pasos puede serte muy útil. Sin embargo, para la mayoría de las personas adictas a su ex (como para la mayoría de los otros adictos), la parte más difícil del proceso de curación es dar el primer paso: admitir que tu apego a tu ex es enfermizo y que ha de terminar.

Para dar el primer paso hacia la verdadera recuperación has de abrirte camino a través de la protesta y la desesperación, así como por las etapas de cambio que todos los adictos han de pasar antes de que por fin puedas superar la negación y aceptar el hecho de que tu relación con tu droga favorita ha de cambiar.

Ésta es la trayectoria que tienes por delante:

- Precontemplación (no pensar en cambiar).
- Contemplación (pensar en cambiar).
- Determinación (deseo de cambio).
- Acción (cambio).
- Mantenimiento (mantener el cambio).

Un adicto a su ex, como el resto de los adictos, tiene que pasar por estas etapas de cambio antes de que por fin pueda ser capaz de admitir que su apego a su ex es un problema y que ha de solucionarlo. Sólo entonces empezará a trabajar en los pasos de la recuperación. Hasta entonces, muchos adictos a su ex quedan atrapados en un purgatorio de añoranza mientras se encuentran en tierra de nadie padeciendo por desear la conexión y la liberación emocional a un mismo tiempo: protesta y desesperación.

Como probablemente sepas, aceptar la realidad de que la relación ha terminado lleva un tiempo considerable. Recuerda que debido a la forma en que funciona nuestro cerebro y a nuestra naturaleza a vincularnos, aunque *sepas* que ha terminado, sigues *sintiendo* que no es así. El sistema límbico es una criatura salvaje que no se rinde a la voluntad del neocórtex. Mantiene tu apego a tu ex aunque tú no quieras. Peor aún, puesto que su necesidad de reunión es tan fuerte, puede engañar a tu neocórtex y hacerle creer que debes volver con tu ex. Sientes la pulsación del obsesivo deseo de la protesta, tanto si te gusta como si no. El oscuro anhelo de la desesperación te consume, a la vez que esperas en el infierno a que regrese tu pareja.

Éste es el problema: todas las adicciones son traicioneras y la adicción a una relación no es una excepción. Sentir una necesidad límbica que está deseosa de gratificación puede inducirnos a creer todo tipo de cosas. Nuestro sistema límbico, con toda su fuerza primitiva de mamífero, es muy hábil convenciendo al neocórtex para que haga todo lo que él desea. Cuando tiene una necesidad (le pica algo y necesita que le rasquen) empiezan a surgir los sentimientos primarios a través de las húmedas capas de nuestro cerebro y acaban manifestándose en el neocórtex como decepción. Éste, a su vez, se remodelará hasta convertirse en un pretzel, si es necesario, para encontrar pruebas de lo que quiere hacerle creer el sistema límbico. Entonces, el neocórtex dirigirá tu conducta correspondientemente, con la soberbia típica de los que creen estar en posesión de la verdad.

En la terminología del movimiento de los doce pasos este fenómeno se conoce como negación.

- Por ejemplo, el neocórtex de un alcohólico puede encontrar ochenta y cinco razones para hacerse creer a sí mismo que controla lo que bebe.
- «Ayer sólo me bebí tres cervezas y, además, ¡era jueves por la noche! ¡Todo el mundo bebe los jueves por la noche!»
- El neocórtex de un fumador le asegura que esta vez sí puede fumarse un cigarrillo y que mañana lo dejará.
- «Sólo me compro el paquete, me fumo uno y tiro el resto. Está bien. Es muy normal fumarse un cigarrillo de vez en cuando.»
- El neocórtex de un jugador aterrado calcula cuidadosamente las veces que puede que gane y llega a la conclusión de que va a hacer una inversión.
- «¡Pagaré toda la deuda y me sobrará dinero para comprarme una casa! ¡Como Dave Ramsey!»
- Y, por supuesto, el neocórtex siempre encontrará un montón de pruebas para justificar la gran mentira de su adicción al ex: «Podemos volver a estar juntos».

Un adicto a su ex que esté muy enganchado está convencido de que existe la posibilidad de volver a estar juntos. Lo que sucedió fue un terrible malentendido, una pelea muy desagradable. Reflexionará y se dará cuenta de lo fuerte que es nuestro amor. Esta vez se arrepentirá y cambiará. Nuestra relación mejorará y nuestra increíble historia de amor será un triunfo sobre la adversidad. Mientras tanto, seremos amigos. Amigos muy íntimos. Nos lo contaremos todo y tendremos sexo.

Hasta que no se produce esa reunión que tanto anhelas, tu respuesta de protesta hará que pienses obsesivamente en tu ex: estarás nervioso y expectante, indagarás sobre él o ella y lo buscarás por todas partes, a la espera de recibir una señal por su parte de que todavía se interesa por ti. Si no pasa nada, caerás en la desesperación, te culpabilizarás despiadadamente por todos los errores que cometiste durante vuestra relación y por ser tan poco merecedor de que te amen como para haber sido rechazado por la única persona en este mundo que te importa.

LA PRECONTEMPLACIÓN

Estar a merced de la protesta y la desesperación es la etapa de cambio denominada «precontemplación». Es decir, cuando todavía no eres consciente de que tienes un problema. Te has creído cualquier cosa que te haya dicho tu sistema límbico, que suele ser alguna variante del «hemos de volver a estar juntos».

La etapa de cambio de la precontemplación se rige por el rey Negación. El adicto a su ex no ha asimilado que la relación ha terminado y que en el terreno emocional está dando coletazos como un pez fuera del agua, desesperado por regresar a su fresco y verde hogar acuoso, donde era amado y todo iba bien. Como un adicto a la heroína, cuyo único propósito es conseguir otra dosis, el corazón y la mente de un adicto a su ex está totalmente concentrado en conservar su apego a su amado. Si literalmente no puede volver a conectar con él o ella, seguirá conectado mentalmente, fantaseando y montándose su propia película, siguiendo cada uno de sus movimientos por Facebook y Twitter e intentando recopilar información de todas las maneras posibles. De este modo, mantiene su adicción.

Esto es lo que de verdad importa en esta etapa: aunque técnicamente no estás «con» tu ex, *todavía te obsesiona*.

Del mismo modo que la obsesión romántica y la fantasía te unieron en el plano emocional con tu pareja en las primeras etapas del encantamiento, la obsesión y la fantasía siguen manteniendo tu relación aunque ésta esté técnicamente terminada. Sigues teniendo una relación con tu pareja, a la que has interiorizado en tu mente. Esto es porque tu sistema límbico no puede distinguir entre lo que está sucediendo realmente y lo que estás pensando. (Cuando piensas en algo que te enfurece, te enfadas. Cuando piensas en algo excitante, te excitas. Etcétera.)

Cuando piensas o fantaseas sobre tu expareja, tienes los mismos sentimientos: amor, excitación, desesperación, nostalgia, sufrimiento, ira y rechazo. Los pensamientos hacen casi el mismo buen trabajo de exprimir la dopamina de tu sistema límbico, que las interacciones en persona con tu ex. Y estar en contacto con tu ex durante el día, a través de los medios sociales, viene a ser como llevar puesta una vía en la vena en el brazo para irte inyectando dopamina. Las obsesiones y la información calman el mono lo suficiente como para que sigas enganchado, pero sin llegar a estar totalmente satisfecho, como tan bien sabes.

La mayoría de las personas adictas a su ex necesitan revolcarse en la ciénaga de la esperanza intentando alcanzar una quimera, antes de rendirse y reconocer que su apego insistente hacia esa persona es enfermizo. No pueden dejarlo ir de buenas a primeras porque su apego a su ex es demasiado fuerte (porque está actuando justo como la naturaleza pretende, como ya hemos visto en los capítulos anteriores). Se han quedado encalladas en la protesta y simplemente no están dispuestas a renunciar a su esperanza de retomar su unión. Todavía tienen que hacer mucho trabajo emocional antes de llegar a aceptar que su constante apego por su ex es perjudicial para ellas.

Es un purgatorio, una zona intermedia del infierno donde ni estás con la persona amada, ni tus emociones se han separado de ella. Sigues conectado sentimentalmente con tu ex, aunque no haya contacto entre vosotros. Quizá sí que seguís hablándoos o, al menos, intentándolo. Puede que hasta os veáis alguna vez o que incluso os acostéis, pero después de eso, no volvéis a hablaros en días o semanas. Todavía guardas algunos de sus enseres personales, que son como una póliza de seguro que te garantiza una conexión en el futuro. Estás en un limbo donde deseas su presencia y conservas la esperanza de volver a estar juntos. Eres incapaz de borrar su número de teléfono o de bloquearlo. Aunque ya no estéis juntos, te sigue pareciendo que tu ex te pertenece.

Estar en esta situación es muy doloroso. Estás muy apegado a alguien con quien no puedes hablar. O que te hiere cuando lo haces.

Para empeorar las cosas, la mayoría de las relaciones no terminan con un sonoro portazo, sino con un ambiguo encogimiento de hombros. Con un, «En estos momentos no estoy demasiado bien, pero realmente me importas», que deja a todos confundidos sobre lo que está sucediendo o no está sucediendo. (Nota de una terapeuta que escucha a los dos bandos: eso no es cierto. Uno de los dos suele estar bastante seguro de que se ha terminado, pero la otra persona sigue aferrada a la esperanza que le dan las palabras amables que parecen indicar que puede haber alguna posibilidad en el futuro.)

Así que te retuerces en el aire colgado del hilo que sigue unido a tu idealizado ex, que está muy por encima de ti en la escala del poder. Si te lanzan una migaja de reconocimiento o de afecto llorarás de alegría. Si ignoran tu dolor, arderás en la vergüenza, autodesprecio y en la ira de la impotencia. Te abalanzas sobre cada oportunidad de reconquistar su afecto, con el mismo entusiasmo que un cocker spaniel se lanza a coger un trozo de queso (con frecuencia, pagando un precio muy alto con tu ya deteriorada autoestima). Parece como si los caprichos de tu ex tuvieran un control total sobre tus emociones, autocontrol y futuro.

En algún momento (se supone), al cabo de semanas o meses de soportar esta tortura, algún resquicio de ti mismo que todavía conserva la cordura se manifiesta y te dice: «¿Qué demonios estás haciendo?»

En ese instante pasas a la fase de la contemplación.

LA CONTEMPLACIÓN

La etapa de la contemplación o de «pensar en cambiar» se caracteriza por su ambivalencia. Un alcohólico puede entender (y odiar) el hecho de que su vicio de empinar el codo está destruyendo a su familia, pero todavía no está preparado para soportar las consecuencias que supone abandonarlo. Eres consciente de que no estás siendo bien tratado y de que tu vida se está resintiendo a raíz de tu apego a tu ex, pero sigues sintiendo una fuerte conexión con él o ella. Puede que estés furioso y herido, pero sigues amándole. Es un desconcertante baile de «Te quiero pero te odio» que te lleva de un lado a otro. No soportas sentirte así, odias el daño que te está haciendo esta situación, el poder que tu ex sigue teniendo sobre tu vida, e incluso puede que le odies, *pero* te sigues preocupando por él o ella. Pero lo más importante es que pretendes que te ame, gustarle y que te ayude a reafirmarte en ti mismo. Quieres que te desee. Tu valía personal sigue dependiendo de la opinión que tiene de ti. Te parece que la única forma de recuperar tu autoestima es conseguir que te vuelva a desear.

En esta fase, muchos adictos a su ex necesitan poner a prueba la relación antes de aceptar definitivamente que no hay vuelta atrás. Han de demostrarse a sí mismos que realmente ha terminado antes de que puedan decir su adiós. Así que intentan conectar con su ex y hablar: «Una última vez». Van a hacer terapia para demostrarle cuánto han cambiado. Intentan volver a seducir o a reenganchar a su expareja. Hacen averiguaciones para comprobar si su ex ha cambiado y por fin puede ser la persona que ellos necesitan que sea. Tal vez hasta le sugieran volver a salir juntos, «Sólo para ver qué pasa». Esto puede suponer semanas o meses de continuos rechazos, decepciones y malas experiencias, por la situación de ambivalencia en la que se encuentran, hasta que al final se decantan por zanjar la historia.

Todo adicto en proceso de rehabilitación tiene su propia historia de tocar fondo: su momento Burroughs como en *El almuerzo desnudo*, donde al final ven con diáfana claridad qué era lo que tenían en la punta de su tenedor* y que estaban a punto de llevarse a la boca. Estaban demasiado mal como para hacer su trabajo. Vieron cómo su pareja se llevó a sus hijos. Se despertaron en una casa que no era la suya. O se encontraron en medio de algo mucho peor. Cualesquiera que fueran las circunstancias, tuvieron una experiencia innegable que les removió algo en lo más profundo de su ser y les abrió los ojos al hecho de que «Esto ha de terminar».

Para las personas adictas a su ex, la historia de tocar fondo a veces puede ser tan dramática como la de esos adictos a los que la droga ha causado ya grandes estragos. Cuando un ex se vuelve a casar, es arrestado o hace algo tan atroz que seguir manteniendo tu apego es evidentemente tóxico, lo quieras o no rebotas contra las gélidas paredes de piedra del fondo.

En otras ocasiones, tocar fondo en los adictos es algo más sutil y ambiguo y se va forjando con el tiempo. Objetivamente, amar a alguien no es destructivo como lo es la cocaína. Cuando el problema es amar demasiado a alguien es mucho más fácil que se alargue el período de negación, esperanza y ambivalencia. Lo malo de seguir apegado a una persona es que puede ser considerado saludable, positivo y socialmente aceptable por tu siempre racional neocórtex. Por consiguiente, aunque un adicto a su ex sufra mucho, puede permanecer

---

* La autora se refiere al libro en el que William S. Burroughs reconoce que tuvo una enfermedad; es decir, la adicción a los opiáceos y otras sustancias sintéticas. Lo que tienen en la punta de sus tenedores es la «enfermedad» o la adicción. *(N. de la T.)*

muchísimo tiempo atrapado en la ambivalencia. No obstante, llegará un momento en el que se menospreciará tanto a sí mismo o en que haya sido tan maltratado, que acabará tocando fondo y ya no podrá seguir fingiendo que su apego a su ex es algo más que sufrimiento y perjuicio para él.

Éste es el momento en que el neocórtex empieza a apuntalarse. Tu yo racional lucha activamente contra el sistema límbico para controlar tu mente y tu alma. Tu mente se va aclarando respecto al hecho de que la persona con la que estás empecinado, simplemente no está libre o dispuesta a corresponderte. Empiezas a reconocer que tu dependencia emocional de esta persona te está arruinando. Puede, tan sólo puede, que entonces también quieras que realmente termine la relación.

Es decir, tu neocórtex por fin empieza a ver que los deseos de tu primitivo sistema límbico de estar con tu ex son un problema grave. Y eso, lo creas o no, es bueno. Porque cuando empiezas a cansarte de ese apego incesante, desarrollas la motivación para cambiar. Cuanto más intensa es la frustración, tanto mejor. Cuando te sientas atrapado por tu amor no correspondido y estés harto de ser esclavo de una persona que no se lo merece, comienza a cultivar el verdadero deseo de liberarte de su insalubre apego y estarás preparado para pasar a la fase de cambio de la determinación.

LA DETERMINACIÓN

En la etapa de cambio de la determinación las personas adictas a su ex se sienten motivadas a cambiar y empiezan a planificar cómo van a liberarse. Normalmente, en esta fase de cambio es cuando buscan ayuda, instrumentos o ideas nuevas que les sirvan de apoyo para lograr su libertad. Para estas personas, la determinación surge gracias a que se han dado cuenta de que verdaderamente necesitan librarse de su apego a su expareja, aunque sientan que todavía no son capaces de conseguirlo. Buscan recursos, leen libros (hola) y piden ayuda.

Todavía no pueden liberarse emocionalmente, pero quieren hacerlo. La baraja de pruebas se amontona contra su ex y la idealización de su relación es reemplazada por la realidad de su decepción. Se plantean iniciar el proceso de doce pasos, admitiendo que son adictos a su ex y que su apego incesante a él/ella es enfermizo y problemático. Y aunque todavía no están convencidas del todo, quieren estarlo. Por consiguiente, buscan medios que les ayuden a ratificar su resolución.

Una de las cosas más importantes y útiles que puede hacer un adicto a su ex en esta etapa es conectar con alguien que esté viviendo la misma experiencia. Las personas que están lidiando con la desconcertante y agotadora experiencia de protesta y desesperación, suelen creer que son las únicas a las que les pasa esto. Como ya hemos visto, en nuestra cultura no se habla de la verdadera naturaleza del amor ni de las secuelas de perderlo, ni tampoco se entiende.

Por lo tanto, cuando un adicto a su ex se pone en contacto con personas que sienten lo mismo o, mejor aún, que han empezado a dar los pasos y a curarse, puede producirse un cambio importante: puede empezar a albergar la esperanza de que él también podrá cambiar. Al escuchar las historias de otras personas, de cómo tocaron fondo y de cómo se dieron cuenta de que había llegado el momento de liberarse, reflexionan sobre su propio proceso de cambio y sobre si están preparadas. Cuando un adicto a su ex puede testificar ante otra persona cómo se ha desarrollado su propio proceso de curación, crea un faro de esperanza: deja entrever un camino en medio de la oscuridad que conduce a una salida. Si te encuentras en la etapa de cambio de la contemplación o determinación, te recomiendo que busques historias de personas que han pasado por lo mismo que tú. Fisgonea por los foros que hay en la Red o pide a familiares o amigos de confianza que te cuenten sus verdaderas historias de decepción amorosa.

Tus etapas de cambio te han conducido a este momento. El hecho de que estés leyendo este libro es una prueba de que o estás en la fase de recuperación de la contemplación o de la determinación. Para poder seguir avanzando en tu proceso de cambio (aceptar emocionalmente que la relación ha terminado y que está empezando la curación) necesitas ayuda.

Encontrar personas que puedan entender tu sufrimiento y ofrecerte el consuelo y la esperanza que necesitas es una parte fundamental del proceso de curación. Cuando yo estuve en mi pequeño y particular infierno de rechazo y desesperación, me encontré principalmente rodeada de adolescentes tan inexpertos en el mundo que la mayoría todavía no sabían lo que era estar destrozada por el rechazo. Tenían muy claro que yo era patética y una excepción. Los pocos adultos a los que pude recurrir en aquellos momentos, hacía tanto tiempo que les habían roto el corazón que lo único que pudieron decirme fue que entendían lo que me estaba pasando y que «Ya se te pasará». No obstante, recuerdo el consuelo que me aportó una profesora, la señora Gray. Me miró y pudo ver mi sufrimiento. Me dijo que su ruptura en el instituto fue más traumática para ella que su divorcio. En ese momento, sentí que mi sufrimiento había sido reconocido. No lo hizo desaparecer, pero me ayudó a sentirme menos avergonzada y destrozada. Saber que otra persona también había sufrido horriblemente por esa situación me ayudó a sentirme menos sola. Saber que alguien sintió una compasión sincera por mí, me devolvió una diminuta parte de mi autoestima.

Necesitamos a los demás. Los seres humanos no estamos hechos para estar solos. Esto es tan esencial para tu recuperación como lo ha sido desde el momento en que respiraste por primera vez. Necesitas una tribu ya. Busca a alguien: un/a compañero/a, amigo/a o terapeuta que pueda entenderte y apoyarte. Cuando sabes que cuentas con personas dispuestas a respaldarte, puedes hacer más fuerza contra los impulsos de tu sistema límbico y seguir recopilando información útil sobre lo que te está sucediendo y cómo es el proceso del cambio. Si te sientes respaldado, prueba a alejarte físicamente de tu ex. Una vez que tengas bien asegurado tu sistema de apoyo, te sentirás a salvo para dar el paso final de dejarlo ir. Entonces podrás pasar a la etapa de la acción, que es donde empieza la verdadera curación.

10

CÓMO SOBRELLEVAR LA RECUPERACIÓN

En caso de emergencia, rompa el cristal.

MI FAMILIA MATERNA ES DE UNA CIUDAD DE CLASE TRABAJADORA DE LA COSTA DE NUEVA JERSEY.
CADA VERANO CRUZÁBAMOS EL PEAJE DE LA AUTOPISTA DE VIRGINIA EN NUESTRA RANCHERA, UN IMPALA CHEVY DE COLOR AZUL. MI HERMANA Y YO AGUANTÁBAMOS EL INTERMINABLE VIAJE EN AQUELLOS TIEMPOS ENFUNDADAS EN NUESTROS SACOS DE DORMIR DE SATÉN ROSA, A LO QUE SE SUMABAN MIS PEQUEÑOS PONIES, MIS NOVELAS ROMÁNTICAS Y TODAS LAS CHUCHERÍAS QUE PODÍAMOS PICAR.
(SI SEMEJANTES ACTOS DE PONER EN PELIGRO LA INTEGRIDAD FÍSICA Y NUTRICIONAL DE UNAS NIÑAS SE HUBIERAN PRODUCIDO EN LA ACTUALIDAD, EN CONCRETO EN MI NUEVA CIUDAD DE RESIDENCIA, DENVER, EN COLORADO, ESTOY SEGURA DE QUE NOS HABRÍAN ENVIADO DIRECTAMENTE AL SERVICIO DE PROTECCIÓN DE MENORES.)

Tras dedicar las primeras horas de nuestra visita a aguantar las bromas de nuestros primos por nuestros acentos sureños («¡Vuelve a decir «firefly»!, «¡Madre mía, parecen Scarlett O'Hara! ¡Har, har!»), al final se aburrían de nosotras y nos íbamos todos al paseo marítimo de suelo entarimado. Mi madre, mis tías y mi abuela no tardaban en sucumbir a sus supersticiones irlandesas sobre la suerte y se quedaban enganchadas jugando durante horas en las máquinas tragaperras de la Rueda de la Fortuna®. Mi hermana y yo nos íbamos solas a ver las tiendas de regalos; nos fascinaban las cajitas forradas de conchas, los fetos de tiburón flotando en recipientes de cristal y todo tipo de recuerdos disparatados y totalmente inútiles.

Había uno que siempre me llamó la atención. Era una cajita de madera y cristal con un solo cigarrillo y una cerilla. En la parte frontal impreso en color rojo, ponía: «En caso de emergencia, rompa el cristal». Me hacía gracia pensar qué tipo de emergencia podía provocar que un adulto empezara a buscar la caja por todas partes para inhalar con manos temblorosas su contenido carcinógeno. ¿Se le habría quemado la cena? ¿Habría perdido su equipo? ¿Le habrían contado un chiste malo? ¿No habría nada bueno que ver en la tele?

Por absurdas que parezcan las catástrofes que me imaginaba, me gusta la idea de tener un plan de acción para las emergencias. A mí me tranquiliza saber que puedo hacer algo cuando la mierda me está salpicando por todas partes.

¿Por qué estoy diciendo esto? Porque tú, amigo/a mío/a, necesitas un plan.

Ya sé que no hace falta que te lo diga, pero lo haré de todos modos: es muy duro lo que te está pasando en estos momentos, emocional, social e incluso físicamente. Por desgracia, ir atravesando cada una de las etapas de cambio mientras te preparas emocionalmente para desapegarte por completo puede ser bastante largo. Antes de que llegues a la cúspide de la aceptación y realmente puedas iniciar tu proceso de curación, quizá tengas que soportar semanas o meses de experiencias dolorosas y decepcionantes. Pero peor que todo lo que puede que te haga o no te haga tu ex durante este tiempo, por terrible que sea, son las inevitables experiencias de tu propia mente: la obsesión, el deseo, la búsqueda y la merma de tu autoestima.

Son momentos de absoluta oscuridad. Es así. Es el momento de romper el cristal y hacer algo que te ayude a afrontar la situación.

Aunque nunca recomendaría fumar como una estrategia especialmente útil o productiva para sobrellevar una crisis, la verdad es que tienes que hacer algo para ayudarte en este proceso. Lo malo ya ha pasado y ha llegado la hora de romper el cristal y poner en práctica tu plan de emergencia. El tiempo que transcurre entre el final oficial de tu relación y tu aceptación y comienzo de la curación puede ser muy confuso. En este capítulo pretendo convertirme en un manual de crisis: una guía para que puedas manejarte durante los primeros días, semanas y meses después de la ruptura, cuando todavía no estás preparado para cortar el cordón definitivamente.

CONSEJOS GENERALES SOBRE CÓMO MANEJARTE

Salvo que estés bajo la influencia de pensamientos positivos, siempre es mejor actuar basándote en tus valores que en tus emociones. Las emociones son pasajeras. Los valores son otra cosa. Son el faro de tu auténtica verdad. Tus valores proceden de lo mejor de ti y son la esencia de tu personalidad. No cambian. Los valores pueden quedar ocultos por las emociones o caer en el olvido, pero son los puntales invisibles de tu personalidad, tus decisiones y tu vida.

En estos momentos, y probablemente durante al menos las siguientes semanas o meses, te vas a sentir francamente mal. Las emociones estarán descontroladas y te inducirán a hacer todo tipo de cosas. Algunas de ellas pueden dar frutos positivos, pero en general, cuando son el miedo, el sufrimiento, la ira y el pánico lo que nos hace actuar, no suele salirnos bien. Lo cierto es que por el momento escuchar a tus sentimientos puede desviarte del buen camino. Quizá sientas el impulso de tirar una silla por la ventana, rayar algún coche en un *parking*, dejar tu trabajo o incluso suicidarte. Pero hacer cualquiera de estas cosas sólo desatará más sufrimiento y destrucción. Escuchar a tus valores te mantendrá a salvo.

Actuar desde tus valores, en lugar de hacerlo desde los sentimientos, te ayudará a crear buenos resultados aunque te sientas fatal. Por esta razón es muy importante que tengas claro quién eres más allá de ese dolor que estás sintiendo ahora, y que te comprometas con tus valores esenciales para que te guíen en tu forma de actuar.

Antes de seguir avanzando, vamos a revisar esos valores. ¿Cuáles son? Haz una lista de las cualidades, circunstancias y características más importantes para ti. Amor incondicional, seguridad, salud, compasión, aventura, diversión, pasión, éxito, trabajo que te gusta, orden, fiabilidad, servicio a los demás, respeto, entusiasmo, amistad, autenticidad, familia, crecimiento, creatividad, paz, seguridad emocional...; ésta es sólo una lista resumida para que empieces a pensar en las cosas que realmente te importan. Escribe tus valores más importantes. Cuando tengas claro cuáles son, podrás recurrir a ellos para actuar conforme a ellos las próximas semanas o meses.

Decide ahora mismo aceptar tus sentimientos. Respétalos, procésalos, tranquilízalos. Pero *actúa* sólo desde tus valores. Además, en tu vida siempre debes procurar actuar de acuerdo con ellos; no esperes y desees que te sean dados sin más. Si valoras la seguridad, la fiabilidad, la salud y el orden, de ti depende demostrarlo a través de tus decisiones y conductas. En realidad, tus acciones son las que determinan por qué valores se rige tu vida.

Aparte de qué otros valores sean importantes para ti, me gustaría sugerirte que en los meses siguientes te concentres en incorporar los valores de la salud física, mental y emocional, y el respeto hacia ti mismo y hacia los demás. Te van a hacer falta para soportar esto.

CUIDADO PERSONAL MENTAL Y EMOCIONAL

Ahora veamos cómo te las arreglas en situaciones específicas. Cómo cuidas de ti mismo, cómo manejas tus pensamientos y sentimientos, cómo controlas tus conductas, cómo te mantienes a salvo y cómo afrontas los momentos difíciles, como puede ser ver a tu ex.

PROCESAR

Si eres como la mayoría de las personas, durante los primeros días, semanas y meses después de la ruptura sentirás que te asaltan pensamientos, sentimientos y obsesiones que están fuera de todo control. Probablemente, sientas una mezcla de sufrimiento, enfado, miedo, tristeza, rechazo, abandono, culpa, soledad, resentimiento, victimización, alivio y el tormento de la añoranza, todos a la vez. Son muchas cosas que procesar y es importante que tengas algún instrumento para trabajar estos sentimientos.

Escribir un diario es una forma de expresar tus sentimientos; puedes recurrir, presencialmente o bien por Internet, a un grupo de apoyo para personas que se están enfrentando a una ruptura o buscar a un terapeuta competente. Todas estas opciones te dan la oportunidad de empezar a implicarte en un proceso psicológico similar a deshacer una maraña de hilos con grumos de goma y pedacitos de filamentos enganchados a ellos. Cada vez que hablas o escribes tus pensamientos o emociones, estás peinando una pequeña sección. Traducir en palabras los sentimientos ambiguos y confusos crea orden y comprensión. Con el tiempo acabas ordenándolo todo en tu cabeza y en tu corazón. Cuando entiendes lo que ha sucedido, puedes escribir un nuevo relato sobre ti mismo y sobre tu vida. En última instancia, esto es lo que, en esencia, hacen las personas para reivindicarse a sí mismas y seguir adelante. Encuentra un entorno seguro en el que puedas hacer este importante trabajo y utilízalo.

LA ESPIRITUALIDAD

Hay varias cosas importantes que debes tener en cuenta respecto a la espiritualidad cuando atraviesas una crisis vital.

1. La espiritualidad puede ser una fuente increíble de consuelo y orientación para ti en estos momentos. Una práctica espiritual seria quizá sea el elemento clave para sentir el respaldo y la reafirmación personal que surge desde tu interior, sobre todo si ya hacías alguna práctica espiritual, ibas a alguna iglesia o creías en algún poder superior. La espiritualidad puede ser uno de los caminos que dé sentido a tu experiencia y que te ayude a encontrar esperanza para el futuro. Dedicar parte de tu tiempo a realizar actividades espirituales que tengan un sentido para ti puede ser más importante que nunca. Plantéatelo como una de tus prioridades.

2. Quizás estés furioso con Dios, con el Universo o con cualquier deidad a la que diriges tus oraciones. Tal vez sientas que los cimientos de tu fe se tambalean. Estar enfadado y sentirte abandonado es muy normal y previsible en el proceso de curación. También has de tener en cuenta que estarás más necesitado y susceptible que nunca y que buscarás respuestas a preguntas que no las tienen. Ve con cuidado si piensas en unirte a algún grupo, invertir en algún producto o realizar alguna práctica que te prometa una curación sin esfuerzo o una transformación rápida. Y sea lo que sea lo que hagas, no te metas en ninguna secta.

3. Si eres ateo, encontrarás el consuelo en tener una prueba más de que Dios no existe.

EL DUELO

Antiguamente, cuando se moría alguien, las personas entraban oficialmente en un período de duelo. Se vestían de negro o llevaban unos brazaletes negros cosidos en la manga con una doble finalidad, la de transmitir su respeto por el difunto y la de indicar a los demás que no estaban bien emocionalmente. Esta costumbre, que ya se ha perdido, cumplía una importante labor psicosocial para las personas que estaban de duelo, ya que les ayudaba a conseguir el apoyo y la comprensión de su comunidad. Las personas emocionalmente frágiles estaban dispensadas de participar en actividades sociales, asumir responsabilidades y tomar decisiones importantes. No eran invitadas a fiestas, no se esperaba que hicieran grandes cosas durante algún tiempo, y todo el mundo era más amable con ellas.

Sencillamente, se entendía que no iban a estar bien durante algún tiempo. Por ejemplo, un año.

Por desgracia, en nuestra cultura moderna ya no se nos suele conceder esa gracia. Las personas que nos rodean puede que tengan una capacidad limitada para soportar nuestro desconsuelo emocional. Se espera que volvamos a la normalidad y que lo hagamos rápido. No valen las excusas: es el sistema americano. Puede que tus circunstancias te obliguen a mantener la fachada de «Estoy bien», aunque no sea cierto.

Puesto que el mundo en general no va a respetar o a aceptar el hecho de que estás viviendo unos momentos de gran fragilidad en tu vida, tendrás que ser tú quien marque y respete tus propios límites respecto a la legitimidad de tu duelo. Nadie lo hará por ti. Pero puedes decidir iniciar tu duelo y concederte cuidados emocionales extraordinarios mientras consideres que los necesitas.

El duelo consta de dos partes: una interna y otra externa.

El duelo interno implica simplemente darte permiso para no estar bien durante algún tiempo. Espero que leer este libro (especialmente, los capítulos en los que explico por qué esto supone una pérdida tan tremenda, real y angustiosa para ti) te ayude a cultivar un poco de compasión hacia ti mismo. No importa los mensajes que recibas del mundo exigiéndote que te des prisa y que vuelvas a la normalidad, no te dejes engañar y pensar que tienen razón. Estás viviendo una pérdida de primer grado. No hay ninguna razón en estos momentos por la que *deberías* estar bien. No te avergüences de sentirte así. Procura evitar las situaciones en las que puedes ser juzgado por tener estos sentimientos. Por el contrario, busca entornos seguros donde se honren, respeten y permitan tus sentimientos genuinos, y donde se te permita pasar tu duelo y curarte.

En ese sentido, quizá sea un buen momento, si es posible, para evitar tomar decisiones importantes. El período justo después de una ruptura no es el mejor para dejar tu trabajo, irte a vivir a otro sitio, comprar una propiedad o hacerte un tatuaje. Date tiempo para curarte y empezar a sentir que vuelves a ser tú. Cuando las aguas vuelvan a su cauce, podrás empezar a hacer nuevos planes. Por el momento, acepta el hecho de que no vas a estar bien durante algún tiempo, mientras estás realizando el importantísimo trabajo del duelo y de la curación. Si te ves obligado a tomar decisiones importantes (sobre todo en un divorcio), rodéate de buenos consejeros que te ayuden a pensar y a aclarar racionalmente tus ideas, en lugar de actuar bajo la influencia de las emociones.

El duelo externo significa crearte un entorno curativo para ti. Reivindica tu tiempo para estar en silencio y reflexionar un poco. No olvides que el duelo, el procesamiento y la curación son unos momentos en los que estás especialmente frágil y vulnerable. No tienes que forzarte a ir a fiestas, hacer nuevas amistades o malgastar montones de energía sin necesidad alguna, salvo que realmente lo desees. Piensa en qué tipos de actividades te ayudan a serenarte y te reconfortan, y permítete convertirlas en una prioridad. Di «No» a todo lo demás. Evita a las amistades que tienen la costumbre de andar juzgando, las situaciones sociales que puedan tener un fuerte impacto para ti y no aceptes proyectos nuevos que te provoquen estrés. Si te lo puedes permitir, busca un centro de yoga, procura estar al aire libre y apúntate a algún retiro de meditación. Ahora debes concentrarte en ti.

AFRONTAR LA OBSESIÓN

Uno de los aspectos más difíciles de todos al que se enfrentan las personas adictas a su ex, las semanas o meses posteriores a la ruptura, son los pensamientos obsesivos. Esto se debe a que sienten que han perdido el control. Puedes poner todos tus trastos en el maletero del coche y huir. O cerrar los puños y meterte las manos en los bolsillos para evitar que tus dedos ávidos de mandar mensajes hagan una tontería. También puedes abarrotar tu agenda con clases de yoga, encuentros para tomar un café y con clases de cocina, o comprarte un perro. Pero no puedes dejar de pensar en tu ex.

Te despiertas a media noche por las pesadillas en las que soñabas que sufrías malos tratos, eras abandonado por tu ex o soportabas su indiferencia, y permaneces despierto en la cama. Recuerdas conversaciones que has tenido o que deseabas haber tenido, y visualizas esas películas en tu cabeza hasta que ves la grisácea luz del día. Te tomas un café. Te duchas. Coges el coche y te vas a trabajar. Hagas lo que hagas, tu mente está ocupada durante todo el día con tu ex. Qué estará haciendo o que no hará, con quién estará. Tu 10% de atención restante está dedicado a dirigirte con el piloto automático en el resto de las cosas que haces.

Tu cerebro se encuentra aprisionado, en un apretado y enrevesado nudo, creado por un enigma que es incapaz de resolver: «¿Qué demonios ha pasado?» Intenta deshacerse por sí mismo forcejeando con los viejos recuerdos o especulaciones. Si al menos pudiera entender algo (salir victorioso de alguna de estas escaramuzas), quizá podría escapar de la caja de las obsesiones. Pero no hay una victoria decisiva. Los recuerdos son indestructibles y se aglutinan formando una pelota que no deja de crecer. Tu mente se ha estancado, se ha rodeado por todos sus flancos de los fantasmas de tu vida anterior.

Te has movido físicamente. Pero no hace falta que te diga que moverte mental y emocionalmente es muy difícil. Es muy complicado escapar de tu ex cuando éste, con su ejército de fantasmas, se ha instalado en tu cabeza.

El camino para reducir la obsesión y empezar a controlar tu mente reside en la conciencia plena y en aprender a estar aquí y ahora.

Aquí tienes un resumen básico:

1. Vive en el presente.

Si prestas atención, te darás cuenta de que existe una clara diferencia entre lo que en realidad está pasando, literalmente, aquí y ahora, y lo que estás pensando. Los pensamientos sobre tu ex son viajeros del tiempo. Son recuerdos de cosas que han sucedido en el pasado o preocupaciones sobre lo que puede suceder en el futuro. En el momento presente, real, tal cual, suelen pasar muy pocas cosas. Estás sentado leyendo un libro. Tienes los pies en el suelo. Probablemente, vas vestido. Estás respirando. Eso es todo.

Cuando un pensamiento invasivo o desencadenante se cuele en tu mente, tan sólo intenta observar, «Ahora estoy pensando sobre algo que no está sucediendo en este momento», y vuelve a la realidad física; esto te ayudará a desidentificarte del mismo y a desarrollar tu metacognición. (La metacognición es la habilidad de pensar en lo que estás pensando.) Esto refuerza tu neocórtex y te ayuda a crear la habilidad de alejarte de los pensamientos obsesivos. Usa el presente para volver a la realidad y vuelve a él todas las veces que te haga falta. Con el tiempo, cuando tu mente se libere de los pensamientos repetitivos que alimentan tus obsesiones (liberando grandes dosis de dopamina), éstas perderán fuerza.

2. Para y sustituye.

Otra forma de tratar la reflexión obsesiva es utilizando la técnica de parar y sustituir. Esto implica planificar con antelación cuál te gustaría que fuera el pensamiento que sustituya al que te molesta. Puede ser un pensamiento nuevo y único para cada día. Pero sea cual sea, deberá ser agradable y alegre: planificar unas vacaciones, comprar un pez nuevo para tu pecera, ir a comer donde te apetezca. Cuando te des cuenta de que te estás obsesionando con tu ex, di «Para». Y luego cambia conscientemente de pensamiento sustituyéndolo por la escapada de esquí del próximo fin de semana. A esto he de añadir que si actualmente no tienes demasiadas cosas agradables en tu vida en las que pensar, necesitas procurártelas.

Otra excelente estrategia de sustitución es utilizar mantras para destruir tus obsesiones. Una mantra es una palabra o un sonido que tradicionalmente siempre se ha usado como medio de concentración en la meditación, pero también puedes utilizarlo para ponerte a salvo cuando te des cuenta de que estás pensando otra vez en tu ex. Uno sencillo como «Ya no estamos juntos y te entrego al universo» puede bastar para liberarte de los pensamientos invasivos.

3. Sé tolerante contigo mismo.

Las técnicas cognitivas exigen práctica y tendrás que repetirlas muchas veces a lo largo del día. No te van a «curar» la obsesión, eso sólo lo conseguirás a través de un trabajo consciente de crecimiento personal, que llevará su tiempo. Del mismo modo que si te rompes el brazo, te va a doler. El sufrimiento que te generan tus pensamientos obsesivos es la forma que tiene tu cerebro de decirte: «¡Estoy sufriendo! ¡Cuídame!» Hemos de respetar el dolor y dejar que nos guíe hacia el trabajo que debemos realizar. Te han herido y es normal que no estés bien durante algún tiempo. Acepta el hecho de que en estos momentos tu mente es una fábrica de sufrimiento obsesivo, que es normal y que mejorará.

El mindfulness, la sustitución y la aceptación, practicadas con regularidad, te proporcionarán algún respiro, momentos de paz en los que estarás libre del tormento de tus pensamientos. Sentir que tienes algo más de control sobre tu mente vale mucho.

MANTENER EL CONTACTO A TRAVÉS DE LAS REDES SOCIALES

No ha habido ninguna otra época en la historia de la humanidad en la que fuera más fácil autotorturarte espiando a tu ex. En el pasado, sólo habrías podido acceder a la misma cantidad de información que tienes hoy en día si te hubieras escondido detrás de un arbusto junto a su casa para espiarle y hubieras pegado la oreja a la pared. Ahora lo tienes todo y más, siempre disponible veinticuatro horas al día. Puedes saber lo que ha comido, qué piensa de la última temporada de *Juego de tronos*®, y leer en tiempo real, con toda suerte de detalles, la descripción de la extraordinaria fiesta en la que se encuentra sin ti en estos momentos, ver las fotos, etc. ¡Qué suerte!

Por supuesto, estás deseando enterarte de todo. Quizá te parezca que tu relación con las redes sociales es como estar agarrado a una cuerda de salvamento. Si te sucede como a la mayoría de las personas adictas a su ex, la idea de perder el contacto te asusta. En el capítulo siguiente veremos el proceso de conseguir la aceptación y la abstinencia pero, por el momento, te ruego que consideres lo que supone para ti obtener información sobre tu expareja.

Cada «contacto» con tu ex refuerza tu conexión biológicamente. Cada pedazo de información te envenena con dopamina, que acabará con una implosión de ansiedad, tormento y añoranza. También te ayuda a seguir colgado del anzuelo. Conseguir información nueva para obsesionarte con ella no hace más que prolongar tu locura.

No puedo decirte qué has de hacer, pero me gustaría indicarte que te encontrarías muchísimo mejor cada día si no estuvieras amargándote constantemente recibiendo información nueva, que te hace sufrir o enfadar, o que te genera más confusión sobre tu ex. Cuanto menos pienses en él o ella, tanto mejor. Sé que quizá en estos momentos todavía no te sientas capaz de desprenderte de esta cinta transportadora electrónica de información desagradable, pero, sinceramente, espero que cuando veas que es el momento adecuado, consigas hacerlo.

CUANDO TU EX DUERME CON OTRA PERSONA

Esto es duro. Aunque lo hayas llevado más o menos bien durante las primeras semanas y meses tras la ruptura, hay algo en saber que tu ex está con otra persona que te provocará un frenesí de sufrimiento emocional, obsesión, encaprichamiento y deseo.

Puede que esté relacionado con la respuesta primaria que la evolución ha diseñado[1] para nosotros: conservar la pareja. Igual que las morsas macho se pelean entre ellas hiriéndose hasta sangrar, y las hembras de urraca mueven sus alas de una manera especial para alejar de manera seductora a sus rivales, los seres humanos se desesperan cuando sus antiguas parejas, aunque fueran no deseadas, se emparejan con otra persona. La respuesta automática e inmediata es la de luchar por tu pareja y proteger tu apego primario de las amenazas externas. Hace cien mil años, si tu ex se hubiera acercado sexualmente a otra persona, la angustia, la ira, la lujuria y el miedo que te hubiera despertado esa situación habría provocado que intentaras ahuyentar a tu rival con gritos, palos y piedras. Pero ahora simplemente te dedicas a espiarle a través de la pantalla de tu iPhone con la rabia de la impotencia.

Y Eso Es Lo Único En Lo Que Puedes Pensar.

¿Irá en la moto en estos momentos? Probablemente la esté llevando al restaurante al que yo siempre quise ir y que a él le parecía demasiado caro. ¿Estarán cogidos de la mano? Estoy segura de que se estarán besando. Quizás estén haciendo el amor en este momento. Puede que hayan pasado de ir en moto y hayan preferido quedarse en la cama todo el día. Nosotros solíamos hacerlo...

Con el ojo de tu mente revives escenas de vuestra vida en común. Salvo que tu papel lo está interpretando alguien que quizá sea más atractivo, divertido o interesante. Ves a tu ex (la persona feliz, dulce y divertida que era cuando te enamoraste de ella) compartiendo lo mejor de sí mismo (y ocultando el resto). Te parece muy injusto.

Lo peor son las noches, cuando no hay distracciones. La alegría y la pasión que imaginas que disfrutan se vuelve más cruel con el austero contraste de tu silenciosa cama. Estás estirado sin poder pegar ojo, retorciéndote en la agonía de la injusticia. Quieres dejar de pensar en tu ex, pero no puedes. Te sientes atrapado en tu cabeza.

Como sucede con cualquier obsesión, recuerda que esa parte de tu cerebro que siente las cosas no puede distinguir entre algo que está pensando y algo que está sucediendo. Así que cuando te estás imaginando a tu ex con su nueva pareja sexual haciéndolo sobre el sofá, reaccionas emocionalmente (y físicamente) como si estuviera pasando ante tus propios ojos: tu corazón se dispara, te entran náuseas y te invade el sufrimiento y la rabia.

Ser víctima de estas desagradables imágenes es muy traumático. Darle vueltas a las cosas no aporta nada bueno a tu proceso de curación. Por el contrario, te impide seguir avanzando. Para poder salir de la impotencia de esta locura obsesiva, has de reforzar tus habilidades cognitivas de la conciencia plena y la sustitución.

Has de aprender a diferenciar entre lo que estás pensando y lo que está sucediendo. Ver que estás teniendo una experiencia interna, no una experiencia real. Parece sencillo, pero es muy fácil dejarse llevar por los pensamientos sin darte cuenta, especialmente cuando contienen tanta carga emocional como la que conlleva imaginar que tu ex se está acostando con otra persona.

Debes reconocer que tus pensamientos vívidos están activando todos estos pensamientos dolorosos y que te atemorizan, pero que en realidad no te está pasando nada malo en estos momentos. Estás sentado a la mesa comiéndote unos cereales. Estás respirando. Conectar con la realidad del momento presente utilizando tus sentidos crea una barrera protectora entre tus pensamientos invasivos y tú.

Una vez que hayas conseguido romper la obsesión y estés en el espacio seguro de la realidad, sustituye tus pensamientos por cualquier otro. Utiliza un mantra o haz planes. Sustituir es importante porque aquello en lo que pensamos habitualmente cobra fuerza. Cuando practicas la sustitución, los pensamientos que solías tener sobre tu ex pierden fuerza.

Cambiar tu estado de conciencia o distraerte no significa que estés evitando o castigando tus sentimientos. Obsesionarse no es lo mismo que procesar. Es hurgar mentalmente en una herida que no permites que se cierre. Has de salir de la fase obsesiva para que se pueda crear tejido nuevo y sano.

LA DESCONOCIDA

«Ni siquiera reconozco a esta persona», éste es un sentimiento típico que solemos tener cuando terminamos una relación. Te parece como si tu amado/a se hubiera transformado en el gemelo retorcido y cruel de la persona que te amó. Cuando el amor se apaga como la llama de una vela, sueles tener la sensación de que en los ojos de tu antigua pareja no hay más que dureza o desprecio. No hay empatía. Ni ternura. Ni deseo. Cualquier atisbo de la persona encantadora que fue una vez ha desaparecido, dejando una envoltura que tiene el mismo aspecto, camina y habla como tu amado. Es como el momento en que la vida abandona el cuerpo de una persona transformándolo en un instante en un pedazo de carne muerta. Tu pareja sigue estando en su cuerpo, pero la persona que conocías se ha ido.

La mayor parte de la fase de protesta tiene como fin conseguir alguna respuesta o reconocimiento por parte de este repentino desconocido que mora en el cuerpo de tu ex. Los adictos a su ex se esfuerzan mucho para incitar y excitar a esta persona, para que les demuestre que todavía siente algo por ellos.

Si éste es tu caso, te será muy útil pensar que la persona que conocías ha dejado de existir. Ya no está en este mundo. El desconcertante desconocido que ha sustituido a tu pareja no debe recibir el mismo trato que la persona que amaste. Esta nueva persona te ha demostrado con creces que sólo puede hacerte sufrir o que no se preocupa por ti como tú te preocupas por ella.

Lo cierto es que hace falta mucho tiempo para conocer a las personas. Hemos de irlas observando en muchas situaciones diferentes para conocer realmente su personalidad, sus valores y cómo afrontan el estrés u otros sentimientos negativos. Mientras tanto, antes de que hayamos reunido toda la información, vamos rellenando los espacios en blanco con lo que más nos apetezca creer, construyendo fantasías sobre nuestro amante que son alimentadas por la dopamina, y que pueden ser ciertas o no. Al cabo de un tiempo, cuando conocemos mejor a una persona, quizá nos resulte muy traumático darnos cuenta de que no era cómo pensábamos o esperábamos. Muchos de los conflictos en las relaciones se deben a que las personas se decepcionan al ver cómo es realmente su pareja. Cuando las relaciones tocan a su fin, la realidad por fin puede abrirse paso por entre medio de las fantasías. Para muchos adictos a su ex, despertar del sueño de quien creían que era su pareja es tan doloroso como la propia ruptura de la relación.

Piensa en lo que te ha enseñado la realidad sobre quién es (o quién no es) tu ex y qué es lo que puedes esperar de él. Cuando tienes más información sobre una persona, has de tomar decisiones nuevas. En este caso tienes más información que te confirma que tu ex no es quien creías que era. Es alguien imprevisible. Por consiguiente, se requiere que revises tus límites.

¿Qué tipo de límites pones a las personas que no conoces o que conoces muy poco? ¿Qué haces con los desconocidos o conocidos que tienen fama de haber perjudicado a otras personas? ¿Les llamas e intentas hablar con ellos? ¿Esperas que se preocupen por ti? ¿Te parecería apropiado contarles tus intimidades? ¿Qué esperas conseguir buscando su atención o afecto? La respuesta correcta a todas estas preguntas es que no puedes esperar demasiado.

Tu ex ya no existe. Es un completo desconocido. Conceptualizar el cambio que se ha producido en toda su forma de ser puede ayudarte a distanciarte psicológicamente para poder establecer tus límites, adaptar tus expectativas y reestructurar tu apego hacia él. También te ayudará a entender que mantener tu apego hacia él sólo te perjudica.

La persona con la que creías que tenías una relación ha dejado de existir. Tratarlo como si hubiera muerto, con su correspondiente ceremonia y duelo, como si hubieras perdido físicamente a esa persona, te ayudará a enfrentarte a ello.

CUANDO TE ENCUENTRAS A TU EX POR AHÍ

A las personas adictas a su ex les preocupa mucho cómo van a reaccionar ante su aparición inesperada. Es normal. Cada encuentro con tu ex puede suponer otras tres semanas de darle vueltas a la cabeza y de sufrir, especialmente si ha sido un encuentro desagradable.

Aquí tienes algunos consejos generales:

1. Para ti será más fácil, te curarás antes y sufrirás menos si no ves a tu ex, sobre todo cuando te sientes vulnerable. Cualquier encuentro o verlo de lejos supondrá un importante retroceso en el proceso de curación. En realidad, cualquier contacto con tu ex prolongará tu sufrimiento una o dos semanas. (En el capítulo siguiente hablaremos más sobre no propiciar el contacto.) Pero por el momento, piensa dónde es más fácil que te lo encuentres y procura evitar esos lugares durante un tiempo.

2. Si no puedes evitar ver a tu ex o es fácil que os encontréis aunque procures evitarlo, es esencial que planifiques con antelación cómo vas a afrontarlo. Tener un plan hará que sea mucho más probable que sepas manejar el encuentro de una manera saludable y positiva para ti.

Tu plan debe basarse en tus valores esenciales: ¿quién quieres ser cuando te vuelvas a encontrar a tu ex? ¿Un alma en pena desaliñada y gritona? ¿Una persona hundida que no para de gimotear y a la que le cuelgan los mocos de la nariz? ¿Una persona imbécil, patética y borracha que suplica balbuceando que le den otra oportunidad? ¿O una persona genial, serena, segura de sí misma y atractiva?

Una pista: si tu ex te ve bajo cualquiera de las tres primeras opciones, se alegrará de haber tomado la decisión de terminar la relación: «Gracias a Dios que ya no tengo que seguir soportando esto». Verte fluir con coherencia y serenidad probablemente despertará en él o ella la reacción de lamentar haberte dejado y que sienta nostalgia. Define cuáles son tus valores y piensa en cómo eres cuando mejor te encuentras. ¿Eres inteligente? ¿Vas bien vestido/a? ¿Estás en forma? ¿Estás tranquilo/a? ¿Eres simpático/a? Visualiza la imagen que quieres proyectar.

Piensa bien cuándo es posible que se produzca algún encuentro. ¿Dónde sería? ¿En cierto barrio? ¿En el mercadillo? ¿A cierta hora del día? Preferiría (por tu propio bien) que utilizaras esta información para evitar estas situaciones, pero si no puedes, por lo menos prepárate para ellas: dúchate, ponte una máscara y ensaya lo que vas a hacer o lo que vas a decir.

Recuerda: estás en medio de un proceso de curación-duelo y eres frágil y vulnerable. Has de ponerle unos límites a la persona que te ha hecho daño. Te ha demostrado que no puedes confiar en ella emocionalmente o que no está libre. Si intentas reconectar con él o ella, sobre todo en un lugar y en un momento en que tu expareja no está preparada para ello, te volverá a rechazar. Cualquier interacción espontánea con tu ex será como ponerle más sal a tus todavía sangrantes heridas. Recuerda que la persona con la que puede que te encuentres mañana en el mercadillo no es la misma con la que mantuviste una relación. Esa persona ha desaparecido y ha sido sustituida por tu ex. Déjate estar de cualquier fantasía de volver y actúa con coherencia.

LOS LÍMITES

Lo más eficaz y saludable que puedes hacer cuando veas a tu ex es protegerte. La forma de hacerlo es comunicando cuáles son tus límites. Idealmente, esto debes hacerlo sin interactuar con tu ex, así estarás preparado para los momentos desagradables o bochornosos. Por ejemplo, miras a tu ex directamente a los ojos, estableces contacto visual y luego desvías la mirada y sigues tu camino; es una forma muy clara de decirle: «Te veo. No tenemos nada de qué hablar. No me hables». Si intentas ignorarlo, puede pensar que no le has visto y esto aumenta la probabilidad de que te dé un toquecito en el hombro.

LA COMUNICACIÓN

Si te ves obligado a hablar con tu ex (por ejemplo, que te dirija la palabra), procura mostrarte alegre, desenfadado y sumamente breve. No le pidas u ofrezcas ninguna información personal. Recuerda que perdió sus privilegios de acceder a tu interior cuando demostró que no era una persona emocionalmente segura para ti. Cuando te rechazó o se comportó tan mal que tuviste que rechazarle, te enseñó que tenías que proteger muy bien tus fronteras. Si no lo haces, te herirá. Por consiguiente, no sabrá cuánto estás sufriendo.

Lo que no debes hacer, Ejemplo A: perder el control

> Escenario: Mercadillo, sábado por la mañana.
> Ex: Hola. ¿Cómo te va?
> Adicta a su ex [con tono de rabia]: ¿A ti qué te parece?
> Ex: Sí, bueno. Lo sé. Vale, bueno...
> Adicta a su ex [perdiendo el control]: ¡No te importa nada cómo estoy! ¡Nunca te ha importado!
> Ex: He de marcharme.
> Adicta a su ex [gritando]: ¡Sí, lárgate! ¡Vete, egoísta cabrón!
> [Las personas que están a pocos metros, en los puestos de verduras, seleccionando los tomates que van a comprar se detienen y levantan la mirada para ver el drama que está teniendo lugar.]
> [El ex se marcha moviendo la cabeza.]
> [La adicta a su ex se marcha a casa, dándole vueltas a la discusión en su cabeza y llora durante dos semanas.]

Lo que no debes hacer, Ejemplo B: compartir demasiado.

> Escenario: Mercadillo, sábado por la mañana.
> Ex: Hola. ¿Cómo te va?
> Adicta a su ex: Ah, estoy bien. ¿Y tú?
> Ex: Tengo días buenos y días malos. A veces te echo de menos.
> Adicta a su ex: Yo también. Estoy muy triste todo el tiempo, no dejo de pensar en ti.
> Ex: Sí. Bueno. Lo nuestro no puede funcionar. ¿Lo sabes, verdad?
> Adicta a su ex: [Empieza a llorar.]
> Ex: He de marcharme.
> [Las personas que tienes a tu alrededor se fijan en las lágrimas de tu cara al pasar por tu lado.]
> [El ex se marcha moviendo la cabeza.]
> [La adicta a su ex se marcha a casa, dándole vueltas a la escena en su cabeza y llora durante dos semanas.]

Qué es lo que deberías conseguir, Ejemplo C: unos buenos límites.

Escenario: Mercadillo, sábado por la mañana.

Ex: Hola. ¿Cómo te va?

Adicta a su ex: Ah, estoy bien. [Te estás tomando un café y, explícitamente, no das ninguna otra información personal o cuchicheo.]

Ex: Sí, yo también.

Adicta a su ex: Vale, nos vemos. Adiós.

[La adicta a su ex se siente moderadamente victoriosa, pero aun así se va a casa y le da vueltas a ese encuentro durante una semana.]

Qué hacer si ves a tu ex con otra persona

Sigue caminando. No te pares. Paga la cuenta, llama a un taxi o sal de donde estés como puedas. Es probable que te afecte tanto que pierdas el control. Cualquier tipo de interacción terminará mal (y cuando digo mal, quiero decir poniéndote a ti en un compromiso). Lo lamentarás. Vete a casa. Si sabes que puedes encontrarte en esta situación, procura ir con un amigo capaz de ayudarte y sacarte de allí aunque sea arrastrándote hasta la puerta.

Afrontar los días difíciles

Además de los momentos difíciles, hay días o incluso temporadas que pueden ser más duros que otros al principio: los días en que se reúnen las familias para celebrar las fiestas, las situaciones en las que surgen recuerdos asociados a tu pareja o los momentos en los que parece que todo el mundo menos tú está con su pareja. Cuando la ruleta de la vida gire y llegue al primer día de Acción de Gracias, Navidad/Hanukkah, Año Nuevo, San Valentín, San Patricio, Semana Santa/Pascua judía, día de los Caídos, 4 de Julio, día del Trabajo y Halloween (con algunos solsticios más, ayunos o días de fiesta según tus creencias) tendrás que enfrentarte a la ausencia de tu pareja y al asedio de los viejos recuerdos.

Durante vuestra relación fuiste creando las capas de recuerdos de todos los momentos que compartíais probablemente a lo largo de bastantes años. Ahora, los días especiales parecen estar encasillados en esos recuerdos. No puedes ni intentar acercarte a ellos sin que te invada la tristeza, la ira, los remordimientos o la añoranza de los viejos tiempos. Para muchas personas lo peor son los cumpleaños y los aniversarios: las fechas que eran sólo vuestras pueden traerte recuerdos singularmente tiernos, sobre todo si tu pareja o tú en el pasado hicisteis todo lo posible para que fueran únicos y especiales para vosotros.

Las vacaciones también destacan entre esos momentos brillantes e implacables en tu panorama social actual. El ritmo de los rituales que mantienen unidos a los sistemas sociales en el tiempo, al principio te parecerá que se burla de ti. Cuando parece que todo el mundo se lo está pasando en grande con sus seres más queridos, tú eres más consciente que nunca de tus pérdidas. La ausencia de tu pareja, de su familia, de vuestros amigos en común y de vuestros rituales personales puede ser insoportable. Si tenéis hijos, que ahora se ven obligados a dividir su tiempo en sus nuevas y extrañas vacaciones, quizá tengas la sensación de que también los estás perdiendo a ellos en los días especiales a la vez que tendrás que ayudarles a superar el dolor de su propia pérdida de los recuerdos y tradiciones familiares.

Las vacaciones y los acontecimientos especiales, también te acercan a las personas que no ves normalmente y que quieren saber cómo te va la vida. El día de Acción de Gracias es especialmente duro porque tendrás que reconocer la ausencia de tu pareja a tus parientes lejanos, responder a preguntas sobre tu relación y escuchar consejos que no has pedido. Las Navidades u otras festividades religiosas pueden ser muy dolorosas por las mismas razones, pero también por haber perdido los rituales y el sentido que tenían para vosotros esas fechas. No tener a tu persona más importante para amar y ser amado en esos días tan significativos te enviará directamente a una espiral de tristeza.

Sin embargo, la peor fecha es el Día de San Valentín: el día en que todo el mundo ha de estar con su pareja o hacer algo fabuloso para celebrar su romance. No sólo te asediarán los recuerdos de otros San Valentines, causándote verdadera tristeza y añoranza de tu amante, y serás más consciente que nunca de que estás solo/a, sino que todo el mundo, desde tu peluquera hasta la cajera de los almacenes, parece tener derecho a preguntarte qué vas a hacer para celebrar este día. He trabajado con muchas personas que han tenido ganas de esconderse, desde Año Nuevo, cuando empiezan a aparecer por todas partes los corazones rojos como si fueran setas después de una lluvia, hasta principios de primavera, cuando por fin son sustituidos por los inocuos tréboles verdes. Tras meses de relucientes, solitarias y punzantes fiestas, puede que estés deseando que llegue el Día de San Patricio para ponerte un estúpido sombrero verde y perderte en el anonimato de una masa de gente sudada y tomando cerveza. (A menos que, por supuesto, los viejos recuerdos también te persigan hasta allí.)

Entonces, ¿qué haces?

Quizás esto no te guste mucho, pero esta es la cruda realidad: al principio te vas a sentir mal en fiestas y aniversarios. No obstante, la buena noticia es que las fiestas te ayudan a seguir avanzando en tu proceso de sanación porque te proporcionan una oportunidad natural para seguir con tu duelo. La función del duelo es estar con tu dolor, permitirte sentirlo y dar sentido a tus experiencias. Tarde o temprano tendrás que hacerlo. Así que, sobre todo al principio, piensa en usar las festividades como tu «pausa» especial para estar solo, escribir en tu diario, hacer un retiro o concertar una sesión de terapia extralarga. Pretender estar alegre en días en que no lo estás, es muy probable que resulte contraproducente: forzarte a estar acompañado cuando no tienes ganas, exponerte a situaciones sociales incómodas y fingir que estás alegre, sólo hará que te sientas peor. Obedece a tu tristeza y concédete el tiempo y el espacio que necesitas para curarte. Recuerda que es un momento especial; que estás de duelo. Date un pase. Acepta y respeta tus sentimientos en lugar de intentar cambiarlos. La única salida es pasar por esto.

Cuando hayas dedicado sinceramente un tiempo a estar de duelo, necesitarás agregar nuevas capas de recuerdos. Aquí la palabra clave es «nuevas». Puedes hacer cosas nuevas y diferentes en tu antiguo entorno, modificándolo con unas cuantas nuevas capas de experiencias recientes que te ayudarán a distanciarte y a protegerte de los fantasmas del pasado. También puedes seguir el ejemplo de Willy Wonka (*Charlie y la fábrica de chocolate*) y apretar el botón que pone «Arriba y Fuera», atravesando el tejado para entrar en una experiencia totalmente novedosa. No intentes reproducir el pasado; crea experiencias y rituales nuevos. Si solías pasar las Navidades con tu familia, quizás este año deberías pensar en irte a esquiar o volar a México. Ve a un restaurante vietnamita para la cena del día de Acción de Gracias. Organiza un baile para solteros en San Valentín. Atrévete: cuanta más energía pongas en crear nuevos y sorprendentes recuerdos, antes te parecerá que tu pasado con tu ex pertenece a otra persona.

CÓMO AFRONTAR PREGUNTAS QUE VIOLENTAN TU INTIMIDAD O COMENTARIOS INÚTILES

Cuando estás viviendo una ruptura traumática has de estar preparado para tratar con la gente. Muy en especial en las fechas clave, pero también en cualquier momento inesperado, ya que tus amistades y conocidos pueden preguntarte por tu ex. Esto quizá sea duro, porque te hace enfrentarte a tus sentimientos en momentos en que no estabas emocionalmente preparado, y mucho menos para hablar de ello. Y lo último que deseas es desahogarte con el anonadado vecino que pasea al perro o con la profesora de preescolar de tu hijo.

Necesitas unos límites. Planifica por adelantado cuáles son y ensaya las situaciones. ¿Qué es lo que quieres que sepan los desconocidos o conocidos sobre tu relación? Un sencillo: «Ya no estamos juntos», bastará. Los amigos más cercanos o parientes puede que hagan preguntas que violenten tu intimidad sobre el porqué y el cómo. Si no tienes ganas de hablar de ello, no tienes por qué hacerlo. Un simple: «Es una larga historia y en este momento no me apetece hablar de ello, abuela» o «Ya te contaré más cuando me vea con fuerzas», es apropiado. Si te preocupa herir los sentimientos de otras personas por no compartir la información, piensa que son ellas las que hacen preguntas indiscretas y las que te están poniendo en una situación difícil. No tienes por qué hablar de nada que no te apetezca hablar.

La parte más difícil son las respuestas que vas a recibir de las personas en que confías cuando les abres tu corazón. Cuando compartes con alguno de tus amigos o amigas más íntimos que estás hecho polvo, que sólo puedes pensar en tu ex y que le añoras terriblemente, y recibes un: «¡Por lo menos, todavía eres joven! ¿Qué te parece Match.com?», esto puede hacer que te sientas más solo e impotente. Es como tener la brillante idea de decirle a una mujer que acaba de tener un aborto:

«¿Siempre puedes adoptar!». ¿Cómo respondes a las personas que no son capaces de contestarte con empatía y sensibilidad?

Tienes dos opciones. Explícales cómo pueden ayudarte, diciéndoles: «Sé que tu intención es hacer que me sienta mejor, pero lo cierto es que probablemente voy a estar triste por este motivo durante un tiempo. No tienes que hacer nada para arreglar mis asuntos o ayudarme, sólo dejarme hablar sin juzgarme o aconsejarme; eso me irá muy bien». Este tipo de estrategia directa puede indicar a tus amigos y familia cómo ayudarte a través de su presencia y de su empatía.

Sin embargo, si las personas de tu círculo no aprenden a responder de un modo más útil (o si se enfadan o impacientan por tus sentimientos), necesitarás un plan B y marcarles claramente tus límites. Si son incapaces de responder a tu verdad con sensibilidad, pierden el derecho a escucharte. No puedes sacar sangre de una piedra, ni conseguir una capacidad de respuesta emocional de algunas personas, y eso sólo conseguirá frustrarte si sigues intentándolo. Tendrás que encontrar a otros que puedan entenderte en estos momentos de tu vida. Esto quizá te lleve a buscar a alguien o a un grupo que esté en el mismo barco, un terapeuta o un coach compasivo que pueda respetar tu espacio sin juzgarte, para que seas capaz de trabajar tus sentimientos y encontrarle sentido a tu experiencia.

CUIDARTE FÍSICAMENTE

El día que la terapeuta que visité cuando estaba en el instituto me dijo que me iría bien hacer más ejercicio la odié. Para mí fue descorazonador y sentí que no entendía la profundidad de mi sufrimiento. Era como si me estuviera desangrando ante sus narices con mis entrañas sobre su alfombra beige y me dijera que me pusiera una crema cicatrizante y una venda para tapar la herida.

Esto es lo que me hubiera gustado que la inexperta y pasota loquera de pelo encrespado me dijera cuando yo estaba en el instituto: cuidarte más no va a cambiar tus circunstancias actuales, ni va a resolver tu problema. Pero te dará más fuerza, energía y resiliencia para afrontar lo que te está pasando. También es una forma de demostrarte a ti misma que eres valiosa y que mereces ocuparte de tu persona.

Lo cierto es que cuando atraviesas una experiencia terriblemente dolorosa, estresante y traumática, has de tomarte muy en serio lo de cuidarte, porque nadie lo hará por ti. Cubrir tus necesidades básicas de comer, dormir y hacer ejercicio es la forma más rápida, económica y sencilla de ayudarte a ti misma en estos momentos. No puedes controlar a nadie, ni controlar la situación y quizá ni siquiera puedas controlarte a ti mismo cuando estás en pleno proceso de ruptura no deseada. Pero sí puedes, y de hecho debes, cuidarte durante el proceso.

Sé que hacer cosas básicas como comer, dormir y practicar ejercicio puede resultar muy difícil cuando estás destrozado y poseído por una tristeza obsesiva. Pero es justamente en estos momentos cuando más necesitas estar bien físicamente.

Veámoslo de este modo: te vas a sentir mal de todas formas, pero aún te sentirás peor si no sigues estas estrategias básicas de cuidado personal.

1. **Come algo.** Todos conocemos los clichés de hartarse de comer helado y donuts recubiertos de azúcar después de una ruptura. Si eso es lo único que puedes hacer en estos momentos para sentirte mejor, hazlo, sin duda alguna (aunque espero que tu repertorio de recursos para afrontar el estrés se vaya ampliando durante tu proceso de curación). Pero el problema es éste: los picos y bajones descontrolados de azúcar en sangre harán que tu estado de ánimo sea como una montaña rusa, volviéndote más loco y sensible de lo que ya estás. Así que hazte un favor y asegúrate de que incluyes algo de proteína en cada comida.

   Si resulta que no puedes comer... bueno, eso es también un efecto secundario bastante habitual cuando te han roto el corazón (a mí me pasó durante las semanas y meses posteriores a mi traumática ruptura), habla con tu médico a ver si te puede recetar algún suplemento que puedas tomar para aumentar tu dosis de calorías de forma saludable. En mi caso, durante lo que a mí me parecieron meses, me alimenté de chocolate, batidos de fresa dietéticos para sustituir comidas y, de vez en cuando, del típico sándwich de bacón, lechuga y tomate. Ni que decir tiene que no era lo más saludable, pero era mejor que alimentarme sólo de Pepsi, tabaco y uñas. Haz lo que sea necesario para nutrirte.

2. **Suplementos.** Salvo que exista alguna razón médica para no hacerlo, plantéate tomar un buen complejo multivitamínico. La deficiencia de vitaminas y minerales, incluidas las vitaminas B6 y B12, vitamina D, hierro, selenio y magnesio son bastante habituales en las personas que padecen depresión y ansiedad. Asegurarte de que no tienes deficiencia de ninguna de ellas es una sencilla inversión para mejorar tu salud emocional.

3. **Aceite de pescado.** Los componentes del aceite de pescado en tu cuerpo favorecen la producción de serotonina, el neurotransmisor tranquilizante. Tomarlo diariamente puede ayudarte a mejorar tu estado emocional y evitar que la tristeza y la desesperación se conviertan en una depresión formal.

4. **Probióticos.** Está demostrado científicamente que la calidad y la cantidad de flora bacteriana que aportan los suplementos probióticos[2] tienen un efecto sobre el estado de ánimo. Lo creas o no, el intestino tiene muchos nervios que generan neurotransmisores. Produce serotonina y otros neurotransmisores en cantidades que rivalizan con el cerebro. Tomarte diariamente un probiótico es una de las formas más sencillas de calmar tu estado de ánimo.

5. **Agua.** Las investigaciones también han demostrado que hasta una leve deshidratación[3] puede empeorar la ansiedad, reducir nuestra capacidad de concentración, y mermar nuestra capacidad para tolerar la frustración y el sufrimiento emocional. Beber más agua de la que piensas que necesitas te ayudará a sentirte más apto y equilibrado.

6. **Cafeína.** ¿Recuerdas cuando hemos hablado de los neurotransmisores en tu cerebro y sus diferentes funciones?

¿Especialmente la parte en que decíamos que la dopamina te genera agitación, ansiedad, inquietud y obsesión? La cafeína refuerza este efecto. Si padeces ansiedad, tienes la mente descontrolada y te cuesta dormir, procura reducir o eliminar la cafeína. Probablemente seguirás sintiendo todas estas cosas, pero con menor intensidad que si estuvieras fomentándolas con un estimulante innecesario.

7. **Dormir.** Es más que probable que los primeros días, semanas e incluso meses después de la ruptura tengas trastornos del sueño. Puede que te cueste mucho conciliar el sueño o que te despiertes a media noche y no puedas volver a dormir. Si tienes tendencia a la depresión, quizá desees pasarte el tiempo durmiendo.

   Está demostrado que no dormir lo suficiente afecta mucho al estado de ánimo, la función cognitiva y la resiliencia emocional. Quizá te convenga doblar tus esfuerzos por seguir una buena higiene del sueño, como relajarte al final del día, seguir una rutina tranquilizante antes de acostarte, e irte a la cama y levantarte a la misma hora. Los programas de entrenamiento del sueño y de conciencia plena también te serán de mucha utilidad.

   Si literalmente no puedes dormir porque la intensidad de tu sufrimiento emocional no te lo permite, no te hagas el héroe. Busca ayuda. La falta de sueño empeorará todo a lo que te estás enfrentando. Ve al médico y pregúntale si sería apropiado que tomaras temporalmente alguna medicación que te ayudara a dormir mientras estás lidiando con esta crisis.

8. **Hacer ejercicio.** Sé que ahora te sientes como si te hubieran desinflado por completo y que lo único que te apetece es estar en posición fetal en el suelo, mirando las migas y los pelos de gato que hay incrustados en tu alfombra. Adelante, hazlo. Fusiónate con las migas y los pelos de gato. Tienes todo el derecho y los motivos del mundo para sentirte desolado en estos momentos. Te agota el mero hecho de pensar en encontrar tus zapatos, por no decir aunar la energía suficiente para salir a dar

un paseo. Lo sé. Puedo oírte gritándome mentalmente, «¡Muérete, loquera!», mientras yo vuelvo a recordarte lo importante y útil que es para ti hacer ejercicio en estos momentos. Confía en mí, te entiendo. Yo también me enfadé mucho con la terapeuta que me sugirió hacer más ejercicio.

Antes de que lances este libro por los aires, quiero decirte que mi único interés es ayudarte. No puedo decirte lo que has de hacer, sólo puedo proporcionarte información. Aquí la tienes.

Las investigaciones científicas han demostrado que practicar treinta minutos de cualquier tipo de ejercicio que acelere tu ritmo cardíaco es casi tan eficaz para reducir los síntomas de la ansiedad y la depresión[4] como tomar medicación antidepresiva. Además, como posiblemente tu estado de ánimo estará algo mejor si haces ejercicio, tendrás más energía, dormirás mejor, podrás regular más fácilmente tus emociones y pensarás con más claridad. No es necesario que te machaques en el gimnasio o que hagas algo que te resulte doloroso para conseguir este efecto. Salir de tu casa y caminar rápido durante quince minutos, y volver caminando tranquilamente, es suficiente. Puedes llorar mientras lo haces, no pasa nada; ponte gafas de sol. Tardarás unas dos semanas en notar los beneficios de hacer ejercicio, así que no te rindas si al principio te parece que no te sirve para nada.

Esto es todo lo que te voy a decir sobre hacer ejercicio; sigue mirando las migas y piénsatelo.

9. **Las drogas y el alcohol.** Los primeros días, semanas y meses tras una ruptura difícil, puede que intentes ocultarte tras una botella o evadirte un poco de la realidad colocándote con hierba. Es bastante normal. Las investigaciones demuestran que las personas que atraviesan la crisis de la pérdida de una relación importante suelen beber más o consumir más drogas.[5] Sí, beber o colocarse es una forma segura de estimular artificialmente el centro de la recompensa que tanto sufre en estos momentos dentro de ti. Si te emborrachas, es muy probable que te encuentres mejor... al menos, por el momento.

Pero todos sabemos que no puedes estar siempre borracho. Anestesiarte con alcohol no hará que desaparezca tu sufrimiento, sólo lo retrasa. Afrontar esto es difícil por sí solo. Posponer tu dolor hasta que te engordes, te salgan ojeras, te avergüences de ti mismo y estés siempre con resaca, no es precisamente útil. Además, puedes llegar a tener un problema mucho mayor si sigues por ese camino. Aparte de sentirte fatal contigo mismo, estás jugando con un fuego que puede arruinar tu vida de formas más espectaculares, bochornosas y difíciles de recuperar que si sólo estás afrontando el dolor de la pérdida. No vale la pena.

El dolor que sientes, por terrible e interminable que te parezca, es temporal. Acepta que te vas a sentir mal durante un tiempo y deja de huir del sufrimiento. El dolor en sí mismo no te va a hacer daño. Tener emociones no te perjudica en modo alguno. Simplemente, estás teniendo una experiencia. Eso no te hace daño, te cura. El trabajo del duelo es sentir y procesar tus emociones. Pero reprimirlas o evitarlas por medio de las drogas y el alcohol, indudablemente es perjudicial. En estos momentos estás realizando el trabajo del duelo: date permiso para sentir y afrontar el sufrimiento legítimo de tu pérdida. Este dolor emocional persistirá sólo en el grado en que tú te resistas a él. Deja a un lado la botella, vete a la ducha y llora a gusto.

RESUMEN

Actualmente, en tu vida tienes varios frentes abiertos que son muy difíciles de manejar. Beber un par de vasos de agua más, tomar vitaminas y asegurarte de que comes algo no es tan difícil. Tomar suplementos y comer proteínas no va a cambiar tu vida, pero garantizar que no vas a tener una deficiencia de nada importante es una forma sencilla de cuidarte en estos momentos. Ahora te están pasando muchas cosas que no puedes controlar. Pues bien, con todo lo que te está cayendo, al menos opta por no derrumbarte físicamente por circunstancias que sí puedes controlar.

Ahora que ya te he molestado bastante diciéndote un montón de cosas que probablemente ya sabías sobre lo que deberías hacer para cuidarte, voy a introducir mi carrito de golf en las zonas oscuras y te voy a llevar conmigo, porque tenemos que hablar de algunos temas escabrosos.

CÓMO NO CONVERTIRSE EN UN/A ACOSADOR/A

Nadie quiere hablar de esto, pero sería una terapeuta irresponsable y una mala amiga si no tratáramos este tema. Vamos a hablar de cómo manejar las compulsiones, de la delgada línea que separa las compulsiones del acoso, y de qué hacer si realmente sientes que estás fuera de control.

CÓMO MANEJAR LAS COMPULSIONES

La experiencia de perder una relación primaria implica tener pensamientos obsesivos respecto a la misma. Puedes esperar tener pensamientos invasivos y constantes respecto a tu ex y planificarte para ello. (Practica la conciencia plena y la técnica de la sustitución.)

Las compulsiones (sentirse impulsado a hacer algo) son manifestaciones conductuales de tus pensamientos. Quizá te estés preguntando constantemente qué estará haciendo tu ex, dónde está, con quién está: eso son pensamientos. Los pensamientos sólo existen en tu cabeza. No molestan a nadie, salvo a ti. Las compulsiones son las acciones que derivan de esos pensamientos. Las compulsiones son conductas que adoptas para intentar calmar tus compulsiones... y las conductas pueden tener consecuencias.

La mayoría de las personas adictas a su ex que he conocido en terapia tienen algún tipo de conducta compulsiva, sobre todo al principio de una separación no deseada. Por lo general son benignas. Entrar en el perfil de Facebook donde alguien publica información sobre sí mismo no es ilegal o inmoral. Mandar mensajes de texto o llamar a alguien con quien has estado unido sentimentalmente durante años para intentar arreglar las cosas es comprensible. Escribir una carta o dejar un regalo que tenga un valor sentimental, puede ser una parte importante del proceso de clausura para ambos.

Por desgracia, también es bastante habitual para los adictos a su ex buscar mayor información o intentar contactar con esta persona de un modo más agresivo. Esto es comprensible cuando lo ves desde la perspectiva neurológica de la protesta. Recuerda que cuando estás enamorado estás nadando en dopamina y baja tu serotonina. Esta combinación de neurotransmisores se intensifica siempre que estás en situaciones fuertes y peligrosas emocionalmente (como la pérdida de tu relación primaria). La serotonina baja te convierte en una persona obsesiva. La dopamina, entre otras cosas, te vuelve impulsiva. Y por encima de todo, el amor es adictivo. Cuando te cortan la fuente de tu amor, seguridad emocional y placer, aparece el síndrome de abstinencia y te concentras en volver a estar con tu ex a cualquier precio. Todas estas circunstancias crean un batido químico dentro de tu cerebro que sube como la espuma y no sólo te vuelve frenético y obsesivo, sino que aumenta la probabilidad de que actúes guiándote por tus sentimientos negativos.

Pero lo que sucede es esto: aunque los impulsos de hacerlo sean tan comunes, actuar dejándote llevar por tus obsesiones nunca es una buena idea. Las conductas que derivan del miedo y del sufrimiento rara vez son útiles o productivas. La mayoría de las veces no hacen más que empeorar las cosas. Nunca he visto a un adicto a su ex (incluida yo misma) que al conseguir alguna información nueva sobre su expareja pensara: «Aaah, saber que se va a Cabo a pasar el fin de semana con su nuevo novio ha hecho que me sintiera *mucho* mejor». Lo único que se consigue hurgando y fisgoneando es seguir angustiado. Nunca he tenido a un adicto a su ex en mi diván que se hubiera beneficiado de haber intentado contactar violentamente con su ex. Nadie me ha dicho jamás: «Sabes, a la decimocuarta llamada surtió efecto, le grité tan alto esa vez que por fin se dio cuenta de cuánto me amaba y volvimos a estar juntos».

Además de ser destructivo emocionalmente para ti, ceder a tus compulsiones puede conducirte a hacer cosas malas. Incluso actos delictivos. Por ejemplo, llamar incesantemente a tu ex después de que te haya dicho que no quiere hablar contigo, presentarte en su casa, trabajo o escuela para verle, acceder a su cuenta de correo electrónico o cuenta bancaria para controlar su actividad, no está bien. Es una violación de su intimidad y es ilegal.

Es acoso.

Aunque nunca he visto que las conductas frenéticas, obsesivas o invasivas llevaran a ninguna parte positiva a un adicto a su ex, sí he podido comprobar el efecto negativo sobre la persona que es víctima de éstas, y entonces viene lo triste y peligroso. He tenido a muchas personas que han puesto fin a su relación por motivos más que fundados y lo único que han conseguido es ser víctimas del acoso y del chantaje emocional por parte de sus exparejas enajenadas. Por consiguiente, han tenido que recurrir a órdenes de alejamiento y a tomar medidas legales contra su adicto a ellas.

Hay una delgada línea entre que te duela el corazón y estar enajenado por el dolor obsesivo, y actuar de acuerdo con esos pensamientos de formas patológicas e ilegales. Esto último es el acoso. El acoso se define como la persecución no deseada o seguimiento obsesivo de otra persona que no desea que actúes de ese modo. La diferencia entre las compulsiones normales y corrientes de un adicto a su ex y la conducta delictiva puede ser un terreno resbaladizo. Por lo tanto, has de tener una estrategia para manejar tus compulsiones y no dejar que vayan a más y te causen problemas.

Has de hacerlo, porque si te descontrolas te convertirás en un abusador y maltratador doméstico. Da miedo pensar en ello, pero es cierto. No sabes cuántas personas vienen a mi consulta porque se sienten atrapadas en una relación que tienen miedo de romper por temor a que su pareja entre en cólera contra ellas, las riña, las asedie con cientos de llamadas y mensajes de texto, las asesine, rapte a los hijos, se instale delante de su casa o de su trabajo, las lleve a juicio hasta arruinarlas, llame a su jefe para contarle mentiras o entre en su casa (con la llave o el mando del garaje que nunca consiguieron recuperar) para tener un confrontación, intimidarlas o amenazarlas. Así que aguantan contra su voluntad. Esto no es amor. La coacción, el acoso y la intimidación son aspectos de la violencia doméstica.

Tu percepción sobre lo que está sucediendo en estos momentos puede ser muy distinta de la de tu ex. En serio. Aunque a ti te parezca que «Hemos de vernos. Hemos de hablar», tu ex puede interpretar tus intentos de reconectar como una persecución implacable y sentirse acosada y agobiada. Puede que te vea como un maltratador emocional que intenta atraparla en una relación no deseada. No se atreve a decírtelo porque teme las consecuencias. Pero me lo dice a mí, a su terapeuta. Y yo te lo digo a ti: has de respetar sus límites.

No significa no. Si alguien te dice que no quiere seguir estando contigo, no hagas caso omiso porque seas tú el que no quiere terminar la relación. Has de asumirlo. Negarte a aceptarlo o actuar dejándote llevar por tu rabia y tu sufrimiento te convertirá en autor de un delito o en un acosador.

Hay dos tipos de acoso:[6] uno es el acoso a desconocidos, donde las personas desarrollan un interés intenso y obsesivo por desconocidos o conocidos que los rechazan. El segundo es el acoso que tiene lugar tras una ruptura, que es cuando una persona sigue deseando, persiguiendo y acosando a su ex. Casi el 50% de los casos de acoso se desarrollan cuando termina la relación romántica. Del 15 al 20% de las mujeres y el 5% de los hombres sufren algún tipo de acoso en el transcurso de su vida. Esta diferencia en las estadísticas de acoso entre géneros se debe a que la mayoría de los acosadores (80%) son hombres.

Existe un arco del fenómeno del acoso

1. Empieza por una preocupación excesiva por el ex y por pensamientos obsesivos. Los pensamientos obsesivos son la principal característica del acosador (así como de cualquier persona que sufre una ruptura no deseada).

2. Los pensamientos obsesivos se convierten en vigilancia compulsiva y en recopilación de información, en violaciones progresivas de los derechos personales y de la intimidad. Esta primera etapa es la de la proximidad y vigilancia: estar físicamente cerca del ex y vigilarlo, física o virtualmente. (Nota: todas las personas que viven una ruptura se sienten biológicamente atraídas a mantener la proximidad con su ex y a calmar su obsesión a través de conseguir información. Aunque sea normal que exista ese deseo, es una conducta que se ha de controlar.)

3. El siguiente nivel del acoso es cuando la vigilancia se convierte en invasión. La invasión significa que estás violando los límites, la intimidad y la seguridad. Algunos ejemplos son

dejar regalos no deseados, presentarte en su casa, en el trabajo o en la escuela de tu ex, intentar convencer a sus amistades o familia para que «hablen con él o ella y le hagan entrar en razón», y seguir intentando mantener el contacto, a pesar de que tu ex te ha pedido que no lo hagas. La invasión también incluye acceder a información privada a través de cuentas bancarias, facturas de teléfono y correos electrónicos. Llegado a este extremo, el objetivo deja de llamarse ex. El término correcto ahora es «víctima». Es decir, «víctima de un acoso delictivo». Todo lo que he mencionado son razones de peso para que obtengas una orden de alejamiento.

4. El acoso también puede ser perpetrado a través de contratar servicios de vigilancia de la víctima. Esto puede implicar conseguir que otras personas te ayuden a vigilar a tu presa o a recopilar información sobre ella. Aquí entra desde contratar servicios de detectives privados hasta aplicaciones de localización, instalar programas de spyware en el teléfono o en el ordenador, así como intentar implicar a amigos, parientes y compañeros de trabajo.

5. A medida que se intensifica el acoso inadvertido, éste puede llegar a convertirse en intimidación directa, incluido el acoso mediante llamadas, cartas o mensajes de texto no deseados. Cambia el tono de la comunicación y se transforma en amenazas o exigencias. El acosador puede intentar ver a su ex utilizando la violencia o amenazarla de alguna manera. Quizá la amenace diciéndole que se va a suicidar o que va a hacer daño a otras personas. Puede que utilice tácticas de manipulación para que vuelva. Los acosadores o acosadoras se han llegado a inventar enfermedades mortales o embarazos para manipular el afecto de su víctima. (Caso real: una vez trabajé con un hombre que intentaba deshacerse de una mujer que insistía en que estaba embarazada de trillizos y que además tenía un tumor cerebral; hasta llegó a falsificar los informes médicos.)

6. Si los intentos de controlar a la víctima fallan, el acosador puede empezar a utilizar métodos de coacción más graves como el chantaje o imponer situaciones económicas, circunstanciales o consecuencias legales, o intentar obligar a la víctima llegando incluso al secuestro.

7. La cúspide del acoso es la violencia física hacia la víctima, sus propiedades, hacia otras personas o el suicidio.

Si piensas que nunca llegarías a la violencia, pero te has comportado de alguna de las maneras que he mencionado en los puntos del tres al siete, corres el riesgo de llegar a emplearla. Ésta es la razón:

En todos los casos de acoso combinado (incluido el 50% de los casos donde las personas desarrollan una fijación obsesiva con un desconocido o un conocido) existen de un 25 a un 40% de posibilidades de que se produzca al menos un episodio violento, donde el acosador ataque físicamente a la víctima. Sin embargo, si el acoso se produce en el contexto de una relación romántica que ha fracasado, el porcentaje de violencia hacia las exparejas[7] aumenta del 55 al 89%. La intensidad de la atracción, el trauma del apego, el abandono, la rabia y la reactividad emocional general en estos casos conduce a que el riesgo de violencia sea mucho mayor.

En términos generales, la violencia es la norma entre los acosadores que han tenido una relación romántica con su víctima. En casi todos los casos, la violencia no es planificada y se produce en un arrebato. Imagina la escena de una confrontación: estás en un estado de ánimo bastante alterado por el mero hecho de hallarte cerca de tu ex y a merced de la ira, el sufrimiento, la frustración, el rechazo, el abandono y el bochorno que pretendes comunicar. Tus intentos frustrados de hablar se transforman en gritos, los gritos en empujones o en bloquear salidas. Te inunda la rabia ciega, y lo que viene a continuación es que te das cuenta de que puedes llegar a agredir físicamente a tu ex. Sucede. Les sucede a las personas que no piensan que son capaces de llegar a la violencia. Y no lo son... hasta que se encuentran en ese estado específico e intenso de ira y agitación.

De nuevo te recuerdo que no es tan extraño si lo contemplamos desde el efecto que producen las relaciones románticas en la química del cerebro. Recuerda también que el exceso de dopamina aumenta la agitación, la energía y la impulsividad. El amor reduce el miedo, lo que hace que las personas sean más capaces de asumir riesgos potencialmente peligrosos. La deficiencia de serotonina aumenta los pensamientos obsesivos y las compulsiones. Además, si estás haciendo cosas que suponen una intrusión en la vida privada de otra persona, es una prueba de que tienes problemas con respetar y aceptar los límites o, al menos, con la impulsividad. Esta combinación te hace vulnerable a ser manipulado por tus propias emociones y a hacer algo en caliente de lo que puedas arrepentirte.

QUÉ PUEDES HACER SI TIENES MIEDO DE SER UN/A ACOSADOR/A

Es muy normal estar muy alterado después de una ruptura. Es normal estar furioso, celoso y sentirte muy herido. Una cosa es sentir el deseo de hacer daño a la persona que te ha herido, destruir o perjudicar aquello que no puedes tener (esto son sólo pensamientos y sentimientos que se han de respetar y procesar), y otra cosa bien distinta es pasar a la acción.

Si eres consciente de que estás actuando guiado por esos oscuros sentimientos (o que planificas pasar a la acción de acuerdo con ellos) necesitas ayuda. Las conductas de acoso suelen ser un preludio de la violencia. Si no puedes controlar tu compulsión de llamar obsesivamente a tu ex, de presentarte en su casa o en su trabajo, de escribirle cartas y de intentar conectar con él o ella después de que te haya dejado bien claro que tus intentos no son bien recibidos, es que eres un acosador. Si no puedes controlar tus deseos de contactar con tu ex o no respetas sus condiciones, no tienes nada que demuestre que vas a poder controlar tu violencia si te sientes más provocado. Ya estás delinquiendo y necesitas ayuda.

¿Te estoy asustando? Vale, está bien, esto demuestra que tus valores esenciales son la paz, el autocontrol, la seguridad y la legalidad. Aférrate a ellos y deja que te lleven a mejor puerto.

Esto es un ejemplo de actuar de acuerdo a unos valores sanos:

1. Dobla tus esfuerzos de controlar los pensamientos obsesivos. Todo acoso nace de las obsesiones. Practica la conciencia plena y la técnica de sustitución.

2. Siéntete todo lo loco, triste, herido y fatal que desees, pero actúa de acuerdo con tus valores. Escribe en un diario lo que tus valores te dictan que seas y actúa de acuerdo con ello.

3. Entiende que tu apego continuado a tu ex está sacando lo peor de ti en estos momentos. Considera que has tocado fondo. Utilízalo para que te motive a admitir que tienes un problema y que has de pasar al paso uno de la curación: aceptación y abstinencia.

4. Si te cuesta no actuar compulsivamente, busca un buen terapeuta que tenga experiencia con maltratadores de violencia doméstica. Sé que la palabra asusta y que puede que te cueste no exaltarte, pero los terapeutas con esta especialidad son las personas que más te podrán ayudar. Hay opciones específicas para ti en la sección de Recursos al final del libro.

5. Busca ayuda profesional ya sea de un médico de medicina general o de un psiquiatra. Tomar una medicación adecuada cuando estás en pleno proceso de curación puede ayudarte a ser menos vulnerable a tus obsesiones y compulsiones.

OTROS MOMENTOS EN LOS QUE PUEDES NECESITAR AYUDA PROFESIONAL

Sé que puede parecerte que el trauma que estás viviendo en estos momentos te ha destrozado la vida. Quizá sientas que lo que era más importante para ti en la vida ha quedado destruido. Tu relación primaria, tus hijos, tus amistades, tu hogar, tu seguridad económica, todo lo que amabas y tu capacidad para funcionar te han sido arrebatadas. Puede que tengas la sensación de que ha estallado una bomba nuclear en el centro de tu existencia. Y que en medio de todo ese caos tienes que enfrentarte a problemas psiquiátricos muy graves y reales: la rabia por el abandono, el pánico de la protesta, la abstinencia del apego y la química cerebral que hacen que tu ansiedad se haya disparado, estés sumamente deprimido y que además seas obsesivo e impulsivo. Quizá te sientas atrapado en el peor sufrimiento que has experimentado en toda tu vida y que ese dolor supere tu capacidad para enfrentarte a las cosas.

Éstos son los momentos en que necesitas ayuda profesional:

1. Si tus circunstancias actuales superan tu capacidad de hacer frente a las situaciones y afectan a tu funcionamiento básico (como ser capaz de cubrir las necesidades de tus hijos o hacer las tareas que tienes asignadas en tu trabajo o en la escuela), necesitas la ayuda de un profesional.

2. Si los únicos medios que conoces de autoayuda son autodestructivos, como hacerte cortes, quemarte, pegarte, pasarte con el sexo o confiar en las drogas o el alcohol para amortiguar tus sentimientos, es que necesitas la ayuda de un profesional.

3. Si fantaseas con poner fin a tu vida, necesitas la ayuda de un profesional.

Recuerda: por terrible que te parezca tu situación actual en la vida, es transitoria. Tardará algún tiempo, pero pasará. Hacer daño emocionalmente a tus hijos, dejar los estudios, abandonar tu carrera, arruinar tu reputación personal y profesional, hacerte heridas en el brazo, exponerte a contraer el sida o quedarte embarazada sin desearlo, engancharte a alguna droga o poner fin a tu vida no va a mejorar en modo alguno tu situación actual. Hacer cosas autodestructivas sólo aumentará tu dolor y te costará más recuperarte. En el peor de los casos, te destruirás para siempre en tus intentos de resolver un problema temporal.

Si en este momento sientes que estás en peligro porque has reconocido en ti alguna de estas características y conductas, siento sinceramente lo mal que lo estás pasando. Entiendo que la pérdida que estás sufriendo probablemente sea una de las peores experiencias que has tenido en tu vida. Espero que leas la sección de Recursos para casos de emergencia y que los uses.

11

La curación a través de los doce pasos para las personas adictas a su ex

Paso uno

Admitir ante nosotros mismos y ante los demás que nos sentimos indefensos ante nuestros pensamientos y emociones sobre nuestro ex, y que eso supone una lucha diaria en nuestra vida.

Ojo con este primer paso, es muy traicionero.

John d., Alcohólicos anónimos

SI ESTÁS DISPUESTO A ADMITIR QUE TU APEGO CONTINUADO HACIA TU EX ES UN PROBLEMA, HAS LLEGADO AL UMBRAL DE LA SANACIÓN.

En el paso uno el trabajo es la sinceridad total. Se ha dicho: «La verdad te hará libre». Aceptar la verdad puede darte una fuerza increíble:

la relación ha terminado, ha de terminar y ha llegado el momento de seguir mi camino. Entender que tu deseo de contacto y tu obsesión por tu ex te están bloqueando y haciendo sufrir te ayuda a ver bajo una nueva perspectiva tus pensamientos y sentimientos sobre tu relación; empiezas a darte cuenta de que es tóxica. El cambio que se produce en un alcohólico cuando se da cuenta de que el problema está en su necesidad imperiosa de beber alcohol (no en la cantidad, sino en el cuándo o el porqué) es liberador. Ha descubierto la verdadera cara de su enemigo. En este caso, el enemigo es la necesidad de estar en contacto, la obsesión continua y los sentimientos que todavía puede despertar en ti tu expareja.

Como sucede con cualquier adicción, una vez que admites que el problema es aquello a lo que eres adicto, lo siguiente que has de hacer es dejar de consumir. Un alcohólico que todavía bebe no se está recuperando. Un adicto a su expareja que sigue hablando con ella, vigila todos sus movimientos en Twitter y tiene fantasías de volver con ella, tampoco se está recuperando. Un adicto a su ex no da el primer paso hacia la curación hasta que no deja de intentar contactar con su expareja. No iniciar el contacto es la abstinencia para los adictos al ex.

Es importante distinguir entre no iniciar el contacto y no tener contacto. La adicción es a una persona, que a diferencia de la que se tiene a una botella de Chardonnay, puede presentarse en tu vida y obligarte a una interacción. No puedes controlar cuándo tu ex te va a mandar algún selfie para que veas lo feliz que es, te llame para pedirte que le devuelvas de inmediato su irrigador nasal o que coincidas con él mirando las solitarias raciones individuales de pollo Alfredo en la sección de congelados. No puedes controlar los posibles encuentros.

No obstante, sí puedes controlar si vas a iniciar un contacto. Para muchos adictos a su expareja, comprometerse a no mandar un mensaje de texto, marcar su número o instigar confrontaciones es un acto que les da mucha fuerza. Significa que oficialmente están en el camino de la curación. Cuanto más tiempo estés sin estar en contacto, más se debilitará tu apego a tu ex. No ser tú quien propicia el contacto te devuelve el control.

No iniciar el contacto también significa desconectarte de tu ex en la Red. (Lo siento.) Las redes sociales son un instrumento de comunicación. Aunque sea unilateral, cuando eres tú quien sigue y vigila a tu ex por Internet, eres tú quien inicia el contacto. Ha llegado el momento de bloquearle, eliminarle de tu lista de amigos y de seguidores. Borra tu cuenta si es necesario para quitarte el vicio de «revisar». Para la persona adicta a su ex es el equivalente de tirar el contenido de la botella de alcohol por el fregadero. No puedes estar a las diez de la noche «hablando con él o ella» por el móvil cuando te sientes solo, reforzando tu apego con cada mensaje. Mientras sigas abierto a su presencia en la Red es que todavía estás enganchado. Te ruego que no te preocupes lo más mínimo por «herir sus sentimientos», «hacerles sentir mal» o «parecer inmaduro» por eliminarlo de tu lista de amigos o seguidores. El daño a tu relación ya está hecho. Ha llegado el momento de que marques unos límites nuevos.

¿Te cuesta abandonar las redes sociales porque secretamente te aferras a la idea de que quizá todavía vea (y/o le importe) lo que dices en ellas? ¿Que si cortas el cordón digital, ya no pueda volver a ver tus futuros abdominales bronceados, tus envidiables vacaciones y tu anuncio de compromiso? (¿Y que luego derrame amargas lágrimas de remordimiento?) Olvídalo. Pasa de todo esto. Tu deseo de conseguir cualquier tipo de reacción emocional en tu expareja, conocido también como comunicación, es una trampa que te mantiene anclado en el pasado y fomenta tu adicción.

Por supuesto, tiene que haber las excepciones para los contactos imprescindibles. Si tenéis hijos, compartís un negocio o estáis en el proceso de separar vuestras vidas, irremediablemente tendrás que comunicarte con tu ex. Puedes manejar todo esto y seguir manteniendo tu abstinencia si no inicias el contacto con tu expareja por razones emocionales («Hoy estaba pensando cuánto te echo de menos», «¿Cómo te has sentido este tiempo?» o «Tengo que decirte cuánto te odio», son ejemplos de que te has desviado del camino). No obstante, puedes transmitir información necesaria.

Te recomiendo que la información necesaria la transmitas por correo electrónico. De este modo tendrás tiempo de recapacitar, de tener claro lo que vas a decir y de rectificar cualquier cosa inapropiada antes de enviarlo. Por el contrario, los mensajes de texto o las conversaciones en tiempo real son demasiado peligrosos. Para un adicto a su ex hablarle o mandarle un mensaje sin tener unos límites muy definidos y firmes es como para un alcohólico entrar en un bar, pedir una bebida y simplemente... tenerla en la mano. No acabará bien.

Muchos adictos a su ex cuentan los días en los que se han abstenido de iniciar algún contacto y los consideran días maravillosos de sobriedad. Sumar días de control, en los que sienten que tienen el poder y que se están liberando de su relación les da seguridad y fomenta su motivación para seguir por ese camino. Concentrarte en los días en los que has vencido la tentación de no iniciar el contacto, también te ayuda a alejarte del tipo de pensamiento general que te suele asustar en esta fase, como «Nunca volveremos a vernos», que hacen que tu sistema límbico se desespere. Puedes concentrarte en cada día, cada hora o cada minuto. «No estoy iniciando el contacto ahora» es una victoria justificada que te ayuda a vivir el presente.

Por bien que te sientas al notar que recuperas tu poder, la verdadera victoria del paso uno no sólo consiste en tu abstinencia, sino en tu aceptación del final. Esto es una pérdida. Una muerte. Por liberador que te parezca el paso uno, también te provocará sentimientos de duelo y desesperación cuando por fin empieces a aceptar que verdaderamente ha terminado. El paso dos está a punto y esperándote para ayudarte a superarlo.

Paso dos

> *Hemos llegado a creer que los que están en nuestra red de apoyo, compartiendo nuestro sufrimiento, son las personas a las que hemos de recurrir en busca de amor y ayuda.*

> *Las personas que están de duelo necesitan tener a alguien junto a ellas que no las juzgue.*

> Gail sheehy

EN EL PASO DOS HAY QUE REALIZAR UN TRABAJO DOBLE:
ESTAR DE DUELO Y BUSCAR AYUDA. EL DUELO LLEVA MUY
MAL LA ACEPTACIÓN DE UNA PÉRDIDA. CUANDO PIERDES
UN APEGO PRIMARIO, PIERDES UNA DE LAS NECESIDADES
HUMANAS MÁS BÁSICAS E IMPORTANTES DE CONEXIÓN.
NO IMPORTA SI LA PERSONA AMADA TE HA ABANDONADO,
TE HA RECHAZADO, HA HUIDO DE TI O HA MUERTO.
LA ECHAS DE MENOS Y TU RAZÓN EVOLUTIVA,
EMOCIONAL Y EXISTENCIAL DE SER HA QUEDADO DESTRUIDA.

En cierto modo, una muerte literal puede ser más fácil de aceptar y de manejar que la pérdida de una relación primaria en la que tu pareja ha elegido dejarte. Cuando muere alguien de cáncer o en un trágico accidente, no te está rechazando. Por el contrario, si deseas desesperadamente estar con alguien que no quiere estar contigo (o que no puede o que no será la persona que tú necesitas), perderla es poner en tela de juicio tu mérito. Se convierte en algo personal.

Cuando las personas adictas a su ex abandonan la fantasía de retomar la relación y aceptan el hecho de que su amor no volverá, porque no les corresponde o porque, sencillamente, no es la persona que ellos esperaban que fuera, aparecen la tristeza, el miedo y la desesperación. Estos sentimientos estaban a buen recaudo gracias a conservar su apego y conseguir información. Cuando dejas de «consumir» se precipita el sufrimiento. La función del duelo es permitirte sentir el dolor de la pérdida. Esto exige que te tomes en serio tu cuidado físico, emocional y cognitivo y que te autorices a estar triste durante un tiempo. Si todavía no lo has hecho en tu preparación para el desapego final, ahora es imprescindible que encuentres un sistema de soporte de confianza para abordar esta fase.

En esta etapa será extraordinariamente reconfortante y terapéutico que conectes con otras personas que sienten una empatía y respeto genuino por lo que te está pasando.

Por sencillo que parezca, buscar ayuda es un paso muy importante en la curación, porque una de las principales experiencias de ser una persona adicta a su ex es el aislamiento. Las rupturas generan tensiones en las relaciones y hacen que las personas con las que antes mantenías una amistad fluida, ahora se sientan incómodas contigo. Como ya hemos visto en los capítulos anteriores, la tolerancia de las personas por tu sufrimiento tiene sus límites. Y la mayoría de los consejos bienintencionados que recibes son como empujoncitos inútiles para hacer algo de lo que no eres capaz. Y no te encuentras precisamente en una situación en la que te es fácil hacer nuevas amistades. Como cualquier adicto que tiene que enfrentarse a las críticas o posiblemente a la compasión de gente que jamás han estado bajo el yugo de una fuerza destructiva, los adictos a su ex rara vez tienen un puerto seguro de personas que les entiendan y no les juzguen, salvo que se trate de profesionales, amigos o parientes que hayan pasado recientemente por su propio proceso de curación u otros (actuales o antiguos) adictos a la expareja.

La esencia y el alma de cualquier programa de doce pasos no están en los propios pasos, sino en la comunidad de supervivientes que está siguiéndolos conjuntamente. Tener un grupo de personas que se encuentra en el mismo espacio emocional que tú y que, por consiguiente, entiende exactamente cómo te sientes, te da una confianza increíble. Los que están pasando por lo mismo que tú tendrán una empatía por tu experiencia que no podrás hallar en ninguna otra parte. Las personas que están luchando por encontrar su camino a través de la oscuridad que sobreviene tras la pérdida de una relación, tienen paciencia, saben aceptar y podrán ser una ayuda genuina para ti.

Por todas estas razones, plantéate buscar algún grupo de apoyo en tu localidad para personas que acaban de sufrir una ruptura. Una sencilla búsqueda en Google® como «grupos de apoyo para divorciados» te dará las opciones que tienes más cerca. También hay varias comunidades en Internet, incluidos foros que podrás encontrar a través de www.exaholics.com.

Añade también la ayuda de un buen terapeuta y recluta amigos y familiares que sean verdaderamente empáticos contigo y entiendan por lo que estás pasando en estos momentos; evita los amigos con buenas intenciones que sin darse cuenta hacen que te sientas como un imbécil o juzgado. (Puedes estar con ellos, por supuesto, pero comparte tus sentimientos sólo con las personas que, como dice bellamente Brené Brown, «se hayan ganado el derecho a oír tu verdad».)

Cuando has padecido tanto rechazo, sufrimiento y vergüenza, el mero hecho de compartir tus sentimientos es un acto de valentía. Para algunas personas, saber que otros sufren tanto como ellas ya supone un alivio. No significa que te alegres de los infortunios de los otros, sino que saber que no estás solo en tu sufrimiento y que lo que te está pasando es normal, supone un gran alivio.

El contacto humano calma el dolor. Sé que estar en contacto con este tipo de comunidad no es el mismo consuelo que hallarías en brazos de tu pareja, pero permitir que haya otras personas a tu lado que estén cuando las necesites y que te apoyen en esta etapa es un paso esencial en el proceso de la curación.

Encuentra a tu gente y autorízala a que te ayude ahora.

PASO TRES

> *Entregamos nuestra fe a esta red afín, de apoyo*
> *y confianza incondicionales, para que con su ayuda*
> *tengamos el poder para curarnos y crecer.*
>
> *Nos pertenecemos mutuamente.*
>
> MADRE TERESA

EL TRABAJO DEL PASO TRES ES RENOVAR TU FE EN LOS DEMÁS.
ESTO SE CONSIGUE PIDIENDO AYUDA Y ACEPTÁNDOLA.
AUNQUE PAREZCA INSIGNIFICANTE, TIENE
IMPLICACIONES ENORMES. PEDIR AYUDA
CONTIENE LA IMPLICACIÓN DE QUE ESTÁS CONFIANDO
EN QUE OTRAS PERSONAS PODRÁN AYUDARTE.
PARA ALGUIEN QUE HA SUFRIDO ABUSOS
Y HUMILLACIONES POR PARTE DE LA PERSONA
QUE SE SUPONÍA QUE MÁS DEBÍA AMARLE,
CONFIAR EN QUE OTRO SER HUMANO SEA AMABLE

Y LE AYUDE SUPONE DAR UN GRAN SALTO DE FE. TAMBIÉN
EMPIEZA A RESTAURAR LOS VÍNCULOS SALUDABLES
CON OTRAS PERSONAS.

Empieza poco a poco. Consulta con otras personas que están
viviendo lo mismo que tú o que tienen conocimientos sobre el tema
de la curación. ¿Cómo lo afrontan? ¿Cuáles son sus estrategias para
evitar iniciar el contacto? ¿Cómo llegaron a darse cuenta de que su
apego era un problema? ¿Qué hacen con sus obsesiones?

Obtendrás muchas respuestas. Algunas te serán útiles y otras no.
Sin embargo, todas ellas te ayudarán a conectar con lo que está bien o
está mal para ti. Y a través de hablar, de leer libros, de leer artículos,
podcast y escuchar conferencias de TED, tu comunidad puede llegar a
convertirse en tu nueva mejor amiga. A medida que vayas conociendo
las experiencias de otras personas, irás teniendo ideas nuevas sobre qué
hacer en los días, semanas y meses siguientes. Aprender es evolucionar.

El tercer paso es agradable. Es agradable volver a conectar con
la gente y es agradable sentirte aceptado y comprendido. Pero en un
plano mucho más profundo está sucediendo algo mucho más importante que tiene una base neurológica. En esta etapa todavía sientes
la pulsación de tu apego hacia tu indiferente y/o emocionalmente
peligrosa expareja. Sabes que no puedes conectar con ella, pero sigues necesitando esa conexión. Tu necesidad de apego seguro es
básica y primaria y no desaparece sólo porque no tengas a quien
apegarte. Cuando conectas con una comunidad empiezas a apegarte a ella. Tu palpitante apego-deseo de reunión con tu ex se alivia
un poco al estar en contacto con otras personas. Tu apego se tras-
lada de un lugar peligroso a otro seguro.

Recuerda las ratas yonquis que mencioné en el capítulo 6. (Para
los que no os acordéis de qué va el tema y hayáis perdido el hilo de lo
que estoy diciendo, por favor, volved a la página 119.) Las ratas,
igual que los seres humanos, suelen curarse de su adicción cuando
se encuentran en una comunidad positiva que satisface su necesidad
de vincularse y de conectar. Contar con una comunidad o persona
a la que puedas transferir temporalmente tu apego y satisfacer tus
necesidades emocionales es el vehículo a través del cual se produ-

cirá la curación. Te hicieron daño en una relación y te curarás a través de una relación. Si no puedes conectar con una comunidad de adictos a su ex, un buen terapeuta ejercerá el mismo papel en tu vida: una persona temporalmente segura a la que puedes apegarte mientras te estás curando. Sé que suena extraño, pero el mero hecho de mantener una relación saludable y que te ayude a recuperar la seguridad en ti mismo, supone casi el 75% del poder curativo de la terapia.

Las nuevas y saludables relaciones son de suma importancia en tu proceso de recuperación. Al principio, tus relaciones más seguras serán con otros adictos a su ex o con personas comprensivas, que no juzgan y que son compasivas. A medida que vayas recobrando tus fuerzas, te recomiendo que busques otras relaciones platónicas, afianzando, por ejemplo, relaciones con personas de tu círculo social como parientes o amistades con las que habías perdido el contacto. Los grupos de apoyo que se centren en algún interés en común, los clubes de lectura o los equipos deportivos recreativos son también una sencilla y maravillosa forma de interactuar con otras personas sin estresarte. De igual manera, puedes fijarte la meta de ser amable con gente a la que no conoces; hablar con personas que no conocemos es la forma que tenemos de hacer conocidos que pueden llegar a convertirse en amistades. Estas personas *no* necesariamente han de saberlo todo sobre tu ruptura o tu realidad emocional actual.

Por otro lado, entiendo que sentirte capaz y preparado para enfrentarte al mundo y tener la energía, autoestima e interés suficiente para crear nuevas relaciones quizás en estos momentos esté fuera de tu alcance. Pero cuando llegue la hora, plantéate el reto de ampliar tu círculo social. Eso te ayudará a curarte.

Pero la primera curación y estabilización tendrá lugar en el círculo de tu grupo de personas de confianza. A través de su apoyo y de utilizar las estrategias para cuidarte física, mental y emocionalmente que he mencionado en el último capítulo, empezarás a desarrollar confianza en los demás y en ti mismo. Cuando confíes y te sientas seguro emocionalmente, comenzarás a aprender cosas sobre ti mismo y sobre los demás a niveles más profundos que catalizarán tu proceso de curación.

Paso cuatro

Empezamos a aceptar nuestra red de apoyo como
una parte más de nuestra vida; permitimos que el amor
y la aceptación que encontramos aquí nos ayude
a curarnos y a recobrar nuestra fuerza.

Te mereces ser amado y sentirte integrado.

Brené brown

EL TRABAJO DEL PASO CUATRO IMPLICA REIVINDICAR TU
DERECHO A SER MERECEDOR Y VALIOSO. ESTO ES ESENCIAL
PORQUE LAS RUPTURAS DAÑAN TU AUTOESTIMA. CUANDO
TE RECHAZA LA PERSONA A LA QUE ESTÁS MÁS APEGADO, SE
CREA UNA HERIDA PRIMARIA QUE VA SUPURANDO DOLOR
Y VERGÜENZA. CUESTA NO PENSAR QUE HA DE HABER
ALGO MALO EN TI O QUE NO TE FUNCIONA BIEN
SI LA PERSONA QUE MEJOR TE CONOCE YA NO QUIERE ESTAR
CONTIGO. ESTA EXPERIENCIA MACHACA TU AUTOESTIMA, NO
HAY ESCAPATORIA. EL PASO CUATRO PRETENDE AYUDARTE A
RECUPERARLA.

Para la mayoría de las personas es mucho más fácil sentir empatía
y compasión por los demás que por sí mismas. Cuando entras en
contacto con otras personas que están sufriendo una ruptura traumática y escuchas sus historias, es natural que te solidarices con sus
sentimientos. Que te pongas en su lugar. Que sientas su dolor. Entiendes lo que ellas no pueden entender: que no fueron muy bien tratadas
y que lo que más les convendría sería tomar las riendas de la situación y ponerle fin bajo sus propias condiciones.

Pero cuando se trata de ti, te cuesta creer que te han rechazado
porque no eras lo bastante bueno. O que el amor que has tenido no
era el más apasionado e intenso que conocerás jamás y que no estás
destinado a una vida de aislamiento o de monotonía. La bulliciosa

tormenta emocional del sistema límbico que tiene lugar en tu cerebro enturbia tu mente. No te deja ver tu propia situación con la claridad y racionalidad que ves las circunstancias de otros.

Cuando te conviertes en un miembro activo de un grupo de apoyo mutuo, consigues distanciarte psicológicamente y adquieres perspectiva sobre tu propia situación a través de interactuar con otras personas. Escuchas sus historias y sientes compasión, empatía y esperanza por ellas. Con el tiempo, empiezas a darte cuenta de que no eres una excepción, que tú también te mereces apoyo, compasión y empatía. Que no eres raro. Que pasar por esto no tiene nada que ver con tu valía como persona, y que esto le sucede a todo tipo de personas maravillosas. De hecho, casi todo el mundo es rechazado al menos una vez en su vida. No todas las personas van a amarte como tú quieres que te amen. No todas las relaciones son un buen partido en cuanto a valores o temperamento. A veces, nos enganchamos emocionalmente de personas que no son buenas parejas para una relación duradera. A través de las historias de los demás te vas dando cuenta y, al final, caes en la cuenta de que ése también era tu caso.

Si llegas a ese punto, empezarás a aceptar el soporte y los ánimos que te da tu comunidad. De este modo, revisas tu historia sobre lo que acaba de suceder. Pasas de ser la víctima o el ogro malo a ser una persona más a la que no le ha funcionado su relación. A medida que vas desarrollando una nueva historia sobre lo sucedido, comienzas a experimentar un cambio emocional. Empiezas a reclamar tu autoestima.

Al ayudar a otros a sentir empatía y compasión por ellos mismos, también desarrollas compasión y empatía por ti. Reconoces que tu historia no es especial o única. El dolor es dolor. La pérdida es pérdida. El rechazo es rechazo. El hecho de que te esté pasando esto no significa que seas una mala persona.

EL MITO DEL FINAL

Cuando te encuentras en el proceso de recomponer tu autoestima, es probable que tropieces con un agujero abierto que está sediento de algo de lo que quizás antes no eras consciente: el final.

El final es una fantasía a la que se aferran muchos adictos al ex mucho después de haber cruzado la línea del desapego. Es la idea de que tarde o temprano llegará un día en que se producirá un ajuste de cuentas (el día del juicio final) por lo que te han hecho. Que al final, tendrás respuesta a todas las preguntas que te han estado atormentando en tu cerebro. (Respuestas que te proporcionarán las pruebas que te protegerán de la sarcástica voz de la vergüenza que te dice que todo ha sido culpa tuya y que no te merecías ese amor.) Que tu ex tendrá remordimientos y lamentará todo el daño que te ha hecho. Que algún día saldrás de todo esto triunfante (en forma, bronceada, segura de ti misma, siendo famosa y con éxito), y que tu ex te verá resplandecer y se dará cuenta de lo estúpido que ha sido. El mito del final te engaña haciéndote creer que habrá un momento hollywoodiense, un final formal que pondrá todas las cosas en su sitio y que te permitirá hacer las paces con tu pasado.

Pero la verdadera paz viene de aceptar la ambigüedad. Probablemente nunca tengas ese final. Probablemente nunca llegues a entender lo que ha sucedido ni por qué. Probablemente no haya ningún acto de justicia compensatorio para reparar el daño que te han hecho. Puede que nunca llegues a tener la oportunidad de demostrarle a tu ex la persona tan maravillosa que eres y el tremendo error que ha cometido. Necesitar un final significa que todavía te importa la aprobación y el deseo de tu ex. Significa que tu sentido de valía personal todavía está vinculado a la opinión de tu ex sobre ti. Cuando abandonas el mito del final, recobras tu poder de una vez por todas.

Éste es tu mantra para el paso cuatro:

«Nadie ha de decidir qué es lo que ha pasado, quién soy yo o lo que valgo... excepto yo».

PASO CINCO

Tomamos la resolución de ser personas más fuertes,
más sabias y más felices gracias a lo que hemos
aprendido de nuestras relaciones del pasado,
de ese modo puede que nuestras relaciones
en el futuro sean más sólidas y satisfactorias.

No hay errores ni coincidencias.
Todos los acontecimientos son bendiciones
que recibimos para aprender.

ELISABETH KÜBLER-ROSS

EL TRABAJO DEL PASO CINCO ES EL CRECIMIENTO.
CUANDO YA HAS SUPERADO LA ETAPA DEL DUELO Y HAS
UTILIZADO LAS RELACIONES POSITIVAS PARA RECOBRAR TU
AUTOESTIMA, PUEDES EMPEZAR A HACER EL VERDADERO
TRABAJO DE LA RECUPERACIÓN, QUE ES AVERIGUAR QUÉ CARAY
SUCEDIÓ Y UTILIZAR ESA INFORMACIÓN PARA TU PROPIO
CRECIMIENTO. ¿CÓMO LLEGASTE A APEGARTE DE ESE MODO
A UNA PERSONA QUE ACABÓ DECEPCIONÁNDOTE TANTO?
EL PROPÓSITO DE ESTA INDAGACIÓN NO ES CASTIGARTE O
ECHARTE TIERRA ENCIMA, SINO LOGRAR UNA COMPRENSIÓN
QUE EN EL FUTURO TE PERMITA TENER MÁS ÉXITO EN TUS
RELACIONES. NO TIENE NADA QUE VER CON CÓMO ERA TU EX
(O CÓMO NO ERA). TIENE QUE VER CONTIGO.

En esta etapa, la mayoría de los adictos a su ex observan un claro cambio en su estado de ánimo. Algunos lo llaman el «punto de giro». Empiezan a pensar menos en su ex y más en sí mismos. Los primeros cuatro pasos, son: trabajar el dolor de la pérdida, descubrir cómo afrontar la ausencia de la persona querida, aprender a volver a confiar en la gente y reclamar tu autoestima. Durante esa fase de la curación, las personas suelen hablar mucho de su ex. Y está bien. Pero cuando ya han llegado al paso cinco, sobre todo cuando ya han superado el mito del final, se produce un cambio. Empiezan a estar menos interesadas en su ex y más en sí mismas. Se están desapegando emocionalmente de la relación. Cuando tienen espacio en su cabeza para pensar en algo que no sea su ex, normalmente dedican su atención a su propio proceso.

Es un momento difícil y de fragilidad, durante el cual puede que tengas que afrontar tus propias vulnerabilidades, errores y oportunidades de crecimiento. Creo que una buena forma de abordar este trabajo (si no puedes conseguir un buen terapeuta) es entrando en algún grupo que esté dispuesto a hacerte preguntas comprometidas o escribir un diario y reflexionar sobre lo que hayas anotado.

Las preguntas que deberías plantearte son:

¿Cuáles eran mis circunstancias antes de que me involucrara en esta relación?

¿Qué me atrajo de esta persona?

¿Hubo señales en las primeras etapas que no quise ver?

¿Confundí la pasión con un apego saludable y seguro?

¿Cómo manejé mi ansiedad en esta relación?

¿Dependo de las buenas opiniones de los demás para medir mi valía?

¿Fueron los errores que cometí los que influyeron en la calidad de la relación?

La verdadera oportunidad de la pérdida y el sufrimiento es el crecimiento personal. La meta del paso cinco es empezar a entender las vulnerabilidades que permitieron tu terrible adicción a una relación nociva y aprender de esa experiencia.

Paso seis

Utilizamos las opiniones de nuestra red de apoyo para ayudarnos a desarrollar una mayor comprensión de quiénes somos y hacia dónde hemos de crecer.

Todos necesitamos personas que nos den su opinión. Así es como evolucionamos.

Bill gates

EL TRABAJO DEL PASO SEIS ES DESARROLLAR EL VALOR PARA AFRONTAR CON SINCERIDAD QUIÉN ERES. EN EL PASO CINCO EMPEZASTE A CONFRONTARTE A TI MISMO Y A ENTENDER CUÁLES ERAN TUS OPORTUNIDADES DE CRECIMIENTO. SIN EMBARGO, TODOS TENEMOS ÁNGULOS

MUERTOS. EN LO QUE RESPECTA A NOSOTROS MISMOS, NORMALMENTE NO SABEMOS QUÉ ES LO QUE NO SABEMOS. NUESTRA PERCEPCIÓN ESTÁ SUPEDITADA A LAS LIMITACIONES DE NUESTRA PERSPECTIVA. POR ESTE MOTIVO CONTAR CON LA OPINIÓN DE UNA COMUNIDAD ES ESENCIAL PARA SEGUIR CRECIENDO PUESTO QUE NO PODEMOS CAMBIAR AQUELLO DE LO QUE NO SOMOS CONSCIENTES.

El paso seis implica pedir opinión a tus personas de confianza y con las que te sientes emocionalmente seguro. Piensa en las personas más cercanas a ti y a tu ex. ¿Hay gente en tu vida que ha estado contigo desde el principio de tu relación? Y lo que es más importante, ¿tuvieron la oportunidad de ver cómo te enamorabas y han sido testigos también de tu decepción?

Pregúntales su opinión respecto a lo que han presenciado en el transcurso de tu relación y ten la mente abierta para sus respuestas. Los familiares suelen ser las mejores fuentes. Su fidelidad a la relación que mantienen contigo puede autorizarles a sincerarse de formas que las nuevas amistades quizá no harían. Los grupos de apoyo mutuo que conocen bien tu historia también son una buena opción; son personas a las que tú has autorizado a ser sinceras contigo, como tú lo has sido con ellas. Sólo debes asegurarte de preguntar a aquellos con los que tienes confianza. Las críticas u opiniones malintencionadas nunca ayudan, pero un punto de vista sincero sí.

Puede que algunas personas te digan que cuando empezaste tu relación se preocuparon por ti y que vieron señales de alerta ya en las etapas tempranas de la misma que tú no percibiste o decidiste pasar por alto. Quizá te digan que te perdiste a ti mismo en la relación. O te enteres de cómo veían a tu ex los que no llevaban puestas «las gafas del amor». También te revelarán cosas que hiciste que para ellas fueron un indicativo del futuro fracaso de tu relación. Este último comentario es el más duro de escuchar, sobre todo si sientes que eres una víctima legítima de tu ex. No tienes por qué aceptar las opiniones de los demás como si se tratara del evangelio. Pero guarda los comentarios y reflexiona sobre ellos para ver si tiene algún sentido considerar la posibilidad de que haya algo de verdadero en ellos.

Cuesta bastante no recibir los comentarios a la defensiva. Todos somos vulnerables al error fundamental de atribución, el principio de la psicología subyacente a la actitud defensiva. Resumiendo, significa que todos tenemos la tendencia de juzgar a otros y atribuir su mala conducta a su carácter, a la vez que encontramos excusas para nosotros mismos y atribuimos nuestra mala conducta a nuestras circunstancias. Has de entender que las personas darán un razonamiento a lo que te ha sucedido en la vida muy diferente del tuyo, porque tú eras quien vivía la experiencia, no quien la observaba. Intenta controlar el impulso de responder a su opinión con un «Sí, pero». Más bien, respira y escucha la versión de alguien que lo ve desde fuera. Practica la gratitud por el don de la opinión que estás recibiendo. Intenta alegrarte por que en tu vida tengas personas a las que les preocupes lo suficiente como para ser sinceras contigo.

Si tu comunidad prácticamente se reduce a tu terapeuta, la opinión que necesitas obtener para tu crecimiento personal puede ser engañosa. A algunos terapeutas les resulta bastante difícil dar una opinión directa, especialmente si son de la escuela de la psicoterapia no directiva centrada en el cliente. Si le pides a un terapeuta su opinión sobre tu conducta, tus opciones o motivaciones subyacentes que han influido en tu experiencia y te sigue diciendo «No importa lo que yo pienso, ¿qué piensas *tú*?», quizá tengas que replantearle la pregunta para salir del callejón sin salida. Para ello, deberás empezar con un «Según su opinión profesional», que te será más útil. También deberás hacerle entender que quieres saber su opinión para ser más consciente de ti mismo y obtener mejores resultados en el futuro, la cual, tal vez, le haga sentirse más cómodo y le permita darte su opinión. Si tienes un terapeuta que prefiere discutir tu necesidad de saber su opinión a responder a tus preguntas (dándote a entender que tu necesidad tiene algo de patológico), puede que no sea mala idea preguntarle por qué se siente tan incómodo cuando le pides sinceridad en vuestra relación terapéutica. O quizá lo mejor será cambiar de terapeuta y recurrir a un profesional con experiencia en coaching, que es lo contrario del asesoramiento, y a quien le resulte más fácil ayudarte en esta fase de tu trabajo de recuperación.

(Nota para los que estéis pensando en recurrir a la ayuda profesional: cualquier persona, y con ello me refiero realmente a cualquiera, puede autodenominarse «Coach personal» y montar una consulta. El «Coach personal» no está obligado a haber cursado estudios académicos ni tiene ningún tipo de formación oficial, y en la mayoría de los estados esta es una profesión no regulada. Ni siquiera está reconocida como profesión por la mayoría de las agencias reguladoras de Estados Unidos. Tu persuasivo agente inmobiliario puede haber leído esta misma tarde un libro de Tony Robbins, haber sentido la inspiración, y creado una página web para empezar a aceptar clientes a la mañana siguiente. ¡Cuidado con lo que compras!

Paso siete

Tomamos la decisión de que estamos preparados para mejorar con la ayuda de nuestra red de apoyo, nuestro poder superior y/o nuestra sabiduría interior.

Saca lo mejor de ti, pues eso es lo único que eres.

RALPH WALDO EMERSON

EL PASO SIETE TE PREPARA PARA EMPEZAR A CONSTRUIR UN FUTURO DIFERENTE. EN LOS PASOS CINCO Y SEIS TE RETASTE A TI MISMO. TE RETASTE CON PREGUNTAS COMPROMETIDAS Y PEDISTE A LOS DEMÁS QUE TE DIERAN SUS OPINIONES. AHORA ES EL MOMENTO DE QUE REFLEXIONES SOBRE TODA LA INFORMACIÓN NUEVA QUE POSEES PARA PONERLA EN PRÁCTICA.

La venganza más dulce es que de verdad seas feliz, estés bien y te guste tu vida. En el paso siete descubres qué es lo que te hace feliz y cómo puedes obtener mejores resultados en tu vida.

A través de los pasos cinco y seis adquiriste perspectiva interior y autoconciencia. Estas perspectivas pueden asumir múltiples formas. Quizás has descubierto que tienes la tendencia de anteponer las necesidades de los demás antes que las tuyas. Tal vez has descubierto que tu ansiedad te había convertido en una persona controladora. Quizás has descubierto que te cerraste y evitaste los conflictos, o que evitaste conversaciones difíciles con las cuales hubierais logrado un acercamiento. Puede que te hayas dado cuenta de que confiabas en exceso en tu pareja para satisfacer tus necesidades sociales y emocionales. A veces la lección es que fuiste demasiado deprisa y te involucraste demasiado rápido con una persona sin conocer cómo era realmente.

Cuando tienes la información puedes empezar a planificar qué es lo que quieres cambiar para mejorar. Durante esta fase, las personas adictas a su ex pueden conectar con las esperanzas que tienen sobre sí mismas.

Ha llegado el momento de que te hagas algunas preguntas nuevas y fascinantes:

- Si en el pasado hubieras hecho las cosas de otro modo, ¿qué será distinto en estos momentos?
- Con lo que sabes ahora, ¿con qué tipo de persona te gustaría estar en el futuro?
- ¿Cómo *quieres* ser en tu próxima relación?
- ¿Cómo sabrás si tu futura relación está funcionando? ¿Cómo sabrás que no es así?

A medida que vas reflexionando sobre estas preguntas, empiezas a tener más claro cómo eres realmente, cuáles son tus valores y qué es lo que necesitarás la próxima vez para tener una relación verdaderamente satisfactoria y feliz. Empiezas a visualizar tu nuevo futuro y a desarrollar un plan que puedas aplicar en el paso ocho.

PASO OCHO

Le pedimos a nuestra red de apoyo que nos ayude a identificar y a eliminar todos nuestros patrones

> *nocivos sobre las relaciones, y nos comprometemos*
> *a practicar con ellas habilidades nuevas*
> *y saludables para relacionarnos.*
>
> *Dar cera. Pulir cera.*
>
> SR. MIYAGI, *Karate Kid*

LA PALABRA CLAVE PARA EL PASO OCHO ES ACCIÓN.
LOS PASOS DEL CINCO AL SIETE HAN AMPLIADO TU VISIÓN
SOBRE LOS RETOS Y LAS OPORTUNIDADES DE CRECIMIENTO
Y TE HAN ORIENTADO SOBRE LO QUE TIENES QUE HACER PARA
CAMBIAR. EN EL PASO OCHO EMPIEZAS A PRACTICAR LAS
HABILIDADES QUE TE AYUDARÁN A DESARROLLAR MEJORES
RELACIONES EN EL FUTURO.

¿Gracias a tu indagación te diste cuenta de que tienes tendencia a esconderte, minimizar o reprimir tus sentimientos y dar más importancia a los de los demás? En el paso ocho el trabajo que has de hacer es descubrir qué es lo que sientes y lo que necesitas y practicar una comunicación más abierta y asertiva. Practica con tu comunidad o con amigos y parientes con los que tengas relaciones emocionales seguras.

¿Descubriste que cuando estás ansioso te vuelves controlador y exigente? En el paso ocho tienes la oportunidad de practicar directamente lo de controlar tu ansiedad en lugar de intentar cambiar a otras personas para que te ayuden a sentirte mejor.

¿Te han enseñado tus exploraciones en los pasos previos que te lanzas demasiado a la ligera a relaciones con personas que al final acaban hiriéndote? En el paso ocho puedes practicar conocer gente nueva sin compartir demasiadas cosas, sin demasiados compromisos o sin confiar en exceso en esas personas hasta que se hayan ganado tu confianza.

¿Era tu vida como un desierto vacío hasta que tu ex llegó a ella, haciendo que todo pareciera fantástico? Muy bien, entonces tu paso ocho consistirá en dar los pasos necesarios para que te crees una vida independiente y satisfactoria. Toma clases de algo, haz nuevas amistades, practica una afición o tres.

Tener una visión profunda sobre algo no basta. Saber que eres de una determinada manera y por qué no conduce a ningún cambio. Has de cambiar activamente a través de tus conductas. En el paso ocho tu trabajo consiste en practicar nuevas formas de ser que has descubierto que para ti son importantes.

Practica tus nuevas habilidades con tus amigos, tu familia y con tu comunidad de apoyo mutuo. Quizá al principio estas nuevas formas de ser te resulten extrañas y antinaturales. Recuerda que se trata de actuar de acuerdo con tus valores, no con tus sentimientos.

Dar cera. Pulir cera.

PASO NUEVE

Haz una lista de todas las personas a las que hiciste daño con tus patrones nocivos sobre las relaciones y a las que tengas que pedir perdón.

Entonces hice lo que sabía hacer. Ahora que sé más, lo hago mejor.

MAYA ANGELOU

UN EFECTO SECUNDARIO DEL CRECIMIENTO PERSONAL, SORPRENDENTEMENTE DIFÍCIL DE SUPERAR, SON LOS SENTIMIENTOS DE CULPA Y ARREPENTIMIENTO DE LO QUE HICISTE ANTES DE SABER LO QUE SABES AHORA. MUCHAS PERSONAS HAN LLORADO AMARGAMENTE EN MI DIVÁN DE TERAPIA POR LOS ERRORES QUE COMETIERON MIENTRAS ESTABAN ATRAPADAS EN LA ADICCIÓN A SU RELACIÓN ANTES DE CURARSE Y DE CRECER.

Hay unas cuantas cosas importantes que deberás recordar cuando hagas el trabajo que te exige este paso y aceptes el hecho de que antes de que llegaras adonde ahora te encuentras puede que hayas hecho cosas de las que te arrepientes.

Por ejemplo, cuando estás sobrio y ya no te encuentras bajo la influencia del amor, quizá te sientas decepcionado, incluso avergonzado, por las cosas que llegaste a hacer para mantener la relación con tu ex. Puede que hayas aceptado el maltrato o abandonado cosas que para ti antes eran importantes, que sientas que te perdiste a ti mismo al intentar amoldarte y complacer a tu indigno ex, y que te parezca que la traición última que experimentaste en el transcurso de tu relación fue la que te hiciste a ti mismo.

Puede que también te sientas muy mal por lo que le hiciste a otras personas cuando dejaste de ser tú por tu amor tóxico. Recuerda que el dolor hace que todo el mundo se centre en sí mismo. Por ejemplo, si te acabas de romper el brazo, no podrás interesarte y alegrarte por el ascenso de tu amigo; sólo pensarás en decirle cuánto te duele el brazo y en pedirle que te lleve al hospital. Sea lo que fuere lo que le haya pasado a tu amigo, no te parecerá tan importante porque lo que te sucede a ti es urgente e inminente. El problema con la adicción a la expareja es que el sufrimiento emocional es tan brutal como un hueso roto, pero puede perdurar durante meses.

Cuando tú te encontrabas en los abismos de tu adicción a tu expareja, tal vez no fuiste el mejor amigo, amiga, madre, padre, hija, hijo, hermana, hermano o compañero de trabajo. Puede que antes de tu ruptura estuvieras tan obsesionado con la persona que ahora es tu ex que descuidaras el resto de tus relaciones. Entonces, una vez concluida tu relación, estuviste tan atormentado por tu sufrimiento, ansiedad, rabia y rechazo que probablemente necesitaste descargar toda tu carga con tus amigos, les fastidiaste los planes y te olvidaste de preguntarles cómo les iba (o de estar lo bastante presente como para escuchar la respuesta).

Si tienes hijos, puede que no fueras el padre o la madre que te hubiera gustado ser mientras te consumías por tus sentimientos por tu ex. Seguro que te vieron sufrir, enojado o preocupado, en el momento en que más necesitaban tu apoyo emocional. Tu familia y tus mejores amigos también habrán aguantado el chaparrón contigo, dándote ánimos, escuchándote durante horas mientras seguías obsesionado con tu ex, haciéndote compañía y quizás hasta ayudándote material o económicamente. Es decir, que puede que hayas «sacado» de varias cuentas de tus relaciones sin haber dado mucho a cambio.

Por mezquino que parezca, también es bastante normal. Ha sido una etapa dura.

También ha supuesto una etapa de inmenso crecimiento a medida que has ido trabajando en tu recuperación. El trabajo que has realizado en cada paso te ha servido para aprender, abrirte y cambiar. Con todo ello, te has convertido literalmente en una persona nueva.

Al cambiar te has vuelto más consciente de cómo han afectado a otras personas tus viejos patrones. Puede que te hayas dado cuenta de que tus viejos patrones eran perjudiciales para tus hijos, tu ex, tu familia, tus amigos e incluso para ti mismo. Si haces una lista de las personas a las que heriste o perjudicaste cuando estabas enganchado, puede que te empieces a sentir muy triste o culpable.

El sentido de culpa, a diferencia de la vergüenza, a veces es una emoción muy positiva. Mientras la vergüenza te dice «Eres malo», la culpa te dice «Has herido a alguien». Sentirte mal por haber perjudicado a alguien te motiva a aprender de tus errores, a corregir las faltas y a ser mejor persona.

Haz una lista de las personas a las que has hecho daño con tu adicción. Cuando termines, vuelve a empezar y escribe tu nombre arriba del todo.

PASO DIEZ

Disculparte directamente y reparar el daño que has hecho, salvo cuando hacerlo implicaría volver a perjudicar a esas personas o a otras.

La compasión es la base de la moralidad.

ARTHUR SCHOPENHAUER,
sobre la base de la moralidad

¿PUEDES PERDONAR? ¿PUEDES PERDONAR A TU EX? ¿PUEDES PERDONARTE A TI MISMO?

La esencia del perdón es la compasión. ¿Puedes revisar tu historia compasivamente y comprender por qué hiciste lo que hiciste a través de la visión de la persona que eras entonces? ¿Puedes perdonarte por haber sido esa persona?

Una de las fórmulas que más útil me ha sido con mis pacientes con problemas para perdonarse a sí mismos es recordarles que el hecho de que se sientan mal por algún error que hayan cometido en el pasado es en sí mismo una prueba de que se han preocupado y que han evolucionado lo suficiente como para darse cuenta de lo que hicieron. Gracias a su crecimiento personal se han convertido en una persona diferente. Los errores que cometieron, por terribles que ahora les parezcan, supusieron una experiencia importante (quizás hasta vital) sin la cual no habrían tenido la misma oportunidad de curarse, crecer, hacerse más fuertes y más sabias.

El *summum* de la curación es ser capaz de sentir gratitud por los tiempos difíciles que catalizaron tu crecimiento.

A los pacientes a los que dar las gracias por sus infortunios todavía les supone dar un salto demasiado grande (o simplemente demasiado pronto), les suelo preguntar: «¿Haría la persona que eres ahora lo mismo que hizo en el pasado?» ¿Tu respuesta es no? Entonces, eso significa que ahora eres una persona diferente a la que hizo esas cosas. Y esos actos bochornosos o lamentables formaron parte del camino para llegar a ser la persona que eres hoy, para bien o para mal.

Existen muchos caminos para el perdón. Para algunas personas, el perdón es espiritual. Sienten que sólo Dios tiene el poder y la profundidad de amar para perdonar cualquier cosa. Si tu sistema de creencias incluye pedir perdón a un poder superior, te recomiendo que lo hagas. Si tu concepto de religión incluye rituales específicos para el perdón y la redención, úsalos. (No me importa lo que pienses sobre los católicos, pero el acto de la confesión y la absolución es una poderosa herramienta de sanación.) Para otros, el perdón psicológico y secular es el sendero que les conduce a la paz. Eso implica comprender con compasión a la persona que eras desde la persona que eres ahora. El equivalente psicológico del perdón espiritual es valorar tu propio crecimiento.

Cuando estés en paz, siente el perdón y repara primero el daño que te has hecho a ti mismo, y luego pide perdón a los demás. Perdonarte primero a ti mismo te colocará en una posición bastante fuerte psicológicamente, que te ayudará a afrontar el hecho de que, a lo mejor, los demás no puedan o no quieran perdonarte. Recuerda que pedir perdón, expresar remordimiento y corregir errores no es por ti, sino por ellos. Si *necesitas* que alguien te perdone para poder sentirte mejor, estás trasladando la responsabilidad a otro y haciendo que el problema vuelva a ser tuyo. Ahora tu trabajo es ser amable y apoyar incondicionalmente a quienes quizás hiciste daño en el pasado, no depender de que ellos te perdonen para sentirte mejor.

Corregir errores también te permite rehacer relaciones sanas con personas que deseen darte una segunda oportunidad. Este trabajo y reparar tus relaciones o profundizar en ellas puede ayudarte a tener una vida más estable y satisfactoria. También es una parte importante de tu proceso para recuperar tu autoestima y autoconfianza.

Hablemos del proceso del perdón y de reconstruir la confianza en las relaciones deterioradas o tensas. Consta de varios pasos:

1. Reconocer el daño que se ha hecho. Transmitir a la persona que se sintió herida durante tu adicción a tu ex que entiendes el daño que le hiciste. Que descuidaste vuestra relación, que no tuviste en cuenta sus consejos o que, durante un tiempo, recibiste más que diste.

2. Permite a la persona que heriste que te cuente cómo fue la experiencia para ella, si es que quiere hablar de ello. Si las personas ven que estás abierto y dispuesto a escucharlas, se sentirán lo bastante seguras como para sincerarse. Puede que tengas que oír cosas que no te gusten. Entonces, tu trabajo consistirá en respirar, concentrarte en tu amor y en tu generosidad y aceptar cómo vivió ella la experiencia sin ponerte a la defensiva.

3. Dile que entiendes sus sentimientos y que te importan. Compartir tu arrepentimiento o sentimiento de culpa sobre lo sucedido es un gran paso para que la otra persona recupere la confianza. Decir «Lo siento» no basta; has de poder comunicarle que entiendes por qué lo sucedido hirió sus sentimientos.

4. Habla sobre qué harías si se volviera a producir esa situación. ¿Qué cambiarías en tu forma de actuar si se repitiera el caso? Sé explícito.

   Entiende que algunas personas puede que no quieran volver a relacionarse contigo. No es necesario que te perdonen o que vuelvan a aceptarte para que tú estés bien. Tu trabajo consiste en reconocer el daño que hiciste, en intentar sinceramente corregir lo que puedas y en respetar los sentimientos de los demás, sean cuales sean.

5. Las palabras son sólo el principio. Para reparar la confianza y la buena voluntad, has de demostrar a las personas que eres sincero a través de tus acciones. Si descuidaste una relación o te centraste demasiado en ti mismo, has de implicarte a través de: llamadas, mensajes, visitas e invitaciones para demostrar a esas personas que te importan y que pueden volver a confiar en ti.

6. Todo lo que he mencionado también has de aplicártelo a ti mismo. Nunca he trabajado con un adicto a su ex en las últimas etapas de la curación que no me manifestara su remordimiento y que no lamentara el alto precio que ha tenido que pagar en su persona por su adicción. Normalmente un adicto en recuperación siente mucha vergüenza o bochorno por haber perdido el control de sí mismo o por haber actuado alejándose tanto de sus valores. (También lo sé por experiencia propia.)

   Puedes escribirte una carta reconociendo que lo que hiciste te perjudicó. ¿No fuiste capaz de protegerte de los abusos o malos tratos? ¿Permitiste que tu adicción hiciera que tu conducta fuera incongruente con tus valores esenciales? ¿Te perdiste en la relación? Está bien, eso es lo normal en una persona adicta a su ex. No obstante, aceptando tus errores contigo mismo podrás restaurar tu autoconfianza. Por extraño que parezca, las adicciones suelen deteriorar la confianza que tiene una persona en sí misma para tomar decisiones acertadas y para autoprotegerse. En la carta que te escribas a ti mismo, escribe lo que has aprendido y cómo vas a comportarte en el futuro.

7. Respira profundo: quiero que te plantees escribirle una carta de perdón, y quizá de disculpa, a tu ex. Puede que no sea una buena idea enviarla (confío en tu criterio para hacerlo o no), pero el acto de escribirla puede ser muy terapéutico para tus emociones. ¿Te comportaste bien todo el tiempo que duró vuestra relación? ¿Cometiste errores que influyeron negativamente en tu ex? Escríbelos y reconoce cómo pudo haberle afectado tu conducta. Escribe también cómo te afectó su conducta y sus decisiones. Si puedes perdonar a tu expareja por sus transgresiones (no me refiero a aprobarlas o condonarlas, sino perdonarlas), eso sería extraordinariamente positivo para tu curación. Asimismo, deja de ser una víctima y de estar enfadado y limítate a reconocer que así fueron las cosas. Si lo consigues, te liberarás de la negatividad en la que has estado atrapado en el pasado.

Paso once

Proseguimos con nuestros intentos de entendernos a nosotros mismos y admitir las debilidades de nuestro carácter sin más demora. Seguimos reforzando nuestras relaciones dentro de nuestra red.

Tu destino se forja en los momentos en que tomas decisiones.

Tony robbins

SÉ QUE PUEDE PARECER INCREÍBLE, PERO MUCHAS VECES CUANDO LAS PERSONAS ADICTAS A SU EX SE ENCUENTRAN EN LAS ÚLTIMAS ETAPAS DE LA CURACIÓN DIRÁN COSAS COMO: «BUENO, FUE UNA EXPERIENCIA HORRIBLE PERO ME ENSEÑÓ TANTAS COSAS IMPORTANTES SOBRE MÍ MISMO QUE AHORA ESTOY CONTENTO DE QUE SUCEDIERA. SI NO HUBIERA PASADO POR ESO, NO SERÍA LA PERSONA QUE SOY AHORA».

Cuando estás en el paso once, todo lo que has aprendido empieza a encajar. Participas activamente en el mundo, eres una persona nueva. Estás manteniendo los cambios positivos que tanto trabajo te ha costado alcanzar. Entre ellos puede que estén:

- Cuidar bien de ti mismo.
- Controlar tus emociones de maneras saludables.
- Manejar los pensamientos obsesivos o negativos a través de la conciencia plena y de la sustitución.
- Tener claro quién eres y lo que necesitas para ser feliz y sentirte bien.
- Construir cosas positivas en tu vida basándote en tus valores.
- Dar lo mejor de ti en las relaciones no románticas y positivas.
- Saber poner tus límites y tener expectativas realistas sobre los demás.
- Comunicarte de manera sana, abierta y adecuadamente asertiva.
- Crear seguridad emocional para ti y para los demás.
- Abrirte a la posibilidad de tener una nueva relación que no sea enfermiza.
- Sentir que has madurado y que eres más sabio gracias a tu crecimiento personal.

Has estado plantando semillas muy importantes en el transcurso de tu recuperación. En las primeras etapas de la curación parecía como si tu panorama emocional fuera un desierto de destrucción y desolación. Pero cuando empieza la floración y comienzas a sentir que tu interior es como un jardín radiante de felicidad y de posibilidades, te das cuenta de que toda la miseria que has tenido que soportar para llegar hasta aquí no era más que abono para las semillas.

Paso doce

Después de haber experimentado un renacimiento espiritual a través de la práctica de estos doce pasos, ahora transmitimos nuestro mensaje a otras personas adictas a su ex que están sufriendo en estos momentos.

Cuando recibes, das. Cuando aprendes, enseñas.

Maya angelou

UNA DE LAS COSAS MÁS IMPORTANTES QUE PUEDES HACER PARA CONSERVAR TU PROPIO BIENESTAR Y RECUPERACIÓN ES ESTAR AL SERVICIO DE OTROS QUE ESTÁN PASANDO POR LO MISMO QUE TÚ PASASTE. CUANDO PUEDES SENTIR VERDADERA EMPATÍA, CUANDO TE HAS CONVERTIDO EN UN MAESTRO DE CIERTAS HABILIDADES Y ANIMAS A LA GENTE A QUE SIGA ADELANTE, TU CRECIMIENTO SE REFUERZA. PARA MUCHAS PERSONAS, LAS ACTIVIDADES MÁS IMPORTANTES QUE LES APORTAN UNA DICHA MÁS AUTÉNTICA SON LAS DE AYUDAR A LOS DEMÁS.

Cuando has «llegado» y te has liberado de tu adicción tienes la oportunidad de ayudar a curarse y a crecer a otras personas. El hecho de ser capaz de sentir empatía por el sufrimiento y trauma real que están soportando actualmente otras personas es más importante de lo que imaginas. Tu presencia en la vida de otra persona que está en esa situación puede darle la esperanza de que algún día ella también consiga superar su propio sufrimiento.

Además, estar en el papel del maestro, mentor y guía te ayudará a seguir aprendiendo, a crecer y a continuar motivado para conservar tu propia recuperación.

Busca oportunidades de conectar con las personas que están sufriendo. Curiosea en los tablones de anuncios. Sal a comer con algún compañero de trabajo que sabes que lo está pasando mal. Y por encima de todo, resiste la tentación de decirle a las personas: «Has de olvidarlo y seguir adelante». Aunque sea cierto, recuerda de lo poco que te sirvió cuando estabas sumido en tu más profunda desesperación.

Por el contrario, prueba con: «Eres normal y no estás sólo».

Cuando estés en situación de ayudar a alguien,
alégrate y siéntete bendecido porque Dios está respondiendo
a las oraciones de esa persona a través de ti. Recuerda esto:
nuestro propósito en la Tierra no es perdernos en la oscuridad,
sino alumbrar a otros para que encuentren
su camino a través de nosotros.

Alberto Casing

Sobre la autora

La doctora Lisa Marie Bobby tiene un máster y un doctorado en consejo y orientación psicológica. Está especializada en terapia de pareja y de familia y diplomada como coach personal. Es la fundadora y directora clínica de Growing Self Counseling and Coaching en Denver, Colorado. La doctora Bobby pertenece al grupo de expertos de Exaholics.com.

Sobre Exaholics

Exaholics.com es una plataforma digital, pionera en su género, de ayuda a las personas que están padeciendo los efectos de una ruptura. Exaholics se basa en el fascinante concepto filosófico, basado en los descubrimientos científicos sobre la naturaleza adictiva del amor, de que el dolor de la ruptura se puede abordar mejor desde el contexto de la recuperación de una adicción. Exaholics.com se apoya sobre los pilares de la comunidad, los doce pasos, la sobriedad, el autodescubrimiento y el servicio, para ofrecer consuelo y favorecer la recuperación a una comunidad mundial de hombres y mujeres, de cualquier grupo de edad, a los que les han roto el corazón.

Recursos

EMERGENCIAS

Línea nacional de prevención de suicidios (Estados Unidos): 1-800-273-8255, (24/7/365), inglés y español, **www.suicidepreventionlifeline.org.**

Línea nacional para la violencia doméstica (Estados Unidos): 1-800-799-SAFE (7233), (24/7/365), inglés y español, **www.thehotline.org***

* (Nota: Esta línea de emergencias está abierta tanto para las víctimas/supervivientes de la violencia doméstica como para los perpetradores. Si estás luchando contra tu compulsión de acosar a tu ex, o de tener conductas abusivas/acoso y necesitas ayuda urgente para controlarte, te rogamos que nos llames para que podamos ayudarte.)

United Way (Estados Unidos): Llama al 2-1-1 desde cualquier teléfono y te pondrán en contacto con alguna persona de tu comunidad que podrá ayudarte a acceder a los recursos que van desde conseguir un lugar de emergencias para dormir, hasta líneas de teléfono para crisis, vivienda barata, cuidado infantil para casos de emergencia, grupos de ayuda mutua y tratamientos para la salud mental (en todos los estados, aparte de Illinois y Arkansas; en estos últimos, haz una búsqueda general por Internet «recursos para emergencias de…»

Los recursos de United Way se pueden consultar a nivel nacional en **www.211us.org.**

Ayuda a los progenitores (Estados Unidos)

Si tienes problemas con la educación de tus hijos y no sabes a quién recurrir o crees que puedes perder el control con tus hijos, llama al: 1-855-4A PARENT (1-855-427-2736) o busca en **www.nationalparenthelpline.org** para hablar enseguida con un abogado con experiencia que pueda ayudarte.

Abuso o desatención a menores (Estados Unidos)

Si sabes o sospechas que un niño está siendo desatendido o que sufre abusos físicos o sexuales llama al: 800-4-A-CHILD (422.4453) o 800.2.A.CHILD (222.4453, TDD para las personas con problemas de audición) **www.childhelp.org**. Esta organización proporciona intervención en casos de crisis en varios idiomas y asesoramiento profesional sobre abuso a menores. Remite a los grupos de servicios sociales que ofrecen asesoramiento sobre abuso a menores. Está activa 24 horas al día los siete días de la semana.

Si eres menor y necesitas ayuda, llama al la línea de urgencias del National Youth Crisis: 800-442-HOPE (4673). Esta organización ofrece asesoramiento y remite a centros de tratamiento, refugios y a servicios de asesoramiento. Ayuda a afrontar embarazos juveniles, abusos, suicidios y abuso a menores. Está abierta 2 horas al día, siete días a la semana.

Si te preocupa algún menor que esté luchando contra los efectos de algún trauma del pasado, encontrarás ayuda aquí: National Child Traumatic Stress Network: **www.nctsn.org**

Terapias

Si te parece que necesitarías contactar con un terapeuta o un coach, el primer paso a seguir es familiarizarte con los diferentes tipos de especialidades profesionales.

Guía *online* para encontrar al terapeuta adecuado:

http://bit.ly/1f7Zqvu.

Una vez que sepas lo que has de saber, puedes hacer una búsqueda en Internet para descubrir los profesionales de tu zona o llamar a tu seguro médico para que te dé la lista de profesionales que te corresponden según tu plan de seguros.

NOTAS

3. ADICTO A UNA RELACIÓN TÓXICA

1. Helen Fisher, Arthur Aron y Lucy Brown, "Romantic love: An fMRI study of a neural mechanism for mate choice", *Journal of Comparative Neurology,* diciembre de 2005, 493(1), pp. 58-62.

4. HECHOS PARA AMAR

1. John Bowlby, *Attachment: Attachment and Loss, vol. 1,* Nueva York: Basic Books, Penguin Books, 1971; 2.ª ed., 1982. (Versión en castellano, *El apego y la pérdida I,* Barcelona, Paidós Ibérica, 1993.)

2. John Bowlby, *Attachment and Loss, vol. 2, Separation: Anxiety and Anger,* Nueva York: Basic Books, Penguin Books, 1975. (Versión en castellano, *El apego y la pérdida II,* Barcelona, Paidós Ibérica, 1985.)

3. John Bowlby, *Attachment and Loss, vol. III: Sadness and Depression,* Nueva York: Basic Books, Penguin Books, 1981. (Versión en castellano, *El apego y la pérdida III,* Barcelona, Paidós Ibérica, 1983.)

4. Thomas Lewis, Fari Amini y Richard Lannon, *A General Theory of Love,* Nueva York: Random House, 2001. (Versión en castellano, *Una teoría general del amor,* Barcelona, RBA Libros, 2000.)

5. Harry F. Harlow, "The nature of love", *American Psychologist,* 13 (1958), pp. 673-685.

6. Harry F. Harlow, Robert O. Dodsworth y Margaret K. Harlow, "Total social isolation in monkeys", *Proceedings of the National Academy of Sciences,* 54 (1), julio de 1965.

7. Mary D. Salter Ainsworth, Mary C. Blehar, Everett Waters y Sally Wall, *Patterns of attachment: a psychological study of the strange situation,* Nueva York: Psychology Press, 1978, 2ª ed. 2014.

8. Darby Saxbe y Rena L. Repetti, "For better or worse? Coregulation of couples' cortisol levels and mood states", *Journal of Personality and Social Psychology,* 98 (2010), pp. 92-103.

9. David A. Sbarra y Cindy Hazan, "Coregulation, dysregulation, self-regulation: an integrative analysis and empirical agenda for understanding adult attachment, separation, loss and recovery", *Personality and Social Psychology Review,* 12 (2008), p. 141.

10. Susan Johnson, *Hold Me Tight,* Nueva York: Little, Brown and Company, 2008. (Versión en castellano, *Abrázame fuerte: siete conversaciones para un amor duradero,* Barcelona, Urano, 2009.)

11. Brené Brown, "Want to be happy? Stop trying to be perfect". cnn.com, 2 de noviembre, 2010, consultado 1 de junio de 2015, http://www.cnn.com/2010/LIVING/11/01/give.up.perfection.

5. LA NATURALEZA DEL AMOR

1. Helen Fisher, "The nature of romantic love", *The Journal of NIH Research* 6(4) 1994: pp. 59-64, Reimpresión en *Annual Editions: Physical Anthropology,* primavera, 1995.

2. H. Fisher, A. Aron, D. Mashek, G. Strong y H. Li y L. Brown, "Defining the brain systems of lust, romantic attraction and attachment", *Archives of Sexual Behavior,* 31:5 (2002), pp. 413-419.

3. Helen Fisher, "Brains do it: lust, attraction and attachment," Dana.org, enero, 2000, consultado 1 de junio de 2015: http://www.dana.org/Cerebrum/Default.aspx?id=39351.

4. Donald G. Dutton y Arthur P. Aron, "Some evidence for heightened sexual attraction under conditions of high anxiety", *Journal of Personality and Social Psychology,* 30(4), 1974, pp. 510-517.

5. Helen Fisher, "The nature of romantic love", *The Journal of NIH Research,* 6(4) 1994 pp. 59-64, reimpresión en *Annual Editions: Physical Anthropology,* primavera, 1995.

6. Helen Fisher, Arthur Aron, Debra Mashek, Haifang Li y Lucy Brown, "Defining the brain systems of lust, romantic attraction and attachment", *Archives of Sexual Behavior,* 31:5 (2002), pp. 413-419.

6. ADICTOS AL AMOR

1. Joseph Frascella, Marc N. Potenza, Lucy L. Brown y Anna Rose Childress, "Carving addiction at a new joint? Shared brain vulnerabilities open the way for non-substance addictions", *Annals of the New York Academy of Sciences*, 1187 (2010), pp. 294-315. Extraído de Internet el 1 de junio de 2015 doi: 10.1111/j.1749-6632.2009.05420.x.

2. Helen Fisher, Arthur Aron y Lucy Brown, "An fMRI study of a neural mechanism for mate choice", *Journal of Comparative Neurology*, 493:1 (2005), pp. 58-62.

3. Robert C. Risinger, Betty Jo Salmeron, Thomas J. Ross, Shelley L. Amen, Michael Sanfilipo, Raymond G. Hoffmann, Alan S. Bloom, Hugh Garavan y Elliot A. Stein, "Neural correlates of high and craving during cocaine self-administration using BOLD fMRI," *NeuroImage*, 26:4 (2005), pp. 1.097-1.108.

4. Donatella Marazziti, Hagop Akiskal y Alessandra Rossi, "Alteration of the platelet serotonin transporter in romantic love," *Psychological Medicine*, 29 (1999), pp. 741-745.

5. Bianca P. Acevedo, Arthur Aron, Helen E. Fisher y Lucy L. Brown, "Neural correlates of long-term intense romantic love", *Social Cognitive and Affective Neuroscience* (2011), consultado el 1 de junio de 2015. doi:10.1093/scan/nsq092.

6. Bianca P. Acevedo, Arthur Aron, Helen E. Fisher y Lucy L. Brown, "Neural correlates of long-term intense romantic love", *Social Cognitive and Affective Neuroscience* (2011), consultado el 1 de junio de 2015. doi:10.1093/scan/nsq092.

7. Esther Perel, *Mating in Captivity: Unlocking Erotic Intelligence*, Nueva York: Harper, 2007. (Versión en castellano, *Inteligencia erótica: claves para mantener la pasión en la pareja*, Madrid, Ediciones Temas de hoy, Grupo Planeta, 2007.)

8. Roy F. Baumeister, Sara R. Wotman y Arlene M. Stillwell, "Unrequited love: On heartbreak, anger, guilt, scriptlessness and humiliation", *Journal of Personality and Social Psychology*, 64:3 (1993), pp. 377-394.

9. Helen E. Fisher, "Lost love: The nature of romantic rejection", en *Cut Loose: (mainly) Midlife and Older Women on the End of (mostly) Long-Term Relationships*, Nan Baurer-Maglin, ed., Nueva Jersey: Rutgers, University Press, 2006.

10. Joseph Frascella, Marc N. Potenza, Lucy L. Brown y Anna Rose Childress, "Carving addiction at a new joint? Shared brain vulnerabilities

open the way for non-substance addictions", *Annals of the New York Academy of Sciences,* 1187 (2010), pp. 294-315. Extraído de Internet el 1 de junio de 2015. doi: 10.1111/j.1749-6632.2009.05420.x

11. C. Nathan DeWall, Geoff MacDonald, Gregory D. Webster, Carrie L. Masten, Roy F. Baumeister, Catilin Powell, David Combs, David R. Schurtz, Tyler F. Stillman, Dianne M. Tice y Naomi I. Eisenberger, "Acetaminophen reduces social pain: Behavioral and neural evidence", *Psychological Science,* 21:7 (2010), pp. 931-937.

12. Gabor Mate, *In The Realm Of Hungry Ghosts: Close Encounters With Addiction,* Berkeley, California: North Atlantic Books, 2010.

13. P.J. Flores, *Addiction as an Attachment Disorder,* Nueva York: Jason Aronson, 2004.

14. Johan Hari, "The likely cause of addiction has been discovered, and it is not what you think", Huffington Post, 20 de enero de 2015, consultado el 1 de junio de 2015, http://www.huffingtonpost.com/johann-hari/the-realcause-of-addicti_b_6506936.htm.

15. B.K. Alexander, R.B. Coambs y P.F. Hadaway, "The effect of housing and gender on morphine self-administration in rats", *Psychopharmacology,* 58 (1978), pp. 175-179.

7. Cuando se pierde el amor

1. Roy F. Baumeister, Sara R. Wotman y Arlene M. Stillwell, "Unrequited love: On heartbreak, anger, guilt, scriptlessness and humiliation", *Journal of Personality and Social Psychology,* 64:3 (1993), pp. 377-394.

2. Thomas Lewis, Fari Amini y Richard Lannon, *A General Theory of Love,* Nueva York: Random House, 2001. (Versión en castellano, *Una teoría general del amor,* Barcelona, RBA Libros, 2000.)

3. Helen E. Fisher, Lucy L. Brown, Arthur Aron, Greg Strong y Debra Mashek, "Reward, addiction, and emotion regulation systems associated with rejection in love", *Journal of Neurophysiology,* 104:1 (2010), pp. 51-60. DOI: 10.1152/jn.00784.2009.

4. Naomi I. Eisenberger, Sarah L. Master, Tristen K. Inagaki, Shelley E. Taylor, David Shirinyan, Matthew D. Liberman y Bruce D. Nailboff, "Attachment figures activate a safety signal-related neural region and reduce pain experience", *Psychological and Cognitive Sciences,* 108:28 (2011), pp. 11.721-11.726.

5. Helen E. Fisher, Lucy L. Brown, Arthur Aron, Greg Strong, Debra Mashek, "Reward, addiction, and emotion regulation systems associated with rejection in love", *Journal of Neurophysiology*, 104:1 (2010), pp. 51-60. DOI: 10.1152/jn.00784.2009.

6. Ellis B.J. y Malamuth N.M., "Love and anger in romantic relationships: a discrete systems model", *Journal of Personality*, 68:3 (2000), pp. 525-556.

7. Ethan Kross, Marc G. Berman, Walter Mischel, Edward E. Smith y Tor D. Wager, "Social rejection shares somatosensory representations with physical pain", *Proceedings of the National Academy of Sciences*, 108:15 (2011), pp. 6.270-6.275.

8. Elizabeth Mostofsky, Malcolm Maclure, Jane B. Sherwood, Geoffrey H. Tofler, James E. Muller y Murray A. Mittleman, "Risk of acute myocardial infarction after the death of a significant person in one's life: the determinants of myocardial infarction onset study", *Circulation*, 125 (2012), pp. 491-496.

9. Brené Brown, "Listening to Shame", TED Talk grabada en marzo de 2012, consultada el 1 de junio de 2015 at http://www.ted.com/talks/brene_brown_listening_to_shame.

10. Thomas Lewis, Fari Amini y Richard Lannon, *A General Theory of Love*, Nueva York: Random House, 2001. (Versión en castellano, *Una teoría general del amor*, Barcelona, RBA Libros, 2000.)

11. J. Reid Meloy y Helen Fisher, "Some thoughts on the neurobiology of stalking", *Journal of Forensic Sciences*, 50:6 (2005), pp. 1.472-1.480.

12. Helen E. Fisher, "Lost love: The nature of romantic rejection", en *Cut Loose: (mainly) Midlife and Older Women on the End of (mostly) Long-Term Relationships*, Nan Baurer-Maglin, ed., Nueva Jersey: Rutgers University Press, 2006.

13. Grace M. Larsen y David A. Sbarra, "Participating in research on romantic breakups promotes emotional recovery via changes in self-concept clarity", *Social Psychological and Personality Science,* 6:4 (2015), pp. 399-406.

8. Tipos de pérdidas

1. Gallup.com, "Once taboo, more behaviors acceptable in the US", consultado el 1 de junio de 2015 http://www.gallup.com/poll/183455/oncetaboo-behaviors-acceptable.aspx.

2. Tom W. Smith, "American sexual behavior: Trends, socio-demographic differences, and risk behavior", *National Opinion Research Center,*

Topical Report N°. 25, actualizado en abril de 2003, consultado el 1 de junio de 2015, http://publicdata.norc.org:41000/gss/DOCUMENTS/ REPORTS/Topical_Reports/TR25.pdf.

10. CÓMO SOBRELLEVAR LA RECUPERACIÓN

1. "Mate Guarding", David M. Buss, "Human mate guarding", *Neuroendocrinology Letters Special Issue*, 23:4 (2002), pp. 23-29.

2. Javier A. Bravo, Paul Forsythe, Marianne V. Chew, Emily Escaravage, Helene M. Savignac, Timothy G. Dinan, John Bienenstock y John F. Cryan, "Ingestion of lactobacillus strain regulates emotional behavior and central GABA receptor expression in a mouse via the vagus nerve", *Proceedings of the National Academy of Sciences of the United States of America*, 108:38 (2011), pp. 16.050-16.055.

3. Lawrence E. Armstrong, Matthew S. Ganio, Douglas J. Casa, Elaine C. Lee, Brendon P. McDermott, Jennifer F. Klau, Liliana Jimenez, Laurent Le Bellego, Emmanuel Chevillotte y Harris R. Liberman, "Mild dehydration affects mood in healthy young women", *The Journal of Nutrition*, 142:2 (2012), pp. 382-388.

4. Peter J. Carek, Sarah E. Laibstain y Stephen M. Carek, "Exercise for the treatment of depression and anxiety", *The International Journal of Psychiatry in Medicine*, 41:1 (2011), pp. 15-28.

5. Charles B. Fleming, Helene R. White, Sabrina Oesterle, Kevin P. Haggerty y Richard F. Catalano, "Romantic relationship status changes and substance use among 18- to 20-year-olds", *Journal of Studies on Alcohol and Drugs*, 71 (2010), pp. 847-856.

6. J. Reid Meloy y Helen Fisher, "Some thoughts on the neurobiology of stalking", *Journal of Forensic Sciences*, 50:6 (2005), pp. 1.472-1.480.

7. J. Reid Meloy y Helen Fisher, "Some thoughts on the neurobiology of stalking", *Journal of Forensic Sciences*, 50:6 (2005), pp. 1.472-1.480.